세계 톱 경영컨설턴트의 실전전략

디지털경영,
원칙으로 승부하라

●

Sunny Yi (이성용) 지음
이 진 옮김

한국경제신문

이 세상에 나를 있게 해주신 어머니 최덕금 여사,
인생의 의미를 찾게 해주신 할머니 임연복 여사,
인생의 의미를 일깨워준 새로 태어난 셋째아들 호준이,
마지막으로 의미있는 인생을 허락해 주신
하느님께 이 책을 바칩니다.

먼저 이 책은 경제주간지 〈한경 비즈니스〉에 지난 2년간 게재되었던 필자의 글을 모아 단행본으로 엮은 것이다. 처음 〈한경 비즈니스〉 측에서 경영강좌 연재를 제의해왔을 당시에는 기획 기간을 3~4개월 정도로 예상했다. 그런데 매주 실리는 글에 대한 독자의 호응이 높아 기간을 늘리기로 한 것이다.

2년이란 긴 세월 동안 한 주도 빠지지 않고 매주 글을 쓴다는 것이 쉬운 일은 아니었다. 〈한경 비즈니스〉에 실린 글은, 필자가 영어로 쓴 글을 우리말로 번역한 것이다. 번역된 책을 읽어본 독자들이라면 알다시피 원문의 의미를 정확하게 번역해내기란 정말 어려운 일이다. 그럼에도 불구하고, 필자는 이 책의 번역된 부분이 원래의 뜻을 잘 담아내고 있다고 확신한다.

그것이 가능했던 이유는 〈한경 비즈니스〉에 실린 글을 번역해준 이진 씨가 있었기 때문이다. 전문 통역사이자 번역가인 이 진 씨의 성심 어린 노력이 없었더라면 이 책은 세상에 나오지 못했을 것이다. 이 지면을 빌려 감사하다는 말을 전하고 싶다. 바쁜 일정에도 계속 글을 쓸 수 있게 격려해준 아내와 동료들에게도 감사의 말을 전한다.

이 책은 세 가지 점에서 이제까지 여러분이 읽었던 경영관련 서적과 구분된다. 첫째, 각각의 글이 독립적이기 때문에 전체적인 배경 지식이 없어도 쉽게 아무 부분이나 선택해서 읽어내려갈 수 있다. 둘째, 이 글은 영어로 쓰여졌지만 국내 독자들을 염두에 두고 썼다는 점이다. 마지막으로 글 전체에 걸쳐 필자의 견해가 솔직하게 나타나 있다는 점을 꼽을 수 있다.

세번째 이유에 대해 그다지 큰 의미를 부여하지 않는 독자들도 있을지 모르겠다. 그러나 한국에서 활동하면서 외국 국적을 가진 사람의 시각에서 보면, 국내 기업들이 불법행위를 하거나 명백한 잘못을 저질렀을 때 이외에는 재계의 움직임이나 기업의 활동에 대해 건설적인 비판을 하는 경우가 드물다. 필자는 증권 분석가들을 비롯해서 대부분의 경제 관계자들이 국내 기업의 상황에 대해 지나친 낙관론을 펴고 있다고 본다. 신문이나 언론보도를 봐도 국내 기업들의 잘못된 점을 정확히 꼬집어내는 기사는 거의 찾아볼 수가 없다. 물론 문화적인 차이에서 비롯된 것이겠지만, 결코 건전한 현상이라고는 생각하지 않는다. 어찌되었든, 독자들이 필자의 솔직한 의견을 있는 그대로 받아들여주었으면 하는 바람이다.

이 책은 다섯 개의 장으로 구성되어 있다. 장을 구분하는 데 뚜렷한 논리가 뒷받침되는 것은 아니지만, 전체적인 비즈니스의 맥을 짚는 데 도움이 되는 방향으로 구성하려고 노력했다.

〈한경 비즈니스〉에 실렸던 글을 열심히 읽은 독자들이라면 몇 가지 글이 빠졌다는 것을 눈치챌 것이다. 그리고 영문과 국문을 꼼꼼히 비교해 보면 영문과 국문이 완벽하게 일치되지 않는다는 것을 알게 될 것이다. 원문을 최대한 살리려고 노력했으나, 지면이 한정되어 의미 전달 측면에서 약간의 수정이 있었음을 양지하기 바란다.

이 성 용

차 례

Part Ⅲ. 기업운영 혁신 (Operations Innovation) / 131

글을 마치며 / 389

Part I

경영 컨설팅
(Management Consulting)

1. 경영 컨설팅

IMF 사태 이후 국내에서는 '컨설팅'이란 말이 심심치 않게 사용되고 있다. 사실 컨설팅이란 용어는 부동산 컨설팅, 헤어케어 컨설팅, 메이크업 컨설팅, 연구·개발(R&D) 컨설팅 등 여러 분야에서 사용되고 있다. 이런 다양성 때문에 '경영 컨설팅'의 정의나 역할을 정확히 구분짓기란 쉽지 않다. 또한 '경영'이라는 용어 자체가 상당히 모호하고 포괄적인 의미를 담고 있는데다, 경영 컨설팅은 경영학에서도 가장 광범위하고 역동적인 분야이기 때문에 정의를 내리기가 상당히 어렵다.

경영 컨설팅이 안고 있는 문제 중 하나는 자체적인 또는 행정적인 규제가 거의 없다는 것이다. 다시 말해 의사·변호사·공인회계사와 같은 전문직의 경우 서비스를 제공하려면 면허를 취득하거나 관련 기관이 인정하는 최소한의 교육을 받아야만 한다. 반면 경영 컨설팅에 관해서는 이런 규제가 없다. 이는 원한다면 누구나 경영 컨설턴트가 될 수 있다는 말이다. 이처럼 낮은 진입장벽으로 인해 폭넓은 전문 경험이나 명성이 없으면 경영 컨설팅 업계에서 성공하기가 어렵다.

경영 컨설팅의 역사는 약 70~80년가량 되었다. 이보다 앞서 경영 컨설팅과 유사한 형태의 서비스를 제공하는 회사들이 있었지만 오

1. Management Consulting

In Korea today, the term "consulting" is no longer foreign to most of us especially since the onset of the IMF crisis. It is not unusual to hear terms such as real estate consulting, hair care consulting, make-up consulting, R&D consulting, etc. But, because there are so many consulting fields, it is often difficult to pin down the role and definition of "management consulting." After all, the term "management" is so vague and all-encompassing and it is not easy to define the business domain of this vast and dynamic profession.

One of the problems with the management consulting field is that it is not a self-regulated, or even an administered, profession. It is not regulated like the medical, legal or accounting professions where one needs to have a set of licenses to perform one's service, or have a minimum educational level to be accredited by a regulatory agency. It is also not administered so you do not need to belong to a club, pay license fees or register with an appropriate local government. The management consulting industry has tried to regulate itself for years, but as of today, there is no legal body that manages and controls membership quality. This basically means that anybody can be a management consultant. Because of this low entry barrier, unless you have extensive professional experience and a stellar

늘날의 컨설팅과는 상당한 차이가 있었다. 경영 컨설팅은 기본적으로 회계와 산업공학이라는 두 가지 전문 분야에서 비롯됐다. 회계가 수십 년 간 경영 컨설팅 업계에서 두각을 나타낸 이유는, 기업이라면 모두 회계준칙을 지켜야 하기 때문이다.

다시 말해 모든 기업들은 예나 지금이나 또는 앞으로도 기업활동으로 벌어들인 수익 가운데 일정 부분을 세금으로 내야 한다. 또 납세의무를 지는 한 기업들은 회계사를 고용해야 한다. 이런 이유 때문에 회계법인들은 회계 서비스를 제공하고 있는 기존 고객을 기반으로 다른 재무관련 컨설팅 서비스로 사업영역을 확장해나갈 수가 있었다.

두번째로 엔지니어링 분야를 살펴보자. 헨리 포드에 의해 대량 생산과 조립 라인이 도입된 이후 몇몇 엔지니어들은 자원 및 자본 최적화가 생산공장뿐만 아니라 시장에서도 역시 중요하다는 사실을 인식했다. 이들은 비슷한 공학이론을 다른 환경에 적용함으로써 좀 더 과학적이고 분석적인 방법으로 특정한 경영의사 결정을 지원하고 평가할 수 있게 됐다. 이런 식으로 과학과 공학을 경영에 접목시킨 것이다. 오늘날 생산 및 자재관리, 물류 최적화, 공장자동화 등과 같은 경영 컨설팅 분야의 방법론이나 수단을 살펴보면 이들 대부분이 공학에서 파생된 것임을 알 수 있다.

세월이 흐르면서 경영 컨설팅은 그 내용이나 접근방법에서 큰 변화를 겪어 왔으며, 현재 경영 컨설팅은 크게 네 가지 영역으로 분류된다. 첫째는 전략 컨설팅이다. 이 분야에서는 시장진입전략과 인수·합병(M&A), 사업 다각화 등과 같은 기업의 전략적인 문제들을 다룬다.

둘째는 운영 컨설팅이다. 과거에는 운영관련 컨설팅이 공장에서 이뤄지는 경우가 많았지만, 최근에는 화이트 칼라 직종에도 적용되

reputation, it is extremely difficult to make consulting a sustainable profession.

As a profession, management consulting came into existence about 70-80 years ago. There were firms that resembled consulting firms prior to this period, but their services were often radically different from those offered by consulting firms today. Basically, the management consulting field grew out of two older professions — accounting and industrial engineering. Accounting was one of the most powerful professions in the management consulting field for a number of decades, mainly because of "compliance" requirements.

In other words, every company has to pay taxes (and always will, as long as the current political environment remains unchanged) and as long as companies have tax compliance issues, they have to hire accountants. So it was a logical next step for accounting firms to leverage their existing client base and expand into other areas related to financial management consulting. Until several years ago, there were 8 accounting firms in the world that controlled the industry. Today, most of them have merged with other firms and branched out into other consulting areas as well.

The field of industrial engineering began to exert a strong influence on consulting when industrial engineers realized the importance of optimizing resources and capital, not only inside the factory, but out in the marketplace as well. By applying engineering theories to a business context, they were able to measure and evaluate certain management decisions in more scientific and analytical ways, thus introducing the scientific and engineering dimension to the art of management. Today, if you look closely at the methodologies and tools of management consulting fields such as production and materials management, logistics optimization, factory automation, and others, you will

고 있다. 운영 컨설팅은 주로 생산성과 작업 최적화 등의 문제를 다룬다. 국내 기업의 구조조정 계획 대부분이 이 분야에 집중돼 있다.

셋째는 정보기술(IT) 컨설팅이다. IT는 최근 빠르게 성장하고 있는 컨설팅 영역이다. IT 컨설팅은 10년 전까지만 해도 그 존재조차 없던 분야이지만 정보통신 기술의 혁신과 컴퓨터 발달로 이 분야 전문가에 대한 수요가 폭증하고 있다.

마지막으로 인사관리 컨설팅이 있다. 인사관리 역시 IT와 마찬가지로 경영 컨설팅에 포함된 것은 최근의 일이며, 특히 우리나라에서는 여전히 초기 단계에 머물러 있다. 인사관리 컨설팅은 주로 직원들의 보상체계와 여러 가지 인사관련 문제를 다룬다. 서구기업의 경우 개인의 성과와 성장 잠재력을 근거로 여러 가지 기준에 기초해 급여를 책정하기 때문에 능력에 따른 적정 임금을 산출하는 것이 매우 중요하다.

어떤 일에 대해 의사결정을 내려야 하는 상황에서 나 아닌 다른 사람의 의견을 듣고 싶어하는 것이 인간의 본능인 것 같다. 이미 마음 속으로 결정을 내린 후 제3자를 통해 확신을 얻고자 하는 경우, 또는 전혀 해답을 찾지 못해 도움이 필요한 경우 어느 쪽이든 객관적인 조언을 해줄 수 있는 사람이 있다면 좋을 것이다.

요즘 방영되고 있는 〈태조 왕건〉이라는 TV 드라마에서도 보이듯이 한 사람의 왕이 혼자 힘만으로 한 나라를 통치하는 것은 불가능하다. 기업경영에서도 마찬가지다. 더군다나 오늘날과 같이 복잡하고 급변하는 경영환경 속에서는 더더욱 그렇다.

상당수의 국내 기업에서 주요 의사결정이 사실에 대한 분석과 판단보다는 즉흥적인 감 또는 기타 부수적인 요인에 의거해 내려지고 있는 상황임을 감안할 때, 정확한 데이터에 입각하여 냉철하고 객관적인 판단을 내릴 수 있는 컨설턴트가 그 어느 때보다 필요한 시기라고 본다.

see that most of them come from the field of industrial engineering. Since its early days, the field of management consulting has dramatically changed, both in its content and approach.

Today, we generally divide management consulting into 4 key categories. The first is strategy consulting. This deals with strategic issues such as market entry strategy, M&A, diversification, etc.

The second is operations consulting. In the past, this type of work was usually performed in a factory setting, but today the same methodologies are being applied to the white-collar workforce. This field basically deals with productivity and optimization. Most Korean restructuring programs today fall into this category.

The third category is IT consulting. The IT field has enjoyed, by far, the fastest growth of any consulting field. Just10 years ago, this category was non-existent, but with IT innovation, and the growth of business computing, the need for experts in this field is growing at an exponential rate.

The last category is human services consulting. This branch of consulting was not very popular until a few years ago, and, in Korea, it still is in its infancy. This field deals with the employee compensation and other HR related issues. Since most Western firms pay their employees based on their performance and future potential, it is critical for those firms to match employee ability with commensurate pay. In Korea, most firms are still a few years away from such a compensation structure.

2. 전략 컨설팅

기업이 사업을 새로 시작하거나 그만둘 때 어떻게 결정하는지 생각해본 적이 있는가? M&A나 합작투자 설립 등은 어떤가? 생산비용을 낮추기 위해 생산기지를 해외로 이전하는 문제는 어떤가?

이런 질문은 그 결과가 기업 전반에 미치는 영향이 크기 때문에 의사결정에 신중을 요한다. 전략 컨설팅이란 이런 종류의 결정을 가장 효과적인 방법으로 내릴 수 있도록 경영진을 돕는 것이다. 어찌 보면 간단한 것처럼 들릴지도 모르지만, 실제로 전체 프로세스를 들여다보면 훨씬 복잡하다.

무엇보다도 '전략' 이란 용어는 오늘날 경영학 분야에서 가장 많이 남용되면서 잘못 사용되기도 하는 용어다. 경영을 한다는 사람 중에서 미리 세워둔 일련의 전략에서 도출된 가이드라인이나 정책을 따르지 않고 의사결정을 내리는 사람은 거의 없을 것이다. 간단한 예로, 협력업체와 공급계약이나 구매계약 등을 체결하는 경우를 생각해 보자.

총비용과 상품이나 서비스의 질에 따라 계약자를 선정하기도 하지만, 대부분의 경우에는 회사 전체의 구매정책과 절차를 지배하고 있는 전반적인 구매전략에 따라 의사결정을 내리게 된다. 전략적 중요성이 상당히 큰 신규투자의 경우, 기업은 새로운 사업에 대한 진

2. Strategy Consulting

Have you ever wondered how one decides to enter or exit a business? Or how one decides to merge with another entity, or create a joint venture? Or how one decides to set up a factory outside one's territory to reduce one's overall manufacturing cost?

These are not simple questions, and their answers have significant implications for one's business. What strategy consulting does is assist management in making these types of decisions in the most effective manner. This sounds simple, but in reality it is quite complicated when one examines the whole process.

First of all, the term "strategy" is the most over-used and misused term in the field of management today. On one hand, nobody in the ranks of management acts or behaves without following some form of a guideline or policy which stems from a set of strategies. This could be something as simple as setting up a vendor contract with a sub-contractor or initiating a purchasing contract.

Whether one decides to go with a one-year or multi-year contract depends not only on the costs and quality of goods and services the vendor provides, but also on the overall purchasing strategy, which governs and sets the company's purchasing

출 여부를 결정하기 위해 투자할 사업영역과 자본조달방법, 사업진출 형태, 진출 시기 등을 논리적으로 결정해나가야 한다.

서구에서 전략 컨설팅은 금융시장에 대한 규제완화와 함께 기업들이 적대적 또는 우호적 M&A를 용이하게 할 수 있게 되면서 인기를 끌기 시작했다. 게다가 최근 몇 년 간 전반적인 세계화 추세로 인해 기업들은 미래를 예측하기가 훨씬 어려워졌다. 결국 미래 경영환경의 불확실성과 복잡성으로 인해 전략 컨설팅의 주가가 높아지게 되었으며, 그만큼 잘 되는 사업으로 자리잡게 됐다.

전략 컨설팅과 관련된 의사결정은 최고경영진의 관심을 요구한다. 따라서 전략 컨설팅을 의뢰하는 주체는 대개 기업의 최고경영자나 전략기획실인 경우가 대부분이다. 현재 전세계적으로 전략 컨설팅 분야를 주도하는 컨설팅 업체는 5~7개 정도다. 이들은 주로 최고경영자(CEO)를 직접 지원할뿐더러, 최근 있었던 M&A 거래 이면에서 주역을 맡기도 했다.

상황이 바뀌고 있다고는 하지만 국내 기업의 경우 '전략'이란 개념을 제대로 사용하지 않고 있거나 서구 기업과는 다른 개념으로 사용하는 경우가 허다하다. 여기에는 두 가지 큰 이유가 있다.

첫째, 한국 시장은 서구 시장에 비해 전략적 대안 측면에서 훨씬 더 많은 제한을 받는다. 서서히 나아지고 있긴 하지만 1년 전까지만 하더라도 회사를 설립하거나 매각 또는 인수하려면 복잡한 절차를 거쳐 인가를 받아야 했다. 서구에도 물론 반독점법 등과 같이 산업에 대한 여러 가지 규제장치가 있긴 하지만, 비교적 전략적 자유의 폭이 큰 편이다. 반면에 우리나라는 정부의 승인이 절대적인 경우가 대부분이다.

둘째, 국내 기업의 전략 결정 프로세스를 보면 대부분의 주요 의사결정이 소유주에 의해 이루어진다. 이 같은 결정이 논리적 추론에

policies and procedures. On the extreme side, when a company makes a decision to exit or enter a new business, questions like which business to enter, what financial and operations vehicles to use, [i.e., leveraged buy-outs (LBO's), joint ventures (JV), mergers and acquisitions (M&A's), etc.] and what time table to follow all need to be answered in a logical manner.

Strategy consulting was not in great demand by companies in the West until financial markets became deregulated, making it easier for companies to acquire other companies in friendly and hostile takeovers. The impact of globalization in the last few years have made it increasingly difficult for companies to predict their future. In summary, the increasing uncertainty and complexity business environment going forward will make this category of consulting market very attractive and lucrative.

Since the issues dealt with in strategy consulting require the attention of upper management, the "buyers" of this type of consulting tend to be CEOs or companies' leadership teams. Globally there are about 5-7 global consulting firms that control this highly attractive and specialized consulting market segment. They tend to work closely with CEOs and often are the driving force behind the big mergers and acquisitions you hear about in the news.

In Korea, the concept of strategy is either absent or not used in the same context as in the Western model, although this is changing rapidly. There are two main reasons for this.

First, the Korean market itself is much more limited in terms of strategic options. The situation is improving gradually, but even as recently as a year ago, one could not set up, buy or sell a company without some regulatory agency's approval. In the Western world, although certain regulations, such as antitrust laws, still restrict the actions of companies in a number of industries, in general, companies have much more strategic

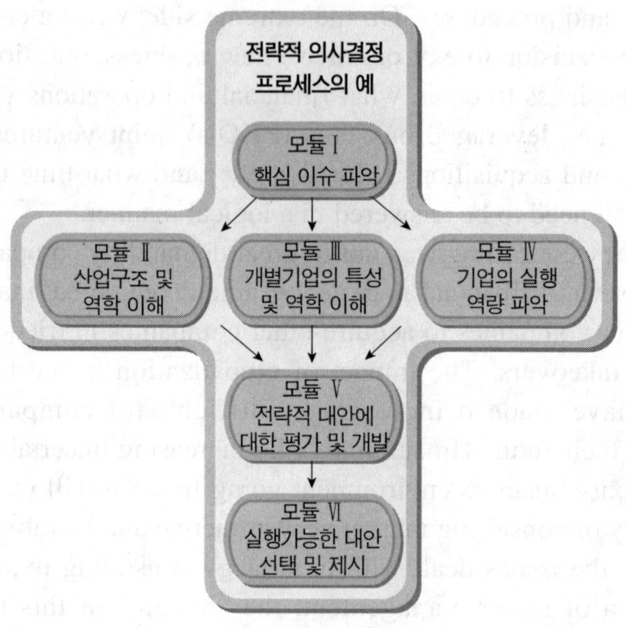

기반을 두고 있다면 문제가 없겠지만, 종종 논리적으로나 경제적 측면에서 볼 때 타당하지 않은 결정이 내려지는 게 다반사라는 데 문제의 심각성이 있다. 어떤 의사결정의 경우에는 서구기업들뿐만 아니라 한국인들, 심지어 그 회사의 직원들까지도 의구심을 제기한다. 물론 이 같은 방식이 한국 기업에 유리하게 작용한다는 주장도 있다. 그러나 주주 가치의 중요성이 증대되고 있는 상황에서 잘못된 의사결정으로 인해 주주가치가 창출되기는커녕, 오히려 파괴된 수많은 사례를 보면 이 같은 주장은 설득력을 잃는다.

freedom. In Korea, government approval is needed for almost all corporate decisions.

Second, when one studies the strategic decision-making process of a company, it is not unusual to find that most of the major decisions are made by the owners of that company. Of course, there is nothing wrong with this approach as long as the decision is based on sound reason and logic. But, in many cases owners make business decisions that do not necessarily make logical or financial sense which puzzle not only Westerners, but also Koreans and even the company's own employees.

Some argue that this ability of owners to make decisions without going through proper channels is an advantage that Korean firms has over Western firms. I disagree. If one believes in the concept of creating a shareholder value, one is likely to wonder whether the decisions made by Korean business leaders have been wise ones given the destruction of shareholder value that has occurred so far.

3. 운영 컨설팅

어떻게 해야 우리 조직이 경쟁자를 앞지를 수 있을까? 이 질문은 모든 산업과 기업의 고위경영진 및 중간관리자들이 오랫동안 고민해온 문제일 것이다. 조직의 유연성 확보와 노동생산성 향상에 관한 문제는 대내외적인 환경 변화에 적응하기 위해 운영 컨설팅에서 주로 다루는 주제다.

다른 기업들은 어떻게 품질 좋은 상품을 더 저렴한 비용으로 더 짧은 시간에 생산할 수 있는 것일까? 우리 기업은 왜 그만큼 생산적이지 못할까? 노동조합에 발목이 잡혀 있기 때문일까? 토요일에 일하는 것은 물론 주중 근무시간도 10~12시간에 달하면서 왜 서구 기업보다 생산성이 훨씬 떨어지는 것일까? '근면'을 중시하는 전반적 분위기에도 불구하고 최근 한 연구기관의 조사 결과 한국 기업의 평균 생산성은 서구 선진 기업의 50~60%에 불과한 것으로 나타났다. 당연히 국내 기업은 글로벌 경쟁에서 뒤처질 수밖에 없고 세계시장에서 설 자리를 찾기가 어렵다.

운영 컨설팅은 가장 논란이 많은 분야이기는 하지만, 한국 기업에는 가장 효과적이고 많은 이익을 가져다 줄 수 있는 분야다. 운영 컨설팅은 리스트럭처링과 리엔지니어링, 다운사이징, 아웃소싱 등 직원 처지에서는 별로 탐탁지 않은 여러 가지 경영기법을 다룬다. 또

3. Operations Consulting

"How can we, as an organization, outperform others?" This is an age-old question that has been asked by senior and middle managers in all industries and businesses. Dealing with the issue of labor productivity as well as with an organization's ability to adapt to internal and external environmental changes is one of the major dimensions of operations consulting.

"How can our competitors produce better products at lower cost and more quickly than us?" "Why aren't we as productive as our competitors?" "Is this a mere union issue?" "Why when we are working Saturdays and over 10-12 hours a day during the week, is our productivity still far below Western standards?" Despite national propaganda which exalts the Korean work ethic, a recent global industry benchmark study indicates that, on average, Korean productivity is about 50-60% that of the leading Western companies. This basically means that Korean companies still have a long way to go before they catch up to their global competitors.

Operations consulting is probably the most controversial and yet the most effective and beneficial consulting for Korean companies. This type of consulting deals with such areas as restructuring, reengineering, downsizing, outsourcing, as well as a number of ideas that Korean managers may find difficult to

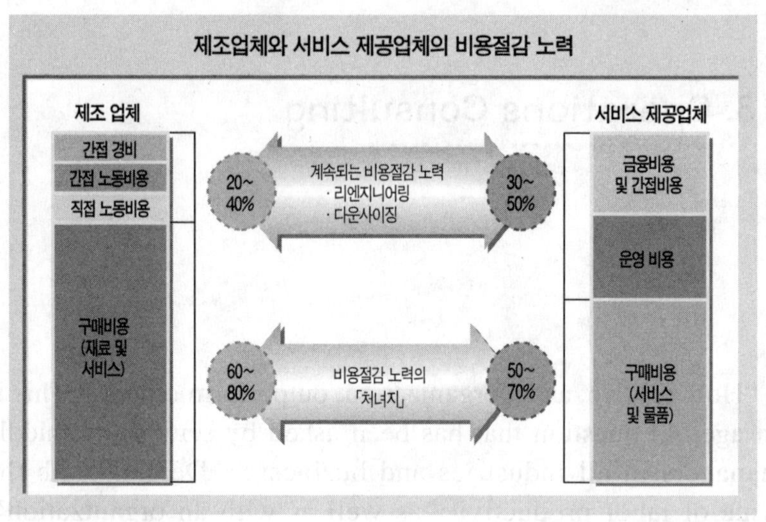

일괄생산관리(TPM), 일괄품질관리(TQM), 생산간소화 적시생산·판매(JIT), 전략 프로세스 컨트롤(SPC) 등 상당히 기술적인 분야들도 포함하고 있다.

기존에 한국 기업들이 실행했던 운영 컨설팅은 공장의 생산성 증대에만 초점을 맞췄다는 점에서 문제를 가지고 있었다. 물론 이런 식의 접근방법을 통해서도 많은 이점을 얻을 수는 있다. 그러나 가장 높은 수준의 생산성 향상은 구매와 사무직의 생산성, 재무관리, 정보기술, 자본지출 프로세스 등과 같은 업무부문에서 이뤄질 수 있다.

예를 들어, 몇 개월 간을 공장에서 지내며 공장 근로자들의 생산성을 높이기 위해 노력한다고 해보자. 그래봤자 인건비가 전체 비용에서 차지하는 비율은 20~25%에 불과하다. 결국 노조와 몇 번의 힘겨운 협상 과정 끝에 인건비를 10% 줄이는 데 성공했다 하더라도 전체적인 비용구조 면에서 살펴보면 인건비 10% 절감의 비용절감효과

accept. It also deals with highly technical areas as total productive maintenance (TPM), total quality management (TQM), lean production, just-in-time (JIT), statistics process control (SPC), etc.

The problem with Korean operations consulting in the past is that it mainly focused on improving the factory set-up and line-balancing. There clearly are benefits to this approach, but if you look at where the biggest productivity gains are, they usually occur in the business domain, in such areas as purchasing, white-collar productivity, finance and control, information technology, and the capital expenditure process.

For example, you could spend a number of months trying to increase work productivity in a factory, but, in the end, the difference in the bottom line would not be very large because labor cost only makes up 20-25% of one's total cost. Even if you could manage to reduce labor costs by 10%, which would require many agonizing negotiations with local unions, you are still looking at a reduction of less than 2-2.5% in the overall cost structure.

On the other hand, if you save 10% in purchasing costs, which often make up 70-80% of the total cost structure, you could reduce the total cost structure by 7-8%. Better yet, if you carefully analyze the company's capital expenditure (i.e. equipment investment) process, you could definitely do a better job of controlling the timing of investment and you would be able to conduct proper investment due-diligence, which would lead to other cost savings.

Lack of proper due diligence is a serious problem in Korea. It has resulted in over-capacity in virtually all domestic industries. Currently, the average Korean manufacturing company spends close to 6-8% of its operating profit on short-term interest expenses for what I would call highly unproductive investment.

는 2~2.5% 정도밖에 안 된다.

반면 전체 비용구조에서 70~80%를 차지하는 구매 비용을 10% 줄일 경우 총비용은 7~8%까지 절감된다. 만약 장비 구입 등과 같은 기업의 설비투자 비용을 세밀하게 분석하고 연구하는 데 노력을 기울임으로써 투자 시기를 제대로 조정하고 투자와 관련한 적절한 타당성 조사를 실시한다면, 구매 비용에서 거둔 것보다도 큰 비용절감 효과를 거둘 수 있을 것이다.

설비투자 관련 문제는 특히 국내 기업들의 경우 매우 심각하다. 자본 지출과 관련하여 철저한 경제성 분석이 이뤄지지 않고 마구잡이로 설비를 도입하는 바람에 거의 모든 산업에서 설비과잉 현상이 일어나고 있다. 현재 대부분의 국내 제조업체들은 평균적으로 영업이익의 6~8%를 설비 도입을 위해 빌린 돈에 대한 단기 이자로 지출하고 있다. 비생산적인 투자에 따른 대가를 치르고 있는 것이다. 이 같은 수치는 대부분의 국내 기업의 순이익률이 1% 미만이라는 사실을 감안하면 엄청나게 높은 수준임을 알 수 있다.

한국 기업들은 서구 기업들과 다른 독특한 문화와 '한국식'이라는 나름대로의 방법을 갖고 있기 때문에 서구식 운영 컨설팅을 그대로 적용할 수 없다는 주장도 있다. 그러나 국내 소비자를 포함한 대부분의 소비자들은 기업의 문화가 아니라 그 기업이 더 좋은 상품을, 더 저렴하게, 그리고 더 빠르게 제공할 수 있느냐에 관심을 가질 뿐이다. 생산성이 서구 기업의 50~60% 수준이라는 사실 또한 결코 자랑스러운 게 아니다. 지금이야말로 글로벌 스탠더드를 받아들여 생산성을 높여야 할 때인 것이다.

This is an alarming number especially considering that most Korean companies have a net profit margin of less than 1%.

Some critics argue that Korean companies cannot adopt the Western business practices recommended by operations consultants because Koreans have a unique culture and a "Korean way" of doing things. My answer is that most global customers, including Koreans themselves, don't really care what culture a company has as long as it delivers the best product, cheaper, and faster than anybody else, and that 50-60% relative productivity is not something we should be proud of. In my opinion, it's time to start adopting global standards and benchmarks.

4. 정보기술 컨설팅

경영 컨설팅의 세번째 범주인 정보기술(information technology : IT)은 다른 어떤 분야보다도 인기가 높으며 역동적이다. IT 컨설팅은 다른 컨설팅 영역의 거의 두 배 가까운 속도로 성장하면서 컨설팅 시장 판도를 변화시키고 있다.

일반적으로 기술의 발전은 경제적인 흐름을 선행하는 경향이 있다. 즉 기술개발에 따른 잠재력이 최대한으로 활용되지 못하고 있는 것이다. 이처럼 새로운 정보기술이 경영 일선에 적용되는 속도는 상대적으로 늦고 과거를 돌아볼 때 그다지 성공적이지도 못했다. 그러나 지난 5~7년 사이 전사적 자원관리(ERP)가 소개되고 컴퓨터상의 2000년 표기 문제인 Y2K 해결을 위한 시도가 본격화하면서 IT산업은 폭발적인 성장을 거듭하면서 컨설팅 역사상 가장 큰 호황을 누리게 됐다.

IT 컨설팅은 크게 세 가지 영역으로 분류된다. 첫째는 정보 활용과 관련된 것으로 기업의 정보 및 데이터 요구를 정의하고 이를 우선 순위화하는 작업이다. 이 영역에서는 다음과 같은 질문에 대한 대답이 이뤄져야 한다. 즉 "기업을 운영하기 위해 필요한 정보는 무엇인가?" "직무를 수행하기 위해 내가 알아야 할 사항은 무엇인가?" "공급업체와 고객들로부터 어떤 정보를 수집해야만 하는가"

4. Information Technology Consulting

The third category of general management consulting is IT consulting, which is arguably the most popular and dynamic branch of consulting right now. The IT consulting market is growing twice as fast as any other consulting market and it is re-shaping the entire consulting market.

Generally speaking, advances in technology tend to outpace the economic curve. In other words, we tend to under-leverage technology, i.e., we fail to use it to its fullest potential. As such, the speed at which the information technology has been applied in the business world has been rather slow and IT application had been somewhat unsuccessful in the past. However, in the last five to seven years, with the introduction of ERP (Enterprise Resources Planning) packages and Year 2000 compliance (Y2K) solutions, the IT industry has exploded and it continues to enjoy one of the strongest periods of growth in the history of the consulting.

IT consulting generally deals with three key areas. First is the use of information. This includes defining and prioritizing the company's information and data requirements. What information do I need to run this company? What information is critical in securing and maintaining a competitive edge in the global marketplace? What do I need to know to carry out my

"효과적인 자원관리를 위해 어떤 데이터베이스가 필요한가?" 등이다. 이 프로세스는 종종 사업정보계획(BIP)이라고도 불리며 정보시스템 구조의 기반 역할을 한다.

IT 컨설팅의 두번째 영역은 시스템 요구를 파악하고 정의하는 것과 관련된 업무다. 이 영역은 데이터베이스 네트워크 하드웨어 등과 같은 하부구조 관련 요구 사항은 물론, 교육과 프로세스 개선 등과 같은 소프트웨어적인 측면도 포함하고 있다.

한국 기업들은 'IT' 하면 거대한 단말기나 보기 좋은 정보 센터와 같은 유형의 사물만을 떠올리는 경향이 있다. 1970년대에는 이 같은 하드웨어가 시스템 컨설팅 시장을 장악했던 것이 사실이다. 즉 시스템이란 말은 자연스레 대형 컴퓨터를 판매하는 IBM을 연상시켰다. 그러나 현재는 하드웨어가 IT 컨설팅에서 차지하는 비중은 30%미만에 불과하다. 나머지 시장은 소프트웨어와 네트워크가 차지하고 있다. 수백만 달러를 IT 부문에 투자했더라도 사무실에 새로운 '기계'

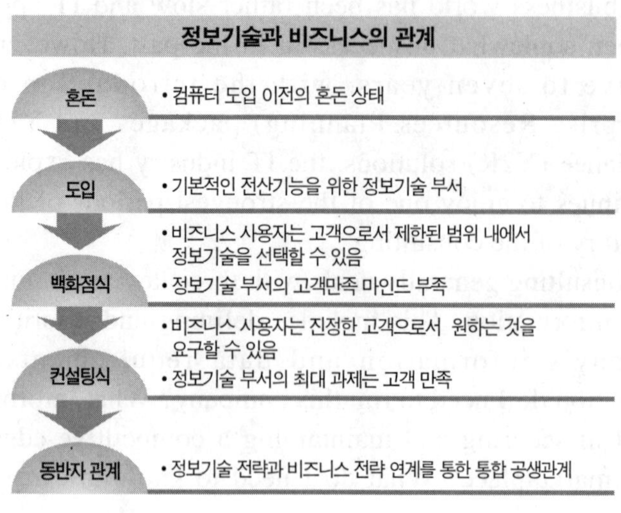

job? What information do I need to collect from my suppliers and customers? What database should I possess to effectively manage my resources? These kinds of business questions are asked and answered in this category. This process is sometimes called BIP(Business Information Planning) and it is the cornerstone of information architecture.

The second category is identifying and defining systems requirements. This includes both infrastructure requirements such as databases, networks, hardware, etc. and non-infrastructure issues such as training, process changes, and other "soft" issues.

We often find that Korean clients are only interested in tangible objects they can see and touch such as big terminals and fancy data centers. In the 1970's, hardware basically dominated systems consulting. In other words, when you heard the word "systems" you automatically thought about companies like IBM selling big IT machines like mainframe computers that took up a large part of the office space. Today, hardware

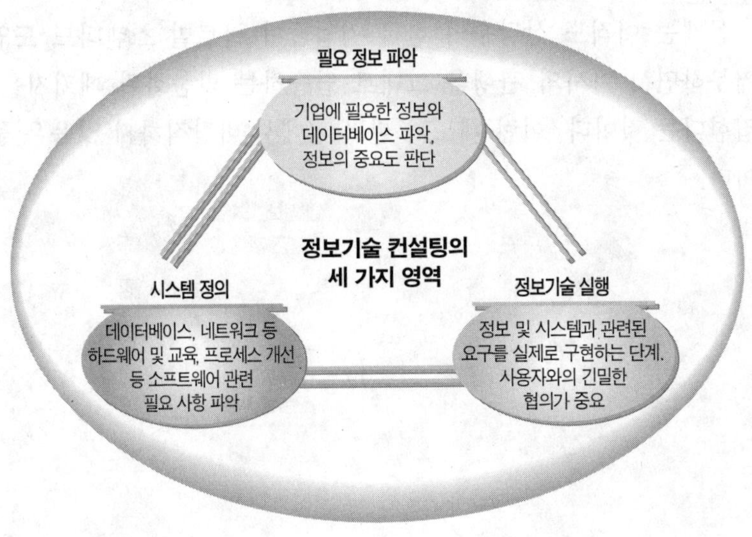

가 생기지 않을 수도 있는 것이다.

IT 컨설팅의 세번째 범주는 실행이다. IT 실행이, 기술 인력은 필요하면서도 부가가치는 낮은 부문으로 과거에는 인식됐다. 그러나 오늘날 IT 실행은 훨씬 복잡해졌다. IT 사용자의 요구를 정의하는 데 사용됐던 기존의 방법(설계→코딩→프로토타이핑→테스팅→릴리싱)을 구현하는 데 들어가는 시간과 비용도 크게 달라졌다. IT 실행은 더 이상 고립된 업무가 아니다. 최종 사용자 컴퓨팅(EUC)과 같은 용어는 사용자를 애플리케이션 실행에 필수적인 부분으로 정의하고 있다.

IT는 앞으로도 컨설팅 산업을 선도할 것으로 예상된다. 또한 IT 컨설팅의 지배력으로 인해 컨설팅 기술이나 노하우의 상당 부분이 표준화될 것으로 보인다. 이런 흐름은 한국 기업들에게 좋은 소식이다. 표준화된 IT 패키지를 통해 글로벌 스탠더드에 부합하는 선진 기업의 관행을 받아들이고 벤치마킹할 수 있을 것으로 기대되기 때문이다.

문제는 아직도 상당수의 한국 기업들이 글로벌 스탠더드 도입을 거부하면서 자사의 관행을 그대로 답습하는 맞춤화된 패키지를 고집한다는 것이다. 이런 태도가 현 상황에서 바람직하지 않음은 물론이다.

makes up less than 30% of systems consulting. The rest is embedded in the software and network. So it would not be unusual for a manager to spend millions of dollars on systems and yet not "see" any machines in his office.

The third category is implementation. This used to be regarded as a low value–added task requiring a number of technicians. Today, implementation of IT is becoming much more sophisticated and comprehensive. The traditional methodology of defining users' requirements (designing - coding - prototyping - testing - releasing) has been changing in both time and cost dimensions. No longer do you see IT implementation taking place in an isolated setting. Most IT implementation, in particular for systems like EUC (End user computing), involves the users as an integral part of application implementation and is closely linked to the overall business strategy of the company.

We believe that IT consulting will probably continue to dominate the consulting industry. And because of this dominance, many consulting knowledge skills and practices will become standardized. This is good news for most Korean companies. By adopting standard IT packages, most companies will be able to learn and utilize standardized international practices and benchmarks.

The problem is that many Korean companies have refused to adopt global standards, insisting on customized packages that reflect their own processes and practices, which to my mind is a sub-optimal solution in this increasingly interconnected global marketplace.

5. 인력관리 컨설팅

경영 컨설팅의 네번째 범주는 인력관리 컨설팅이다. 인력관리 컨설팅은 임금체계(보상제도), 실적 평가제도, 평가결과 반영, 승진, 인력 이동, 보상금 등과 같은 인력관리와 관련된 거의 모든 부분을 다룬다.

다운사이징이나 리스트럭처링과 같이 조직의 모습을 변화시키는 프로젝트를 제대로 수행하기 위해서는 조직 변화에 착수하기 이전과 실행한 이후의 인력 구도와 관련, 인력관리 컨설팅을 받는 것이 필수적이다. 기술이 아무리 발전한다 하더라도, 또 그 기술이 아무리 광범위하게 사용된다 하더라도 기업경영에는 사업을 관리하고 수행할 인적 자원이 필요하다. 또한 기업에 사람들이 존재하는 한 이들에게 일할 의욕을 불러일으킬 수 있는 적절한 인력관리정책은 필수다.

국내 기업의 경우 월급이 직원들에 대한 보상체계의 거의 전부이며, 이런 월급은 인사부서에서 일방적으로 결정하는 것이 보통이다. 반면 서구 기업의 경우 능력 있는 인재를 자기 회사로 끌어들이고 사내의 우수 인력이 다른 회사로 빠져나가는 것을 막기 위해, 또 직원들에게 일에 대한 동기를 부여하기 위해 바람직한 인력관리제도를 구축하고 있다. 전문적인 기술이나 자질을 갖춘 인력이 필요한

5. Human Resources Consulting

The fourth category of general management consulting is what we call HR consulting. HR consulting deals with issues such as compensation structure, performance measurement and feedback, promotions and outplacement, benefits packages, and other HR-related matters.

Most organizational studies, including downsizing and restructuring studies, recommend some sort of HR consulting to deal with human resources before and after the organization implements any changes. Despite recent advances in technology and the widespread use of technology in business, one still needs human resources to manage and conduct business, and as long as there are people, you need HR policies to properly motivate them.

In Korea, salary generally constitutes the major part of the compensation structure and one's salary is often is determined by the company's HR department unilaterally. However, in the West, companies rely on their HR departments to keep employees motivated and to attract talented individuals and keep them from jumping to other companies. The need for a qualified HR department is greatest at professional firms which employ highly skilled individuals. High turnover of employees is not only economically costly, but also costly in terms of the

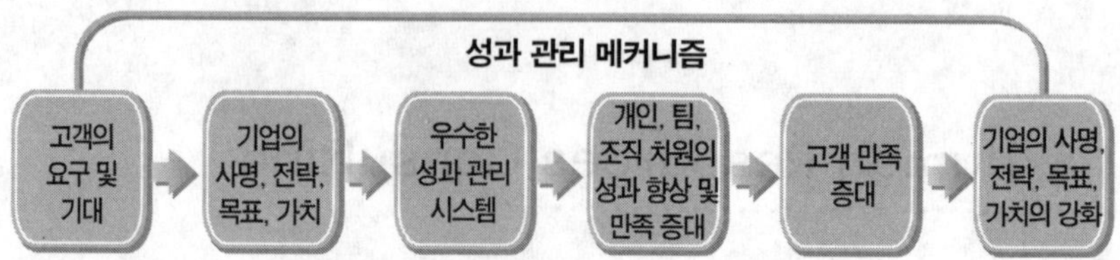

전문 기업의 경우에는 인력관리가 더욱 중요하다. 직원의 이직률이 높다는 것은 경제적으로 막대한 손실일 뿐만 아니라 지적 재산이 유출될 경우 입게 될 피해도 막대하다.

국내의 많은 기업들이 서구식 인력관리 개념이나 제도를 받아들이고 있음에도 불구하고 국내 기업이 서구 기업들의 인력관리 수준에 도달, 이를 실행하기에는 아직 갈 길이 멀다. 국내 기업이 서구식 인력관리의 기준을 받아들이는 데는 몇 가지 근본적인 어려움과 장벽이 존재하고 있기 때문이다.

그 중에서도 가장 대표적인 것이 고용이라는 개념 뒤에 존재하는 근본적인 믿음이다. 한국 사회가 경제적으로나 정치적으로나 현대적인 제도에 기초해 움직이고 있는 것은 사실이지만, 평균적으로 한국인들은 고용, 특히 보상체계에 관한 문제에 이르러서는 경영진이나 종업원이나 구분 없이 모두가 다소 사회주의적인 시각을 공유하고 있는 것이 사실이다. 개인의 실적에 따른 급여체계 구축의 필요성이 종종 제기되고, 또 실제로 시행하고자 하는 노력이 이뤄지고는 있지만, 실제 여론조사나 연구결과를 보면 경영진뿐만 아니라 종업원들조차 같은 직책이나 직급의 동료나 부하 직원이 자신보다 더 많은 급여를 받는다는 사실에 대해 불편해하고 한편으로는 위협을 느끼고 있는 것으로 나타난다.

두번째 장애물은 직장을 선택하는 데 고려 대상의 폭이 그다지 넓지 않다는 것이다. 예를 들어, 능력이 있는 사람이라면 당연히 4대

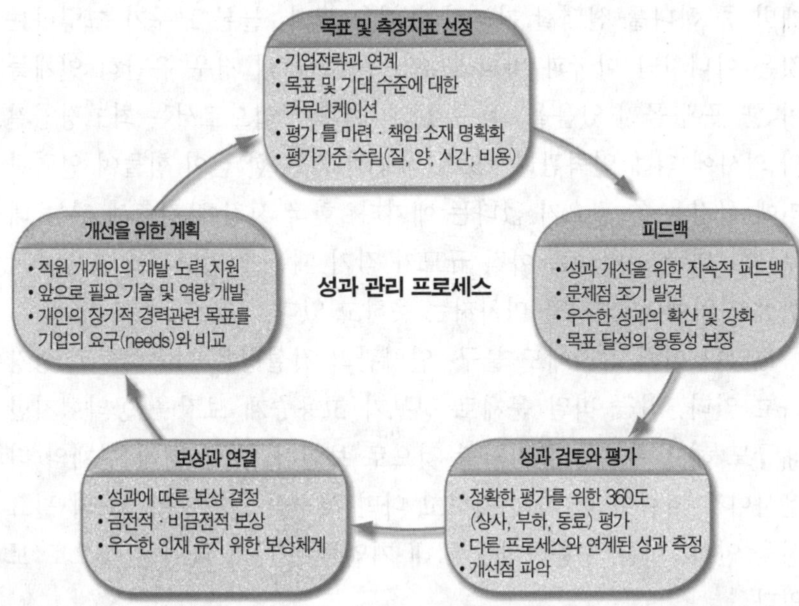

intellectual capital that employees take with them when they leave.

Although many domestic firms are adopting Western HR concepts and procedures, overall, Korean firms still have a long way to go before they begin to look and act like Western firms. Domestic firms face several underlying difficulties in implementing Western HR standards.

Among them is the fundamental belief that most Koreans have about the concept of employment. Despite Korea's modern economic and political environment, most Koreans (both management and employees) share a much more socialistic view regarding compensation structure. There has been much discussion about the need for performance-based pay structures and many companies have attempted to institute such a compensation structure. However, survey after survey shows that not only management, but employees as well, feel

재벌 중 하나를 선택할 가능성이 매우 크다. 물론 모두가 그렇다는 것은 아니지만 미국과 비교해보면 우리나라의 경우 유난히 인재들이 한 곳에 몰려 있음을 알 수 있다. 이는 기업으로서는 최고경영진의 의사에 의해 인력관리제도를 바꾸지 않는 한 굳이 힘들여 인력관리에 신경을 쓸 필요가 없다는 얘기다. 한국 시장에 진출해 있는 대부분의 외국 기업들은 아직 규모가 작기 때문에 인력관리 측면에서 한국 기업에 큰 영향을 미치지는 못하고 있다.

그러나 이런 장벽에도 불구, 인력관리 컨설팅은 지속적으로 성장하고 있다. 최근 빅딜 문제로 정부가 고용승계 보장을 공약했지만 대규모 해고 사태는 불가피할 것으로 보인다. 이에 따라 현재의 다운사이징 바람이 한 차례 지나고 나면 서구식 인력관리제도의 필요성을 인식, 이를 수용하려는 국내 기업들은 더욱 늘어날 것으로 보인다.

uncomfortable and threatened by fellow or junior employee who makes more money than they do.

The second underlying obstacle is that, in general, the demand for quality jobs in Korea far exceeds the supply. In fact, if you are a talented Korean, the chances are very good that you are working for one of the top 4 chaebols. There are exceptions to this rule, of course, but on average, the professional workforce in Korea is much more concentrated than it is in the US. As result, there is not really an urgent need for new HR policies unless they are driven from the top-down. Most foreign firms that operate in Korea do so on a relatively small scale, and it will be several years before they begin to make a significant market impact.

In spite of the obstacles, HR consulting in Korea is growing steadily. Major layoffs are likely to take place at most firms despite the Korean government's promise of guaranteed employment for all employees of companies that have conducted or complied with "big deals." We predict that, once the first few waves of downsizing have run their course, Korean firms will be much more eager to adopt Western-style HR systems.

Part Ⅱ

전략적 사고
(Strategic Insights)

1. 전략기획과 운

　오늘날 가장 널리 사용되고 있는 경영 용어 중 하나는 '전략'이다. 전략이란 언뜻 생각하면 너무나 명백한 개념처럼 보이지만, 전략을 진정으로 이해하려면 전략경영 분야에 대해 좀더 깊이 있게 살펴볼 필요가 있다.

　우선 사업을 경영하는 데 전략이 가장 중요한 요소라고 믿는 사람들에 대해 '반대론자'들은 전략 외에도 사업에 영향을 미치는 요소는 많기 때문에 전략의 원인과 결과를 결정하기란 어렵다고 반박한다. 또한 한 기업의 재무 성과를 전략의 결과로만 돌리는 것도 전략을 이해하는 정확한 방법은 아니다.

　예를 들어, 주식시장이 활황일 때 어떤 기업이 좋은 성과를 냈다면 그 기업의 경영진이 우수한 전략을 선택했기 때문일까, 아니면 순전히 주식시장의 상황이 좋았기 때문일까? 이에 대한 답은 분명하지 않다. 다른 한편으로 만약 사업이 전적으로 운에 달린 것이라면 어떤 위험을 회피하거나 능동적으로 위험에 대비하거나 대처할 필요성은 없어지며 전략과 관련한 사고구조 전체가 흔들리게 된다.

　이렇게 되면 기본적으로 좋은 시기에 적절한 장소에 있기만 하면 어떤 사업을 하든 성공할 수 있다는 얘기가 되며, 운명이 미리 정해져 있다고 믿는다면 무엇을 하든 결과는 크게 달라질 게 없다는 뜻

1. Strategic Planning and Luck

One of the mostly widely used management terms today is "strategy." It seems self-explanatory and yet to really understand it, one needs to delve much further into the realm of strategic management.

First of all, to those who believe strategy is the most critical factor in managing one's business, the "nay-sayers" would argue that one cannot truly determine the cause and effect of a strategy since there are so many other factors that influence one's business. Attributing financial results to strategy alone can lead to erroneous conclusions.

For example, if a company's stock price rises, is this a result of the strategy adopted by the company' senior management or is it simply the result of just being in a better market? The answer is not clear. On the other hand, if you believe the business is all about luck and there is nothing one can do to avoid certain risks or confront them in a proactive manner, then the whole process of strategic thinking is useless.

This school of thought basically assumes that if you happen to be at the right time and right place, you will succeed in any business. This pre-deterministic way of thinking argues that nothing that one does really matters. Obviously this is not the most popular or widely accepted way of looking at modern

이 된다. 물론 이런 사고방식이 오늘날 경영 분야를 바라보는 인기 있고 일반적인 시각은 아니다. 또한 모든 게 운에 달려 있다면, 기업에서 그렇게 많은 기획 인력이나 기업을 이끌어나가는 최고경영자를 둘 필요도 없을 것이다.

그러나 '운'이란 개념을 배제하기 전에 왜 한국에서는 '운'이란 개념이 인기 있는지 좀더 검토해볼 필요가 있다. 1995년 말 한국에서 전략 컨설팅을 시작했을 때 많은 최고경영자들은 국내의 시장경쟁은 서구적인 관점에서 '순수'하지 못하기 때문에 전략이란 개념이 성공하지 못할 것이라고 생각했다. 여기에서 중요한 것은, 많은 사람들이 정부나 외부 '압력'에 따라 경쟁이 좌우된다고 느끼고 있었다는 점이다.

이 결과 서구적인 사고방식을 가진 컨설턴트로서는 이해하기 어려운 '우리의 전략은 어떤 전략에도 얽매이지 않는 것'이라는 말까지 나오게 됐다. 그러나 수많은 핵심 산업에서 발생하는, 예측할 수 없는 정책 변화를 고려해볼 때 이 말에 어느 정도 수긍은 간다. 몇몇

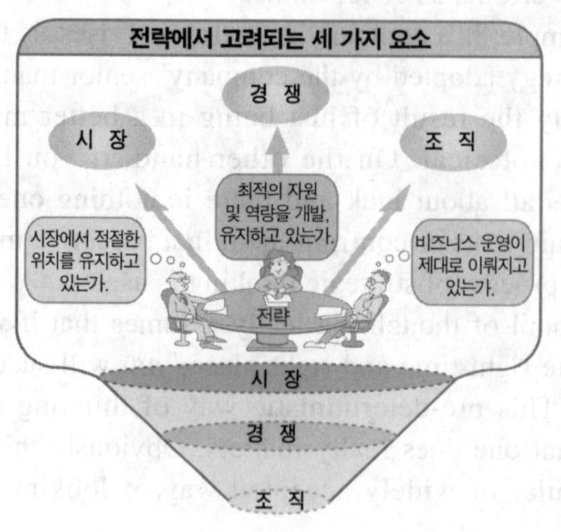

management today, or else you would not need so many planning people or even a CEO to guide and lead a company.

But before we can dismiss the idea of "luck" we need to look little further into why such ideas were and are popular in Korea. As recently as 1995, when strategic consulting was offered in Korea, many CEOs thought that the idea would not work in Korea since the domestic market was not "purely competitive" from a Western management point of view. And, most importantly, many felt that the government and other "forces" shaped the competition.

This resulted in comments like "Our strategy is to not be tied to any strategies" which sounded funny to many Western-based consultants. But when applied to the Korean business environment, such statements actually made sense, given the sweeping and unforeseeable policy changes frequently made by the government. Some even argued that not being tied to one strategy actually helped because it provided a platform to launch different initiatives when the government changed policies.

Some socialists go as far as to argue that Korean history has influenced its business thinking. They argue that because the country has been invaded by so many different nations and tribes, the people who usually succeeded were those who did not commit themselves to specific ideas, beliefs or strategies but instead hedged their bets by being flexible. At any rate, in the past, strategy, in the true meaning of the word, was not clearly defined, understood, or applied to real business cases.

However, in the past few years, with the exception of measures like "Big Deals" which violate the principle of market-based competition, Korean businesses have acted in much greater accordance with Western standards then ever before. Regulations promoting transparency and other global

사람들은 정부 정책이 변할 때마다 여러 가지 다른 조치를 유연하게 취할 수 있었기 때문에 한 가지 전략에 얽매이지 않는 것이 효과적이었다고까지 주장한다.

몇몇 사회학자들은, 한국인이 이런 경영 사고방식을 갖게 된 이유는 역사적 배경 때문이라고 주장한다. 한국은 수많은 국가와 부족들의 침략을 받아왔고, 이 속에서 궁극적으로 성공을 거둔 사람들은 유연한 태도로 특정한 생각이나 신념 또는 전략에 찬성도 반대도 않았던 사람들이었다. 어쨌든 과거에는 경영 분야에서도 '전략'이란 용어의 의미는 정확히 정의되지도 이해되지도 못했으며 실제로 적용되지도 않았다.

그러나 시장경쟁 원리에 위반되는 빅딜과 같은 정책이 여전히 존재하고 있음에도 불구하고 지난 몇 년 간 국내 기업들은 그 어느 때보다 더 서구식 경영방식에 가깝게 접근해왔다. 투명성과 글로벌 스탠더드라는 개념이 도입되면서 국내 기업들도 서구 기업들과 같은 방식으로 경쟁을 벌이지 않을 수 없게 됐다. 이에 따라 사람들은 미래의 위험을 예측하고 관리하는 것이 중요해질 것이라고 믿게 됐다.

일단 전략이 필요하다고 인정되면 전략을 어떻게 구축할 것인가란 문제가 대두된다. 이것은 까다로운 질문이다. 전략이 너무 느슨하면 조직은 전략을 심각하게 고려하도록 훈련될 수 없다. 반면 전략이 너무 세밀하더라도 무슨 일이 일어날지 아무도 예측할 수 없는 불확실하고 급속한 기술 변화의 시대에는 그 의미가 없을 것이다. 이런 이유로 인해 이 두 가지의 균형이 중요하다.

standards are forcing the Korean companies to compete in much the same manner as Western firms. Because of this trend, we believe that it will be critical for managers to implement some form of strategic thinking process to manage anticipated risks to their business.

If we believe that strategy is required and necessary, exactly how should we define it? This is a tricky question. If we define it too loosely, the organization will not be disciplined enough to take it seriously; if it is too narrowly defined, then it will be meaningless in this age of fast-changing technology and uncertainty, which makes accurate prediction of the future almost impossible. Maintaining a reasonable balance is a must.

2. 한국 기업들의 전략적인 자유

이번에는 전략개발 프로세스에서 전략적인 자유는 어느 정도인지에 대해 알아보자. 먼저 대부분의 국내 기업들이 직면하고 있는 일반적인 전략경영과 관련된 문제는, 솔직히 말하자면 다소 기본적인 성격의 문제들이며, 이들 문제를 해결하기 위해 제시되는 방법의 대부분 역시 과거 서구 기업들이 수차례 도입해 실행했던 것들이다.

때문에 지적 도전이라는 관점에서 고려해볼 때 국내 기업이 갖는 경영상의 복잡성 정도는 서구 기업에 비해 훨씬 단순한 편이다. 예를 들어, 많은 국내 기업들이 세계화(글로벌화)와 그 중요성에 대해 논의하지만 이 문제를 좀더 깊이 살펴보면 대부분의 국내 기업은 세계화 수준이 매우 낮을 뿐만 아니라 거의 세계화되지도 못했다. 즉 평균적인 국내 기업이 다루는 세계화 관련 이슈의 복잡성 정도는 기본적으로 서구 기업들에 비해 훨씬 덜 도전적이다.

그렇다고 국내 기업의 경영진이 처리하는 일상적인 업무가 외국 기업의 경영진에 비해 쉽다는 얘기는 아니다. 오히려 국내 기업의 경영진들이 가장 많은 시간을 할애하고 있는 문제가 무엇인지 살펴보면, 상당한 시간이 비핵심적이긴 하지만 꼭 신경을 쓸 수밖에 없는 문제들에 소요되고 있다는 흥미로운 사실을 발견하게 된다. 여기에서 한국의 경영관행에 대해 어떤 가치평가를 내리려고 시도하는

2. Strategic Freedom for Korean Companies

Let us examine the degree of strategic freedom that a company can have in its strategic development process. First of all, the nature of general strategic management issues that managers of most domestic companies face is, to be frank, quite rudimentary and many of the solutions we prescribe are things that were introduced and implemented many years ago by Western firms.

In terms of intellectual complexity, the kinds of management issues confronted by Korean managers are much simpler than those faced by Western counterparts.

For example, we often talk about globalization and its importance, but when one takes a careful look at Korean companies, one realizes that the level of globalization at most Korean companies is very low and in some cases almost non-existent. This basically means that the level of complexity due to globalization that the average Korean manager deals with is much lower than what is faced by their counterparts in the Western world.

This does not mean, obviously, that the day-to-day tasks of the Korean manager are easier. On the contrary, when one studies how executives spend most of their time, it's quite interesting to note how much of it is devoted to non-core, but

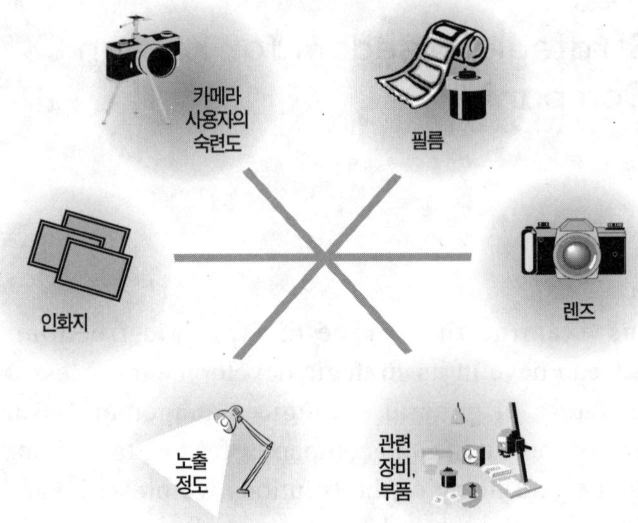

것은 아니다. 다만, 일반적으로 한국 기업에 비해 서구 기업이 부딪치는 경영상의 문제가 훨씬 더 복잡하고 정교하다는 것을 지적하고 싶다.

전략개발 과정은 경영이 얼마나 고도화돼 있느냐에 영향을 받는다. 보통 국내 시장은 경쟁이 극심하다고 한다. 그러나 서구 기업의 관점에서 보면 대부분의 사람들이 생각하는 것 이상으로 국내 시장은 '세력 결탁'이 이루어져 있다. 법적인 측면에서 법에 어긋하는 어떤 일이 이뤄지고 있다는 뜻은 아니다. 그러나 정책적인 측면에서 한국 시장은 매우 협력적이며 종종 자유와 개방이라는 경쟁원리에 어긋나는 경우도 있다.

이런 상황은 전략개발 업무에 흥미로운 선택안을 제시한다. 우선 전략을 실행하는 능력에 대해 현실적이기를 원할 경우 한국 시장에서는 결코 서구 기업만큼 과감해질 수가 없다. 여기에 대해서는 논

"must-attend," issues. At any rate, I am not trying to make a value judgment on the quality of Korean management. We believe that, in general, however, Western managements face issues that are more sophisticated and complex than those faced by their domestic counterparts.

Naturally, one's strategic development process will be affected by the level of management sophistication. To the average Korean, the domestic market seems fiercely competitive, but by Western standards, there is much more collusion than most Korean people are led to believe. Of course, I am not insinuating that we are doing anything illegal, but from a policy standpoint, the market is much more cooperative than those in the West and often runs counter to the principle of free and open competition.

This raises an interesting option in the strategy development process. First of all, if you want to be realistic about your ability to implement your strategy, you must accept the fact that you cannot be as radical in this market as you could be in a Western market. This may be controversial, but it's a sad fact. The strategic freedom that a company has in developing a strategy is more limited. Simply put, Korean companies are not free to do whatever they want to do in the marketplace (Of course, I am talking about only such actions that fall within the boundary of the law and market rules).

For example, let's take a look at the mobile telephone market. If this was a purely competitive market, there is no way that there could be so many players and yet somehow they all manage to co-exist. If this happened in the West, a top player would undoubtedly drive the little players out of the market. There are predatory strategic options one can deploy to win the marketplace, but those options are not utilized by Korean companies.

란이 있을 수 있지만, 어쨌든 이것은 안타까운 현실이다. 기업이 전략을 개발할 때 누릴 수 있는 전략적 자유의 폭이 상당히 제한돼 있기 때문이다. 간단히 말해 한국 기업들은 경쟁자를 누르기 위해 필요한 조치들을 추진할 자유가 없거나 추진할 의사가 없는 것이다.

이동통신 시장을 예로 들어보자. 시장을 자세히 살펴보면 우리나라처럼 이동통신업체가 많으면서 그 업체들이 모두 공존한다는 것은 거의 불가능하다는 사실을 알게 된다. 만약 서구 시장이었다면 선두업체가 군소업체들을 시장에서 몰아냈을 것이다. 시장에서 살아남기 위해 취할 수 있는 약육강식의 전략적 대안은 많다. 그러나 한국 기업들은 이런 전략을 사용하지 않고 있다. 다시 말해 정글의 법칙이나 적자생존의 법칙이 한국 시장에서는 충분히 적용되지 않았던 것이다. 그 이유는, 정부가 이런 종류의 전략을 허용하지 않거나 한국 기업들 스스로가 의도적으로 이런 종류의 전략을 피하고 있기 때문일 것이다.

이 때문에 서구 전문가들은, 한국이 세계에서 가장 긴 파산주기를 가졌다고 분석한다. 시장에서 살아남을 수 없는 기업도 그럭저럭 버텨나가거나 지원을 받아 살아남는다. 이런 상황이 발생한 원인이 반드시 정부 때문은 아니다. 오히려 현실이 그렇든, 아니면 의식될 뿐이든 간에, 민간 기업들이 스스로 전략적 자유에 대해 제한을 가하고 있기 때문이라고 생각한다. 전략적 자유를 완벽하게 가정하고 실행함으로써 실질적인 사업전략을 개발하지 않는 한 수많은 사업구상이나 꿈은 현실화되지 못한 채 아이디어와 꿈으로 끝날 것이다.

In other words, the law of the jungle, or survival of the fittest, is not fully applicable to the Korean market. This must be because either the government is not allowing it or the top players themselves are purposely staying away from those types of strategies.

Some Westerners believe this is the reason why Korea has the longest bankruptcy cycle in the world. Companies that should not be in business somehow are able to remain in the market-place.

Until Korean managers exercise complete strategic freedom to develop real business strategies, many business ideas and dreams will remain unrealized.

3. 전략기획 대 전략개발

이번에는 전략기획과 전략개발에 대해 살펴보기로 하자. 우선 한국 기업 중 어떤 형태로든 기획기능이나 부서를 유지하고 있지 않은 기업은 없을 것이다. 경영기획부라고 불리든 전략기획부라고 불리든 간에, 이들 부서는 대부분의 기업에서 매우 중요할뿐더러 누구나 일하고 싶어하는 부서로 인식되고 있다. 기획부는 기업의 두뇌 집단으로 인정받으며, 기획부를 이끄는 사람은 높은 수준의 경영지식을 지니고 있는 것으로 여겨진다.

이 때문에 대부분의 전략은 기획부에서 개발되고 실행된다. 물론 한국의 경우에는 기획부가 최고경영자를 지원하는 또 하나의 고임금 비서 집단과 같은 역할을 하는 경향이 있으며, 이 결과 기업의 전체적인 방향성을 수립하는 데 그다지 크게 기여하고 있지 못하다는 문제점이 있다.

전략개발은 한 기업이 어떤 대안을 선택하느냐에 따라 그 결과가 다양한 함의를 가질 수 있다는 점에서 전략기획과 근본적으로 다르다. 반면 전략기획이란 이미 수립된 일련의 계획을 실행하는 데 시간과 비용을 최적화하기 위한 계획 과정을 의미한다.

예를 들어, 가스 및 석유산업의 업무흐름 중에서 소매부문에서 가장 중요한 문제 중 하나는 주유소 운영이다. 한국의 경우 주유소 시

3. Strategic Planning versus Strategy Development

Let's discuss strategic planning and strategy development. First of all, there is not one company in Korea that does not have some sort of planning function or department. Whether one calls it management planning or strategic planning, this is an important and respected function in a typical company. Some call it the "brains" of a company and he who heads this function is often recognized as someone with a high degree of management knowledge.

Fittingly, most corporate strategies are developed and executed by these departments. The problem is that, in Korea, the employees in these departments, more often than not, become nothing more than high-paid secretaries of the CEO, and as a result, they do not play a major role in planning and shaping the overall direction of the company.

Strategic development is fundamentally different from planning in that, in development, the choices one makes have a number of implications, whereas in planning, you are basically optimizing the time and cost needed to carry out a set of plans.

For example, in the downstream gas and oil industry, one of the most critical challenges for retail businesses is operating gas stations. In Korea, we basically have two dominant players that control this market and, as we speak, this market is undergoing

장은 두 개의 주도적인 기업에 지배되고 있으며, 현재 급격한 규제 완화를 경험하고 있다. 만약 주유소업계에서 현재 전략 개발을 수행하고 있다면 "앞으로 주유소의 핵심 역량은 무엇인가?"라든가 "어느 부문에서 매출액을 발생시킬 수 있는가?" 등과 같은 질문을 던져야 한다. 이들 질문은 간단해보이지만 여러 가지 중요한 차원의 사고를 요구한다.

예를 들어, 이마트나 까르푸와 같은 대형 할인점이 자사의 유통경로를 통해 석유를 판매한다면 어떻게 하겠는가? 만약 맥도널드와 같은 패스트푸드 업체들이 대형 정유업체들과 합작사업을 펼친다면 어떻게 되겠는가? 이런 대안과 시나리오는 그야말로 무한하다.

전략개발이란 이런 질문에 대답하는 것이며, 이 과정을 통해 한 기업의 방향성을 수립하는 것이다. 반면 전략기획은 전략을 실행하는 데 필요한 자원과 자본을 최적화하는 것이다. 이런 과정을 통해 "몇 개의 주유소를 보유할 것인가?", "얼마나 많은 판매인력을 확보할 것인가?", "내년의 재무 목표는 어떻게 설정할 것인가?" 등에 대한 답을 찾을 수 있다.

전략개발과 전략기획 과정에서 고려해야 할 질문들은 전혀 다르다. 한국의 재벌들이라면 전략개발을 위해 "자동차 시장에 진출해야 하는가, 진출한다면 우리의 전체 사업 포트폴리오에는 어떤 영향을 미칠 것인가?", "북한과 북한의 자원을 활용할 것인가, 활용한다면 사업의 전체 위험 포트폴리오에는 어떤 영향을 미칠 것인가?" 등과 같은 자문을 해봐야 할 것이다.

물론 많은 서구 기업들은 한국 기업의 경우 전략기획부에서 이런 결정이 이뤄지지 않는다는 사실에 의아해하며, 누가 이처럼 어려운 문제에 대해 의사결정을 내리는지 궁금해한다. 기업의 오너나 몇몇의 선택된 개인들이 이런 결정을 내린다면 누가 분석하는지, 또한

rapid deregulation. If you are thinking seriously about strategy, you should ask questions like "What should our gas station's core competency be in the future?" or "From what sources should we generate our revenue?" These questions may sound simple, but they entail many critical dimensions of thinking.

For example, what if major discount stores such as E-mart or Carrefour started selling gas through their distribution channels? What if fast-food restaurants like McDonald's formed joint business ventures with major oil suppliers? The options and scenarios are literally unlimited.

Developing a strategy answers these types of questions and by doing so it sets a direction for that particular company. On the other hand, in strategic planning, one has to optimize the resources and capital to carry out the strategy itself. So in this process you will answer questions like "How many gas stations should we have?" or "How many salespeople should we hire?" or "How should we set our financial goals for next year?", etc.

The types of questions asked in strategic planning are radically different from the types asked in strategic development. For Chaebols in Korea, the first type of question encompasses questions like "Should we enter the automobile industry and how would doing so impact our overall business portfolio" or "Should we leverage North Korea and its resources and how would doing so impact the overall risk portfolio of our businesses?"

The question that many Westerners ask about Koreans firms is, if strategic planners are not making the decisions on tough issues, then who is? If the owner or selected individuals are, in fact, making these decisions, who is doing the analysis and what system of checks-and-balances do Korean companies have in place to provide a sanity check?

It is true that, unlike in science, there is no right or wrong

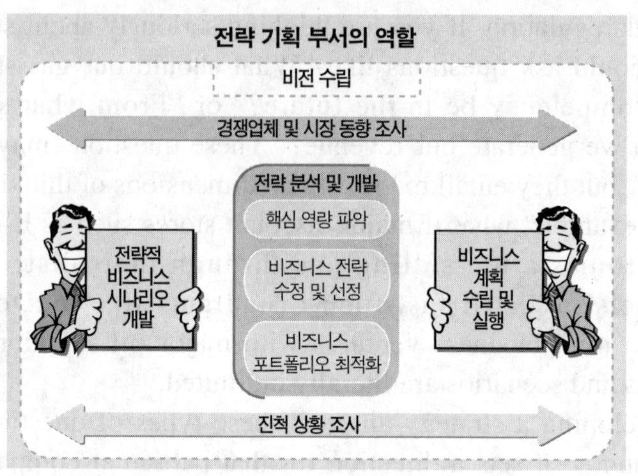

건전성 검사를 수행하기 위해 어떤 견제장치를 운영하고 있는지 등에 대해 알고 싶어한다.

과학과 달리 경영에는 정답이나 오답이 따로 없다. 어떤 대안이 다른 대안보다 좀더 효과적일 뿐이다. 효과라는 것도 어떤 관점에서 성과를 측정하느냐에 따라 달라질 수 있다. 그러나 경영효과 측정이 매우 주관적이긴 하지만, 한국 기업의 의사결정은 너무 위험하고 때론 너무나 터무니없는 경우가 많다.

만약 적절한 전략개발과 기획 프로세스를 보유하고 있다면 많은 문제점을 해결할 수 있을 것이다. 이 문제해결이야말로 21세기를 앞두고 한국 기업들이 직면하고 있는 가장 큰 도전 중 하나다.

answer to a management problem. Some answers are merely more effective than others and interpretations of effectiveness can differ according to one's viewpoint of a given question. But even using a highly subjective scale of management effectiveness, many of the decisions that Korean companies make are just too risky and, at times, downright absurd.

Many of these issues can be resolved through proper strategy development and planning. Making certain that this happens will be one of the greatest challenges facing Korea Inc. in the 21st century.

4. 유연성과 전략적 선택

　　몇 주 전에 고객 회사를 방문해 유연한 전략에 대해 토론한 적이 있다. 유연한 전략이란 시장환경에 따라 수시로 변하는 전략을 의미한다. 토론은 주로 조직이 체계화되지 않은 아이디어를 어떻게 다뤄야 하는지, 변화하는 비즈니스 환경에 어떻게 적응해나가야 하는지 등에 관한 것이었다. 이 토론은 생산 라인의 규모와 이윤 중 하나만을 선택해야 하는 전략적 결정이라는 주제에 이를 때까지는 상당히 그럴 듯하게 진행됐다.

　　이 회사로서는 이런 종류의 결정을 내리기가 매우 어려웠다. 규모 지향적 전략이란 시장점유율에 집중하며 성장을 최우선으로 여긴다는 뜻이다. 반면 수익 지향적 전략이란 주로 수익성 있는 사업에 주력하면서 한 사업이 이익을 내지 못할 때는 그 사업의 상당 부분을 포기한다는 의미다. 이 기업이 안고 있는 문제는 영업사원들이 가격을 할인하거나 고객과 협상할 때 거의 시간 단위로 이런 결정을 내린다는 것이었다. 더욱 바람직스럽지 못한 점은 과거 몇 개월 간 IMF 위기로 인해 내부 정책의 상당 부분이 그때 그때 상황에 맞춰 이뤄지는 임기응변식 절차로 바뀌었다는 점이다. 결과적으로 회사의 모든 사람들이 자기 나름대로 의사결정을 내리고 있었다.

　　이해할 수 없었던 점은, 그 회사 직원들은 기업이 사업상 필요에

4. Flexibility and Strategic Choice

I was with a major client a few weeks ago and our discussion involved the concept of flexible strategy, where the strategy changes constantly based on the market environment. It was mainly about how an organization deals with unstructured ideas and how it can adapt to different business environments. This all sounded good until we began to discuss the trade-offs between volume and margin for one major product line.

For this client, this was an extremely difficult decision since a volume-based strategy obviously meant focusing on market share and top line growth, where as a margin-based strategy meant focusing mainly on the profitable units, thus giving away major volume in businesses that are unprofitable. The problem for this client was that these decisions were being made by his sales people on an almost hourly basis as they were discounting prices and negotiating with their customers. What made it worse was that, in the last several months, many of the internal policies were being replaced by, emergency, ad-hoc procedures because of the financial crisis. As a result, everyone was making decisions on his or her own.

What struck me as odd was how proud they were of the fact that the organization was able to adapt to different environments, according to the needs of the business; therefore,

따라 서로 다른 외부 환경에 적응할 수 있다는 사실을 매우 자랑스
러워한다는 것이었다. 결국 최고경영자 역시 유연한 전략만으로도
기업을 세계적으로 우수하게 경영할 수 있다고 주장했다. 이론적으
로 그의 주장이 맞는다고 인정하더라도 유연한 전략의 문제점은, 이
런 종류의 전략에는 익숙해지기가 어려우며 전략을 명확히 이해하
지 못할 경우 기업이 혼란에 빠지기 쉽다는 것이다. 게다가 주의 깊
게 관리되지 않을 경우 아무도 결과에 대해 책임을 지려 하지 않으
며, 결과적으로 그 조직에서 역할과 책임이 불분명해지게 마련이다.

예를 들어, A와 B라는 제품 중 어느 것을 생산할지 선택해야 한
다고 가정해보자. 유연한 전략은 A나 B 둘 중 어떤 것을 선택하든
다른 회사만큼은 만들 수 있으며, 두 제품 사이의 생산 라인을 교체
하는 비용이 극히 낮다고 가정한다. 그러나 시장은 A나 B 둘 중 하
나를 더 선호한다. 따라서 두 가지 중 하나를 고른다는 것은 어느 정
도 위험이 따르게 된다.

문제는, 옳은 결정을 내린 사람들은 성공할 수 있는 반면, 유연한
전략을 채택하는 사람은 결코 성공을 거둘 수 없다는 점이다. 유연
한 전략을 통해 할 수 있는 일이란 위험을 최소화하는 것일 뿐이다.
현대 경영환경에서 위험 최소화만으로는 결코 지속적으로 튼튼한
기업을 만들 수가 없다.

유연성 자체는 위험 회피(헤징)와는 다르다. 위험 회피는 사업 선
택과 시장위험 최소화를 의미한다. 유연성이란 불확실성을 의미하
며 최고경영자의 부적절한 결정을 덮어주는 역할을 한다. 위험 회피
는 위험에 대한 노출을 줄인다. 유연성은 사업의 잠재성을 최대한이
아니라 중간 정도로만 유지하게 한다. 이 밖에도 차이점은 많지만
중요한 점은, 유연한 전략은 능동적이고 적극적으로 자원과 자본을
운영하지 않기 때문에 사업전략이라고 할 수 없다는 사실이다. 유연

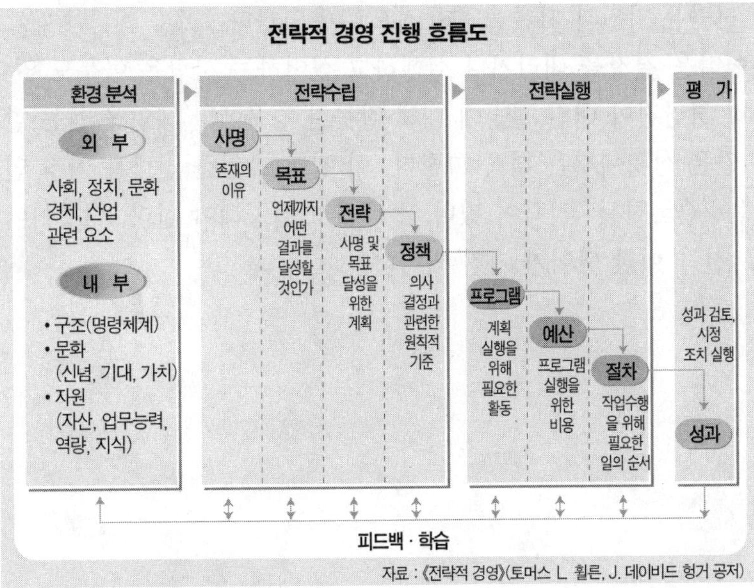

the CEO argued, the strategy of flexibility alone would enable his company to become the best managed company in the world. The problem with a flexible strategy, although it theoretically makes sense, is that it is extremely difficult to get used to and, unless one clearly understands it, the company is more likely to be in chaos as result of it. In addition, if one is not careful, nobody will be responsible for anything, thus creating unclear roles and responsibilities within the organization.

For example, let's assume that you have a choice of making widget A or B. The flexibility strategy assumes that you can make either A or B equally as well as others and that the cost of switching between the two is minimal. The market, however, will tend to favor either A or B. Thus, it is inevitable that, by choosing one or the other, one assumes a certain amount of risk.

The problem is that those who make the right decision

한 전략은 자원과 자본을 수동적으로 운영한다.

어려운 결정을 내리거나 실행하고 싶어하는 사람은 아무도 없다. 특히 경영진이 내린 결정에 대해 잘못한 경우에만 책임을 묻는 한국과 같은 상황에서는 더욱 그렇다. 이 결과 유연한 전략은 가장 인기 있는 '한국화된' 전략이 됐다. 선택하고 집중해야 한다. 이것이야말로 '전략'이란 단어가 가진 의미다.

15년 간 컨설턴트로서 여러 나라의 다양한 기업에서 일해봤지만 한국만큼 앞날을 예측할 수 없을 정도로 경제 상황이 급변하는 나라는 본 적이 없다. 장기적인 안목에서 수립되어야 할 경제정책이 너무 자주 바뀌는 바람에 큰 줄기가 어떤 방향으로 나아가는지 알 수가 없다.

시대적 흐름과 맞물려야 한다는 점에서 기업의 전략수립 과정 또한 여의치 않다. 시장개방, 글로벌화, 규제완화 등으로 인해 국내 기업은 어떠한 비전과 전략으로 21세기를 선도하는 기업이 될 것인지 고민하고 있다.

비전을 달성하기 위한 최적의 전략을 수립한다는 것은 무척이나 어려운 일이다. 앞으로의 상황을 예측하고, 기업이 활용할 수 있는 전략 대안을 파악하고, 그 대안들을 지속적으로 평가한 다음 제한된 자원을 집중시킬 만한 가치가 있는 적합한 대안을 찾아야 하는 일인 만큼 그 기업의 장래를 결정짓는 요체라고 볼 수 있다. 중단기 전략수립 컨설팅을 의뢰해오는 기업이 상당수에 이르는 것도 이러한 이유 때문일 것이다.

obviously will be highly successful whereas those who follow a flexible strategy will never become truly successful. All they can do is minimize the downside risk. In modern management, generally speaking, minimizing the downside risk alone does not constitute a sustainable, robust company.

Flexibility is different from hedging. Hedging assumes business choice and minimizes the market risk. Flexibility assumes uncertainty and covers the CEO's inadequacy. Hedging reduces risk exposure. Flexibility sub-optimizes success potential. There are other differences, but the main one is that a flexible strategy is not a business strategy, because it does not commit resources and capital on a proactive basis. The flexible strategy often commits its resources on a reactive basis.

Nobody wants to commit and make hard decisions, especially in the ranks of senior Korean management, where there is only downside risk to the business decisions they make. As a result, the flexibility strategy has become one of the most popular of the "Korean-style" strategies in Korea. However, to achieve great success, you must choose and focus. This is the definition of the word 'strategy.'

5. 전략적 제휴 : 재무적 제휴

M&A라는 용어는 한국 사람들에게 부정적인 이미지를 준다. 외국 업체와의 M&A라면 더더욱 그렇다. 필자가 보기엔 M&A에 따른 부정적인 면이 너무 부각되어 보도된 반면, 합병으로 인한 효과나 긍정적인 면은 오히려 실제보다 축소되어 알려졌기 때문이라고 생각한다. '침략자'와 '희생자'의 관계로 보는 시각이나 태도로 인해 M&A에 대해 잘못된 인식을 갖게 되는 것이다.

어찌되었든 이렇게 부정적인 이미지의 M&A 대신에 '제휴'라는 용어를 많이 쓰고 있으며, 사실 더 맞는 표현이라고 할 수 있다. 제휴라는 용어에서 느껴지는 뉘앙스는 제휴 당사자인 두 기업이 동등한 입장이라는 것이다. 또한 M&A에서 주로 쓰이는 인수 대상 기업이라는 말보다는 제휴 관계에서의 파트너십이 훨씬 우호적으로 들린다.

한국에서 이루어지는 전략적 제휴 사례를 보면 진정한 의미에서 제휴에 속하는 경우는 별로 많지 않다. 대부분의 사람들에게 '제휴'란 기본적으로 계약서 체결로 받아들여진다. 사실 여러 한국 기업들이 외국 기업들과 수차례 양해각서나 의향서를 체결한 것을 보면 알 수 있다.

그러나 진정한 제휴는 단순히 계약에 서명하는 것 이상의 의미를

5. Strategic Alliance : Financial Alliance

The word M&A conjures a negative image for many Korean people and when it involves a foreign entity, the reaction is even worse. In my opinion, the negative aspects of M&A's have been overly emphasized while the importance and positive aspects of this transaction have not received proper attention. There is an "invader" and "victim" psychology provoked by M&A's that reinforces its negative image.

A better, or more reasonable, term that we often use is "alliance". I guess the term draws a benign reaction since it places both parties on a level playing field. By the same token, the term 'partnership' has a more friendly ring to it than 'takeover target'.

But if you take a close look at so-called strategic alliances in Korea, many do not fall into the category of a true alliance. Most people think that the term alliance basically represents an agreement. And this is evidenced by the sheer number of MOU's (Memorandum of Understanding) and LOI's (Letter of Intent) that Korean companies often sign with foreign firms.

But a true alliance has a much deeper meaning. There are basically five broad types of strategic alliances. They are : financial alliances, market and geographic alliances, technology and product alliances, process and function alliances, and lastly,

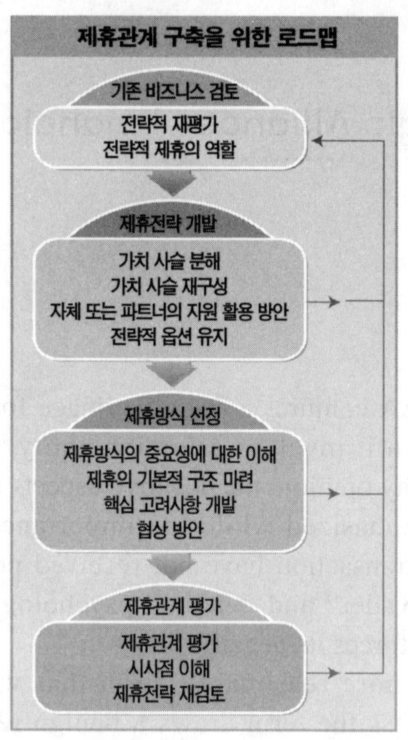

지닌다. 전략적 제휴 관계를 제휴 목적을 기준으로 보면 크게 다섯 가지로 분류할 수 있다. 재무적 제휴, 시장·지역 제휴, 기술·제품 제휴, 프로세스·기능 제휴, 그리고 마지막으로 산업군 제휴가 있다.

이번 글에서는 재무적 제휴에 대해 알아보자. 재무적 제휴란 기본적으로 한 기업이 다른 기업의 지분에 대한 소유권을 갖는 것이다. 한국 재벌들이 자회사를 관리하고 통제하기 위해 지분을 소유하는 것과 비슷한 형태다.

가장 큰 차이점이라면, 외국에서는 다른 기업의 지분을 인수하는 목적이 재무적인 이득에 있지 않고 전략적 이유에 있다는 점이다.

what we call industry cluster alliances.

In this article, I will talk about financial alliances. Financial alliances basically involve ownership of other firm's equity. This is somewhat similar to how Korean Chaebols operate in terms of managing and controlling their subsidiaries.

The major difference is that allied firms acquire other firm's equity not necessary for the financial return but for strategic reasons. This category is largely non-existent in Korea, mainly due to the issue of owner control.

For example, many American auto firms hold equity stakes in Japanese auto firms and vice versa. There are many reasons why companies engage in this kind of alliance. The most important is to build a monitoring and tracking mechanism of one's competitors through legal means. Owning financial equity gives you access to information that is not available in the public domain. Furthermore, you have first access to other management controls and develop a relationship that will become even more valuable in times of crisis.

During the recent IMF crisis, many Korean companies were eager to attract foreign direct investment; however, the results were mixed. The main reason for this, was the time needed to conduct due diligence. It takes a lot longer for a foreign entity to understand and become comfortable with a Korean firm than it would for another Korean firm. On the other hand, Korean firms that already had alliance relationships with foreign entities had a much easier time.

With global competition becoming more intense, financial alliances are becoming extremely popular and Korean firms are no exception to this trend. One of the main reasons why Korean firms are slow in embracing financial alliances is the reluctance of owners to relinquish control over their firms.

Despite what is popularly believed, most Chaebol owner's

이런 식의 재무적 제휴는 소유주의 통제권이라는 이유로 인해 한국에서는 거의 이루어지지 않는다.

예를 들어, 일본 기업 중 미국의 자동차 회사가 지분을 소유하고 있는 경우가 많고, 그 반대도 마찬가지다. 이러한 방식의 제휴를 하는 데는 여러 가지 이유가 있으나, 가장 중요한 목적은 법적인 수단을 통해 경쟁업체를 감시할 수 있는 메커니즘을 구축하기 위해서다. 지분을 갖고 있다는 것은 일반에게 알려지지 않는 정보를 획득할 수 있다는 의미다. 뿐만 아니라 중요한 시기에 경영상의 의사결정 내용을 가장 먼저 알 수 있다는 장점도 있다.

IMF 위기에서 많은 한국 사람들이 외국인 직접투자를 유치하기 위해 힘을 썼다. 그 결과 성공한 기업도 있고 그렇지 못한 기업도 있다. 실패로 이어진 가장 큰 이유는 실사가 너무 늦어졌기 때문이다. 외국 기업의 입장에서 한국 기업을 이해하고 익숙해지기까지는 오랜 시간이 걸렸다. 반면, 이미 외국 업체와 제휴를 맺은 기업들은 훨씬 쉬웠다.

글로벌 경쟁 시대에서 재무적 제휴는 보편적인 현상이 되었고 한국 기업들도 예외는 아니다. 그런데도 한국 기업들 사이에서 재무적 제휴가 더디게 이루어지고 있는 이유는 소유권을 내주는 것을 꺼려하기 때문이다.

통념과는 달리 재벌 기업들의 자회사에 대한 지분율은 높지 않다. 재벌기업들로서는 경쟁업체의 지분이 아무리 낮더라도 경영권을 공유한다는 것은 생각할 수 없는 일이다. 참으로 안타까운 시각이며, 앞으로 한국 기업들이 극복해야 할 요소 중 하나라고 생각한다.

only have a small equity stakes in their companies; The idea of sharing control with a competitor, regardless of how small the competitor's equity portion might be, is unthinkable to many owners. It's a sad fact, but it's clearly a major obstacle that most Korean firms will have to overcome in the next few years.

몇 달 전에 만난 한 외국인 회계사 친구가 한국 기업들은 전략적 제휴에 있어 선수급들인 것 같다고 말한 적이 있다. 여러 계열사들 간에 나눠가지고 있는 현대그룹의 복잡한 소유권 문제가 화제가 되고 있는 상황에서 나온 말이다. 한국 기업들의 문제는 계열사 간의 제휴가 아니라 전혀 다른 기업과 제휴를 맺는 예가 별로 없다는 점이다.

최근 대우 자동차 인수 건과 관련하여 만약 대우 자동차가 현대 자동차 주식을 소유하고 있었거나 그 반대의 경우였더라면 현대 자동차가 더 유리한 입장에 설 수 있었을지도 모른다.

정부측에서 현대 자동차의 단독입찰 참가를 반대했기 때문에 대우 자동차는 결국 컨소시엄 형태이더라도 외국 자본에 넘어가게 될 것이고 국내 자동차 시장의 경쟁은 더욱 치열해질 것이다.

국가 전체적인 측면에서 보면 동종 산업 내 기업들 간의 전략적 제휴는 세계 시장에서의 국가 경쟁력 강화를 위해 필요한 것이다.

6. 전략적 제휴 : 시장 · 지역 제휴

외국 시장에 진출한 한국 기업들이 겪고 있는 어려움 중 하나는 마케팅과 유통 문제다. 당연한 것처럼 들리겠지만 한국 기업들이 외국 시장에서 성공하지 못하는 이유는, 해외 시장의 다양성을 제대로 이해하지 못해 적절한 마케팅 전략을 내놓지 못했기 때문이다.

한국 기업들의 실패 이유를 낮은 품질 때문이라고 보는 사람들도 많지만, 그렇게만 볼 수는 없다. 해외 시장으로 수출되는 국산 제품이 주로 저가품 시장에서 팔리고 있는 건 사실이다. 하지만 품질 탓만은 아니다. 더욱이 상당수의 국산 제품은 외국 소비자들이 즐겨 찾는 제품으로 자리잡았고, 여러 산업 분야에서 최고 수준의 제품으로 인정받고 있기도 하다. 그럼에도 불구하고 많은 한국 기업들이 해외 시장에서 고전하고 있는 이유를 꼽으라고 한다면 한국 기업 경영진의 마케팅 인식 부족을 들고 싶다.

보통 사람들이 생각하는 것과 달리 국내 대기업의 마케팅 노력은 상당히 단순하다. 그렇다고 해서 국내 시장의 경쟁이 느슨한 것도 아니다. 이는 한국 시장의 특성상 단순한 마케팅 전략이 먹힌다는 것을 의미한다. 일단 대중매체의 전파력이 크기 때문에 이 같은 매체를 통한 제품의 광고선전효과가 상당히 크고, 그만큼 효율적이다.

또 한국 시장은 여러 모로 단일시장의 성격을 띠고 있다. 일단 소

6. Strategic Alliance : Market and Geography Alliance

One of the challenges for Korean companies doing business in foreign markets is marketing and distribution. This may sound obvious, but one of the main reasons why most Korea companies have failed, and continue to fail in foreign markets as we speak, is their inability to fully understand and appreciate the complexity and variance of the markets outside of Korea.

Most pessimists blame this phenomenon on the low quality of Korean-made products, but this is an unfair statement. It is true that most Korean brands occupy a place on the lower end of the pricing spectrum, but low quality is not the only culprit. Today, many of the products we export are highly sought after and in many cases, they are the leading products in their respective industries. If I were to pick a reason, I would choose, instead, the primitive understanding of marketing possessed by most Korean senior managers.

Despite what many people are led to believe, the marketing efforts of most large Korean companies are relatively simple. This does not mean that there is no competition in Korea. It means that marketing requirements for the Korean market area lot less sophisticated than they are for Western markets. For example, media coverage is much more widespread, which means that the exposure your product line can gain through a

비자들의 구매 취향이 엇비슷하고, 구매하는 제품도 거의 유사하다. 또 가장 중요한 요소로서 같은 문화를 공유한다는 점이다. 따라서 제품이나 서비스를 판매하는 기업들의 마케팅적 관점에서 보면, 우리나라는 결국 하나의 마케팅 전략으로 공략할 수 있는 단일시장인 셈이다. 그 다음 특징으로는 푸시 마케팅이 마케팅 활동의 주류를 이룬다는 점을 들 수 있다. 수요가 공급을 초과하는 경우, 특히 고가 사치품일 경우에 해당한다.

반면 외국 시장은 전혀 다르다. 따라서 국내 시장과는 다른 전략이 필요하다. 해외 시장 공략을 위해 경쟁업체끼리 손을 잡는 것도 하나의 전략이 될 수 있다. 특정 지역이나 시장을 공략하기 위해 기업끼리 제휴를 맺는 경우가 바로 마케팅 제휴에 해당한다.

일단 마케팅 제휴를 통해 규모의 경제를 실현할 수 있다. 그런데 이보다 더 중요한 이점은 특정 시장에서의 총 사업위험을 줄일 수 있다는 것이다. 예를 들어, 자동차 산업의 경우 잘 알려지지 않은 브랜드의 자동차 메이커가 다른 자동차업체와 유통망을 공유함으로써 전반적 비용 및 위험을 줄이는 전략을 구사할 수 있다.

해외에 진출하는 국내 기업과 관련해 흥미로운 사실은 국내 시장보다 해외 시장에서 한국 기업들끼리 더 치열한 경쟁을 벌인다는 점이다. 시장구조(국내 시장의 경우 너무 많은 업체들이 너무 작은 파이를 놓고 나누어 먹어야 하는 현실) 탓일 수도 있겠지만, 일본 기업들은 서로 협력관계를 유지하는 사례가 많다.

이런 문화를 감안할 때 사실 한국 기업들에게 마케팅 제휴를 권하는 것은 쉽지 않은 일이다. 그럼에도 불구하고 필자는 기아, 대우, 현대가 지금처럼 다른 판매망을 이용해 자동차를 판매하는 방식에서 벗어나 유통망을 공유하게 될 날이 멀지 않았다고 믿는다.

medium is highly efficient.

Second, Korea, for all practical purposes, is a single market. We tend to buy and use products similarly. Most importantly, we share a similar culture. This may not seem obvious, but from the standpoint of marketing products and services, Korea is still regarded as what we call a single market zone. Third, push marketing makes up the bulk of the marketing mechanism, meaning that demand still outpaces supply, especially in luxury goods.

When we go abroad, the situation changes and requires a different strategy. This often leads to cooperation with players that are considered competitors in other markets. When you have a geographical or market alliance, you are forming a union to cooperate with each other to attack a certain market.

The obvious advantage is economies of scale, but the real benefit is in lowering the overall risk exposure to a certain market. We often see this in the automotive industry where less well-known brands share dealerships with other car manufacturers to lower overall costs and risk exposure.

One interesting aspect of this topic is that often in a foreign market we tend to see more fierce competition among Korean firms than here in Korea. I am not sure if this is a market structure issue (i.e., too many Korean manufacturers competing in the same small market segment), but it seems that Japanese companies tend to be much more cooperative with each other.

Given this culture, it is difficult to foresee Korean companies forming market alliances, but I am betting that, sooner or later, we will see Kia, Daewoo, and Hyundai selling their cars through one outlet in a foreign market rather than through three different sub-scale networks as they do today.

7. 전략적 제휴 : 기술 · 제품 제휴

기술 및 제품 제휴는 한국 기업들 사이에서 가장 보편적인 제휴 형태다. 한국 기업들은 전반적으로 R&D 투자가 부족하다. 따라서 대다수의 기업이 기술 제휴를 통해 필요한 기술을 확보하고, 이에 대한 대가로 로열티를 지불하는 방식을 선택하고 있다. 1년 전 전략적 제휴와 관련한 연구조사를 실시한 적이 있는데, 한국 기업의 경우 전체 제휴의 90% 정도가 여기에 해당하는 것으로 나타났다.

기술 제휴란 단순히 기술과 로열티를 맞바꾸는 것보다 더 큰 의미를 지닌다. 기술 제휴를 맺은 파트너들은 사업상의 위험뿐만 아니라 이익도 공유한다. 오늘날에는 한 기업이 어떤 제품을 처음부터 끝까지 만들어내는 경우는 드물다. 기업들은 특정 기능에 대해 아웃소싱하는 방식을 선호한다. 대량생산시 총변동비 절감효과라는 규모의 경제를 생각하면 당연한 결과다. 원가절감은 종종 가격 인하로 이어져, 결국 소비자와 생산자 모두가 이득을 얻는 윈-윈 체제가 만들어진다. R&D 역시 비슷한 경제적 효과를 지닌다.

예를 들어, R&D를 독립적인 연구기관에 아웃소싱하는 경우가 적지 않다. 과거에는 많은 기업들이 특허권 및 정보 누출 등의 이유로 R&D 아웃소싱을 꺼려했다. 그러나 많은 기업들이 R&D 기능을 계속 유지하는 것이 아웃소싱보다 여러 가지 면에서 효과가 적다

7. Strategic Alliance :
Technology and Product Alliance

Technology and product alliances are the most popular type alliance with Korean firms. This is basically due to the lack of R&D investment by Korean firms in general. The most common arrangement for domestic firms is to acquire a given technology and pay royalty fees. When we conducted an alliance study a year ago, we found that over 90% of the alliances in Korea fell into this category.

But a real technology alliance implies much deeper relationship. It often involves sharing of the benefits as well as risks. For example, today many manufacturing firms cannot produce a widget from end to end. Such companies often outsource tasks that others can do better or more cheaply. This is an obvious solution since it allows one to reduce overall variable costs by creating economies of scale through mass production. The benefits of lower costs are often reflected in the pricing scheme, thus creating a win-win situation for both customers and producers. R&D alliances have similar economic benefits.

For example, it is not unusual to see a company outsource its R&D function to third party research firms. In the past, many firms hesitated to outsource R&D because of they were reluctant to share proprietary information and patent issues. But more and more companies are realizing that carrying the cost burden of conducting

는 사실을 인식하게 됐다. 물론 벤처기업이라면 기업의 가치 자체가 R&D에 있기 때문에 R&D 기능을 없앤다는 것은 존재 가치를 상실하는 것과 마찬가지다. 그러나 대기업들, 특히 민간자본이 투입된 공기업의 경우 오랜 기간이 소요되는 R&D 프로젝트가 제대로 이루어지려면, 뛰어난 위험관리 능력 및 최고경영진의 확고한 의지가 필요하다.

상당수의 한국 기업들은 외국 기업들이 자본시장에 쉽게 접근할 수 있다고 생각한다. 규모가 충분히 크기 때문에 다수의 장기 프로젝트를 실행할 수 있고 그에 대한 저항도 낮다고 느낀다. 하지만 실상을 살펴보면 외국 기업이 더 어려우면 어려웠지 쉽지는 않다는 것을 발견할 수 있다.

기술 제휴는 대규모 투자를 하지 않아도 된다는 장점이 있다. 이보다 더 중요한 것은 여러 기업들 간에 지식을 공유할 수 있으며, 이를 통해 결국 이익을 나누어 가질 수 있다는 점이다. 한국 기업들은 국내 기업보다는 외국 기업과 제휴를 하려는 경향이 있다.

예를 들어, IMF 위기 이전에 국내에는 다섯 개의 자동차 업계가 있었다. 필자는 자동차업체들이 상호 기술 제휴를 하지 않는 이유를 이해할 수가 없었다. 자체 개발한 고유 기술을 공개하기 싫다는 이유에서 였겠지만, 국내 기업이 사용하고 있는 기술들은 (반론이 있겠지만) 대체로 고유 기술로 보기 힘든 것이다. 그런 점에서 보면 기술을 제휴한다고 해서 크게 잃을 것이 없다. 단지 감정적인 문제가 아닌가 생각한다.

어찌되었든 똑같은 문제가 4대 재벌, 특히 제조업 분야에 여전히 존재한다. 이 같은 장애물이 제거되지 않는 한 국내 기업끼리의 기술 제휴는 단지 희망사항으로 끝나버릴 것이다.

their own research far outweighs the benefit. Of course, for venture firms, it is a different story because the crux of their value resides within their R&D capability. For those companies, outsourcing the R & D function would make no sense. But for large companies, especially public firms with private investors, a long-term R&D project requires significant risk management, commitment and conviction from the top management to justify the investment. Often, this is a lot tougher than it looks.

Many Korean companies feel that foreign firms' easy access to their own capital markets and their sheer size enables them to engage in such projects much more frequently and with less resistance, but the truth is that the process is equally, if not more difficult, for them than it is for domestic firms.

Technology alliances are a solution to the problem of high investment costs but, more importantly, they are a vehicle by which partner companies can share knowledge as well as the benefits of that knowledge. One of the interesting things that I have noticed about Korean companies is that they are often more willing to ally with foreign firms than with domestic firms. This reluctance to form alliances is a major problem for Korean companies.

For example, before the IMF crisis, Korea had 5 automotive companies and it was puzzling to me why they were reluctant to share technology among them. A typical reason given to me was that the firms were unwilling to share proprietary technology. I may be making a controversial point by saying this, but there is nothing proprietary, in general, about Korean automotive technology. And I am not sure what is to be risked by sharing information, other than loss of pride and uneasiness.

At any rate, the same problem still persists among the top 4 Chaebols today in most, if not all, manufacturing fields. This is a clear obstacle and unless they can overcome it, future technology alliances among the domestic players will be just wishful thinking.

8. 전략적 제휴 : 프로세스 · 기능 제휴

프로세스 제휴란 파트너 업체 간에 유사한 프로세스나 기능을 공동으로 수행하기 위해 제휴를 맺는 것을 가리킨다. 몇몇 산업에서는 '공통 서비스'라고 부르기도 한다. 공통 서비스는 각종 거래활동을 중앙집중적으로 처리하는 하나의 단위조직으로 보면 된다.

예를 들어 외상매입금을 처리하는 부서라면 관련 문서작업을 수행하는 데 많은 인력이 소요될 것이다. 부서 수가 10개 또는 100개나 된다면 따로 사람을 뽑거나 팀을 구성해야 할 정도로 작업량이 많을 것이다.

규모의 경제를 실현할 수 있을 만큼 규모가 큰 기업이라면 이런 부서를 둔다고 해도 별 문제가 없다. 그러나 그 정도의 작업량이 안 되는데도 불구하고 하나의 부서를 운영해야 한다면 부담이 아닐 수 없다. 이런 문제를 해결하는 방법 중 하나가 동종 산업에 있는 대기업에 아웃소싱을 주는 것이다. 직접 경쟁대상이 되는 업체에 일을 맡기다니 말도 안 된다고 생각할 수도 있다. 하지만 일단 감정적인 문제만 해결된다면 바람직한 방향이다.

기존의 아웃소싱보다 같은 산업의 다른 업체에 아웃소싱하는 방식을 선호하는 기업이 많고 훨씬 경제적이다. 전통적인 아웃소싱은 보통 비핵심 기능을 독립적인 제3의 업체에 맡기는 것이다. 그러나

8. Strategic Alliance :
Process and Functional Alliance

A process alliance is often used to share a set of similar processes or functions among its partnering entities. It is referred to as a "shared service" in some industries. A shared service is simply a centralized processing unit for transaction activities. For example, an accounts payable department can have a number of clerks who process the paperwork. Whether you process 10 or 100 units, the unfortunate fact is that you still need to hire a person or team to perform such a task. If you multiply these activities by 100 different functional needs, sooner or later you will need to build your own accounts payable department to handle your paper administration work.

If you have economies of scale, building and maintaining a sizable department may not be a bad idea, but if your requirement is small, maintaining a department could be quite burdensome. One way to solve the problem is to outsource the function to a larger company in your industry. This may sound odd since you are providing work to your direct competitors, but once you get over the initial emotional hurdle, industry outsourcing is not such a bad idea.

Often, this method is preferred and in some cases it is more economical than a traditional outsourcing scheme. In a traditional outsourcing structure, a company often outsources

효과적으로 업무를 수행하기 위해서는 아웃소싱 업체가 그 산업에 대해 잘 이해하고 있어야 한다.

예를 들어보자. 요즘 대다수 기업들은 고객담당 부서의 콜 센터 기능을 아웃소싱하고 있다. 미국의 경우도 마찬가지다. 대부분 기업들이 고객들의 불만과 클레임에 대한 상담을 위해 전국적인 규모의 콜 센터를 운영하고 있다.

규모의 경제라는 측면에서 생각한다면, 이 같은 아웃소싱이 효과가 있다. 하지만 휴대전화 회사와 신용카드회사 고객으로부터 걸려오는 전화 내용에 대한 상담은 상당히 다르다. 다시 말해, 특정 산업에 관한 이슈나 문제점을 정확하게 파악하고 있지 않다면 고객들의 질문이나 불만에 효과적으로 답할 수가 없다. 이것이 바로 동종 산업 내에서 아웃소싱이 선호되는 이유다.

또 다른 방법은 합작법인 또는 컨소시엄을 설립하는 것이다. 예를 들어, 어떤 산업 내에 여덟 개의 경쟁업체가 있는데, 이들 기업이 모두 부품을 생산할 공장이 필요하다고 하자. 이들 기업이 유사한 부품을 사용하고 있다고 가정한다면 부품 생산을 위해 조합 형식의 벤처기업을 설립하는 것도 좋은 방법이다. 특히 한국 기업들처럼 상당수가 규모의 경제를 이루지 못하고 있는 상황에서는 효과적인 해법이 될 수 있다.

필자는 과거부터 줄곧 프로세스 제휴의 필요성을 주장해왔다. 그러나 어떤 이유에서인지 그 주장은 받아들여지지 않았다. 울산공단과 같이 유사 업종의 업체들이 한 군데 모여 있는 곳에서 업체 공동으로 유지·보수·관리를 전담하는 회사를 설립할 만하다. 그러나 그런 회사는 찾아볼 수도 없다.

제품 보관을 위한 창고나 케이터링(단체급식사업) 서비스도 마찬가지다. 항공산업에서 대한항공과 아시아나항공이 업무 제휴를 하

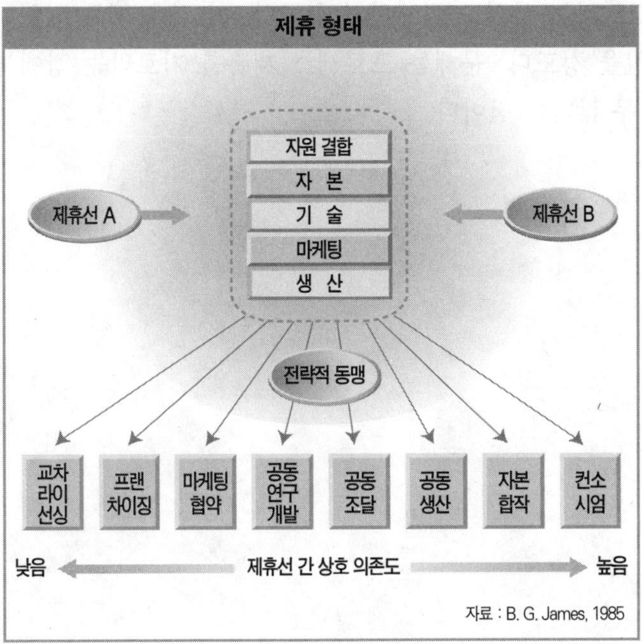

its non-critical activities to a third party. The problem is that in many industries, the third party has to have a deep understanding of that industry in order to be effective.

For example, many customer service departments outsource the call center function to an outside unit. In the United States, nationwide call center operations are operated regularly to handle claims and complaints. However, handling a service claim for a mobile telephone company is quite different from handling credit card complaints. Unless one clearly understands the challenges and issues facing a specific industry, it is extremely difficult to answer claims in an effective manner. Hence, industry- specific outsourcing is usually preferred.

Another solution is to set up a joint venture or consortium responsible for handling the needs of its constituents. For

지 않고 있다는 사실도 이해하기 힘들다. 이 같은 예는 일일이 거론할 수 없을 정도다. 문제는 프로세스 제휴를 가로막는 장애물이 아직도 너무 많다는 점이다.

　　컨설팅을 하다보면 한국 기업들에게 자주 듣는 말이 있다. 바로 "우리 회사는 좀 다릅니다"라는 말이다. 비즈니스 프로세스가 다르고 문화가 다르고 사람들이 다르다는 것이다. 문화나 사람이야 그렇다 하더라도 기업의 비즈니스 프로세스는 거의 대개가 비슷하다. 한마디로 오십보백보다. 부서명도 거의 대동소이하다.
　　이것과 관련하여 아주 간단한 예로 필자는 은행에서 사용하는 청구서 등 각종 용지가 은행마다 다른 이유를 아직까지 이해못하겠다. 비용 절감, 구조조정 운운하지만 정작 쉽게 실천할 수 있는 일은 하지 않고 여러 가지 구실을 늘어놓으면서 구조조정을 지연시키고 있는 이유가 무엇일까?

example, let's assume 8 competitors in an industry require a place to handle spare parts operations. If we assume they all use similar parts, it is not illogical to form a union-like entity to handle all of their spare parts. This would be a quite logical solution for many Korean companies that are not large enough to create economies of scale.

I have argued this same point over and over, but have yet to succeed in forming such a venture in Korea. The reasons are unclear to me. As I look around in Korea, I still don't see a maintenance company handling the Ulsan industry complex and others like it.

The same can be said about warehouses and other catering services in many of our key industrial complexes. In the airline industry, I am not sure why Asiana and KAL are not sharing their processes. Both could benefit from such a venture. The list goes on, but the hurdles seem as insurmountable as ever.

9. 전략적 제휴 : 산업군 제휴

산업군 제휴는 전략적 제휴의 마지막 유형이다. 이런 형태의 제휴는 과거 경영 현장에서 많이 볼 수 있었다. 과거에는, 산업 내 기업들이 집단을 형성하는 형태의 제휴가 곱지 않은 시선을 받았다. 정부나 규제기관에서도 이러한 관행에 강력하게 반대했다. 석유수출국기구(OPEC)가 이 경우에 해당한다. 최근 OPEC의 위세가 좀 누그러지긴 했지만, 이 카르텔이 처음 설립됐을 당시에는 강력한 힘을 발휘했다.

오늘날에는 경영환경이 복잡해져서 적과 동지를 구분하기가 매우 힘들다. 경쟁과 협력을 합쳐놓은 '코피티션'이라는 신조어가 생겨나고 있는 것도 이러한 현실을 반영하는 것이다. 이제 적과 동지라는 비즈니스의 두 측면을 효과적으로 관리하는 기업이야말로 새 천년의 비즈니스 리더로 거듭날 수 있다.

산업군 제휴는 동종 산업 내에서 같은 이해관계를 가진 기업들이 함께 모인 그룹이다. 울산공단을 예로 들어보자. 울산공단의 레이아웃이나 기간시설 등을 살펴보면 공단 입주사들이 거의 화학업계에 속하거나 그 하청업체라는 것을 금방 알 수 있다. 물론 각 기업마다 생산하는 품목이나 프로세스는 조금씩 다르다 하더라도 기본적인 제품 포트폴리오는 서로 비슷하다.

9. Strategic Alliance :
Industry Cluster Alliance

The industry cluster alliance is the last type of alliance and it is a "revised" version of the kind of alliances that we used to see often in the realm of management. In the old days, this was often criticized as a collusive business practice. Governments and regulatory agencies alike were strongly opposed to such a practice. For example, OPEC could fall into this category. Although its power has somewhat diminished in recent years, OPEC was a powerful organization when it first formed.

However, today business is becoming much too sophisticated for one to clearly draw a line between foes and friendly business partners. Terms like "co-petition (Cooperation + Competition)" have been coined to describe this new reality and those who can manage both sides of the business walls effectively are likely to emerge as the business leaders of the next millenium.

A cluster alliance simply refers to a group of businesses that share the same industrial interests. For example, let's pick an industrial complex like the Ulsan Industrial Complex in Korea. If you study the complex layout and the infrastructure surrounding it, you will soon realize that the complex supports the entire chemical industry and its vendors. Granted, companies across the spectrum of the industry may not be

울산 공단에 있는 기업들이 진정한 의미에서 산업군 제휴를 한다면 기업들 간에 여러 가지 기능이나 시설을 공유할 수 있다. 즉 케이터링 서비스, 셔틀 버스 운행, 창고 보관업무, 유지·보수·관리 등을 공동으로 할 수 있다는 말이다. 이러한 기능은 모두 지원기능으로서 비교적 쉽게 공유될 수 있는 부분이다.

이보다 한 단계 더 나아가서 발전기, 가스·수도 등 에너지 부문, 환경정화시설 등을 공동으로 구축해 사용할 수 있다. 이러한 시설을 구축, 운영하기 위해서는 상당한 투자가 요구된다. 따라서 여러 기업이 공동으로 투자를 하고 이를 통해 얻을 수 있는 효과를 공유하는 것이 가장 효과적이다.

이 같은 산업군 제휴를 통해 공장시설의 유지·관리비용을 줄일 수 있다. 그에 따라 총생산비용도 낮출 수 있다. 그럼에도 정부가 이

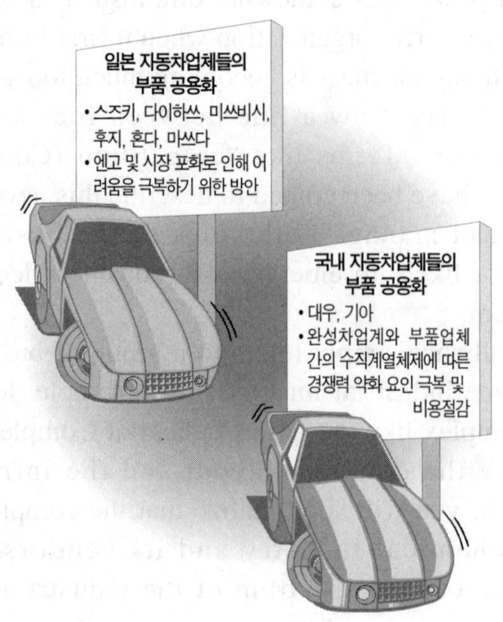

completely identical to each other but the general product portfolio is very similar from one company to the next.

If we were to have a true industry cluster alliance in this complex, you would see a series of common infrastructures among companies. This would include catering services, transportation shuttle buses, inventory warehouses, shared maintenance programs, etc. All these are support functions and can easily be shared. The more sophisticated companies will share generators, utility plants or environmental cleaning facilities. These require heavy investments, and the most effective way to carry out these functions is for companies to share costs and benefits accordingly.

By forming an industry-focused and location-based alliance,

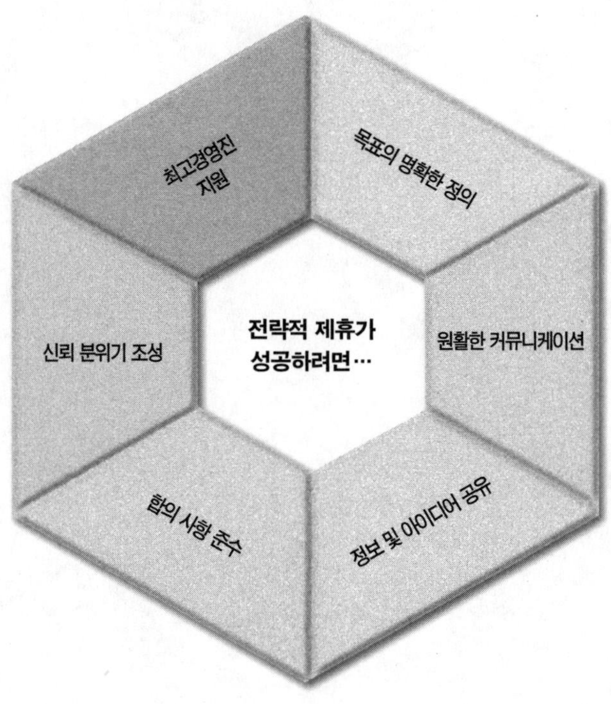

런 일을 추진하는 데 앞장서지 않을 것으로 보인다. 결국 이를 통해 이익을 얻을 수 있는 기업들이 자발적으로 서로 협력하는 것이 시간 및 비용을 최소화할 수 있는 방법이다.

일본의 자동차업체 도요타가 오늘날 경쟁우위를 가질 수 있게 된 배경을 살펴보자. 우수한 협력업체라는 요소 외에 같은 산업 내 기업들 간에 '결탁'에 가까운 협력이 가장 큰 요인으로 작용했다. 안타깝게도 한국은 이런 점에서 크게 뒤진다. 사실 각 산업에서 몇몇 대기업만 앞장서면 우호적인 제휴관계를 쉽게 형성할 수 있다. 그럼에도 불구하고 여러 가지 이유로 인해 한국에서는 이를 가로막는 장벽이 생각보다 두텁고 높기만 하다.

one can significantly reduce the overall cost of maintaining plants and thus reduce overall production costs. Despite what is commonly believed, however, the government will probably not build the infrastructure for these types of sites. The most time- and cost -effective way for companies to realize the benefits of such sites is to form an industry cluster that can serve its core members in the most efficient manner.

In Japan, the reason why Toyota is so powerful is, not only are its vendors are superb, but it is part of a powerful, almost "collusive" industry cluster that makes it difficult to compete with. Unfortunately in Korea, we are a lot less open-minded with regard to industry clusters. It only takes a few large companies to engage to create an effective alliance, but for some reason, the walls here are much thicker and higher than most people would guess.

10. 전략적 제휴

필자는 한국 경제가 겉으로 보이는 것만큼 그렇게 취약한 경제는 아니라고 판단한다. 나름대로 상당히 유연하며, 사람들이 생각하는 것보다 훨씬 복잡한 양상을 띠고 있다. 같은 맥락에서 외국의 주식 전문가나 금융 전문가들이 한국 경제의 기저에 깔린 흐름이나 경제를 움직이는 진정한 힘에 대해 제대로 이해하고 있지 않다고 생각한다.

예를 들어, 통화량을 이야기할 때 경제학에서 말하는 M_1 또는 M_2를 갖고 논한다. 하지만 음성자금으로 이루어진 지하경제의 영향력은 실로 엄청나다. 이와 관련한 수치는 공식 통계에 잡히지 않고 있지만 경제를 좌우하는 커다란 힘이다.

그럼에도 불구하고 대부분의 국내 기업 경영진에서는 우리가 직면하고 있는 문제의 심각성이나 본질에 대해 정확히 이해하지 못하고 있는 것 같다. 여기에서 문제란 구조적인 측면에서 크게 세 가지를 들 수 있다.

보통 한국 경제의 발목을 잡고 있는 문제로서 고임금, 고지가 등을 들지만 사실 이런 문제는 우리나라에만 국한되는 것이 아니다. 다른 나라도 비슷한 문제, 아니 오히려 더 심각한 문제를 안고 있다. 중요한 것은 해결하기 힘든 부분을 계속 거론하는 것은 문제해결에

10. Alliance : Conclusion

I do not believe the Korean economy is as fragile as it seems. It is extremely resilient and it is much more complex than what most economists believe. By the same token, I do not believe that foreign analysts and foreign financial-services companies clearly understand the undercurrents and forces that truly impact the local economy.

For example, most analysts use M1 and M2 calculations, but the underground economy in Korea is much more mobile and influential than most people realize. This does not show up in any official statistics, but it's a force and a powerful one at that.

On the other hand, I still think most Korean executives do not understand the urgency and nature of the problems we are facing today. There are basically three major structural issues facing Korea. Often, we cite high labor costs and real estate prices as obstacles to increasing our economic power. But these problems are not unique to Korea and others are facing the same if not more daunting challenges than we are. So, complaining about something that we cannot fix in the near future is fruitless.

The first issue is the make-up of the overall economy. The Korean economy is manufacturing-based. Over 70% of our economic value is generated by the manufacturing sectors. One

전혀 도움이 안 된다는 사실이다.

첫번째 문제는 경제구조에 관한 것이다. 한국 경제는 주로 제조업 중심이다. 경제적 가치의 70%는 제조 분야에서 창출되고 있다. 요즘 벤처 기업에 대한 이야기가 여러 매체에서 많이 나오고는 있지만 경제의 뿌리를 보면 이들의 역할은 그리 크지 않다. 제조업체 중에서도 자동차 산업(2업체), 반도체(2업체), 철강·화학(3~4업체) 등이 대부분을 차지하기 때문에 그만큼 위험분산이 이루어지지 않아 위험에 대한 노출이 크다.

두번째로 세계 열한 번째 경제대국임에도 불구하고 글로벌 스탠더드에 비추어볼 때 기업의 규모가 작다는 점이다. 재벌 그룹의 형태로 뭉치는 것은 글로벌 경쟁에서는 크게 도움이 되지 않는다. 대부분의 산업에서도 규모의 경제가 실현되고 있지 않다.

세번째로 낮은 브랜드 인지도 및 R&D 투자 부족 등이 세계시장에서의 열세로 이어지고 있다. 외국의 선진 제조업체들이 아웃소싱을 통해 가격을 낮추고 있기 때문에 더 이상 가격경쟁력도 확보하기 어렵게 되었다. 또 국내 기업의 생산성은 아직 선진기업의 50~60% 수준에 머물러 있으며, 여전히 한국은 사업하기 어려운 나라로 인식되고 있다.

한국 기업들이 직면한 문제를 종합해보면 결국 국제경쟁력이 관건이다. 세계시장에서 경쟁할 만큼 경쟁력이 있는가? 만약 그렇지 않다면 어떤 방법으로 경쟁력을 키울 것인가? 얼마 전 방한한 GE의 최고경영자 잭 웰치에게 던진 김대통령의 질문도 바로 이것이었다.

그에 대한 답은 간단치만은 않다. 위에 언급한 세 가지 문제는 저절로 없어지지는 않을 것이다. 전략적 제휴가 유일한 해결책은 아니다. 그러나 가장 효과적인 방법이 될 수는 있다.

일단 자산 맞바꾸기식의 '빅딜'보다 시간이 적게 걸린다. 여러 주

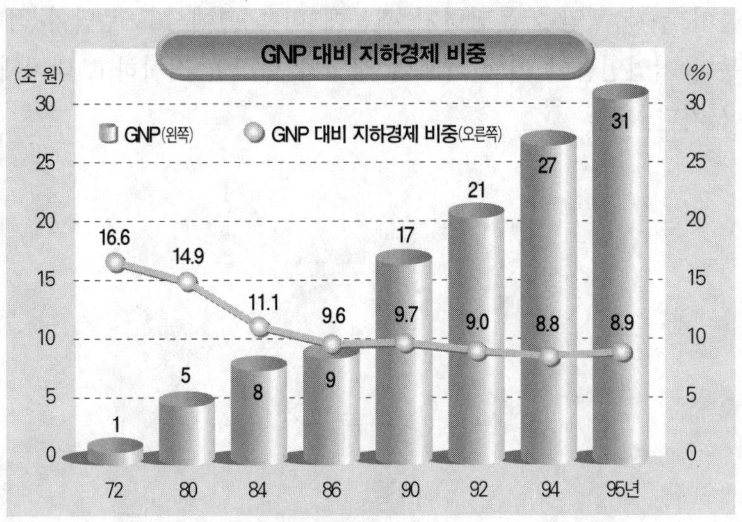

can talk about venture firms and get swayed by media hype, but one must look at the roots of our economy. If you exclude the auto industry (basically 2 companies), semi-conductor industry (2 companies), and steel and chemical industries (3-4 companies), you are basically taking away the majority of our manufacturing base, which shows how reliant the Korean economy is on a relatively small number of companies.

Second, despite the fact that Korea is the world's 11th largest economy, its companies are small when measured according to global standards. Being part of a conglomerate does very little to help our companies succeed in global markets and very few companies are large enough to create economies of scale.

Third, the lack of brand awareness and R&D investment is starting to take a toll on our ability to compete abroad. The top manufacturers are subcontracting much of their work and price points are coming down faster than ever. Local productivity is still only 50-60% that of companies with the best practices and

주들이 투자 책임을 분담하기 때문에 비용 면에서도 부담이 적다. 정부나 기업인들이 이제 글로벌 경쟁의 현실을 직시하고 대비해야 할 시기다.

한국의 역사를 보면 침략세력을 물리치기 위해 제휴를 맺는 사례가 많았던 만큼 기업 간 전략적 제휴에 대해 문화적인 저항이 그다지 크지 않은 것 같다. 문제는 국내 기업들이 전략적 제휴 파트너를 국내 업체보다는 주로 외국 업체 쪽에서 찾는다는 점이다.

물론 직접적인 경쟁관계에 있는 경우 제휴를 맺는다는 것이 그리 쉽지만은 않을 것이다. 앙숙관계에 있는 펩시와 코카콜라의 제휴를 생각할 수 있겠는가? 그러나 여기에서 짚고 넘어가야 할 것은 펩시나 코카콜라는 미국 시장이 아니라 세계시장을 상대로 사업을 하는, 그야말로 글로벌 기업이라는 점이다.

반면 국내 기업들의 경우는 얼마되지 않는 국내 시장을 놓고 겨루다가 더 큰 시장을 놓치는 우를 범하고 있다. 이익극대화, 자원의 효율적 배분과 같은 목표달성 등을 위한 수단으로서 부분적으로 활용되었던 전략적 제휴가 글로벌 경쟁 시대에는 생존을 위한 필수조건으로 자리잡아가고 있다는 점을 명심해야 할 것이다.

Korea is known as a difficult place for foreign companies to do business.

The primary challenge for Korean corporations is global competitiveness. Are we competitive? And if not, how can we become competitive? This is the same question that President Kim asked Jack Welch when he visited Korea.

The answer is not simple for obvious reasons. The aforementioned issues will not go away by themselves. Forming alliances is not the only answer, but it's one of the most effective answers we have today. It's time-effective since it requires no "big-deals" or exchanges of major assets. It's cost-effective since many stakeholders share the burden of investment. It is critical that leaders in both government and business wake up and face the reality of global competition.

11. 핵심역량

핵심역량은 개인 또는 기업의 '가장 잘 하는 일'을 말한다. 개념 상으로는 간단하고 이해하기 쉽지만 핵심역량을 개발하는 일은 결코 쉽지만은 않다. 핵심역량이란 말은 이미 오랫동안 비즈니스 용어로 사용돼왔으나 공식적으로 처음 사용한 것은 미시간 대학의 C. K. 프라하드 교수로 알려져 있다. 핵심역량이란 용어가 처음 인쇄매체에 사용된 것은 개리 함멜 교수가 1980년대 초에 〈하버드 비즈니스 리뷰〉에 게재한 논문에서였다. 그 이후 핵심역량이란 용어가 널리 사용되기 시작했다.

대부분 기업의 경우 경영성과는 경제 상황에 따라 크게 좌우되는 게 일반적이다. 특히 주기적인 변화가 심한 기업의 경우에는 성과의 변동 폭이 훨씬 크고, 이런 경우에는 비즈니스 감각이 성공의 중요한 요소로 작용한다. 그러나 핵심역량이란 이러한 경제의 부침이나 외부적 요인에 관계없이 기업이 성공을 위해 항상 유지해야 하는 능력을 말한다. 같은 산업이라 해서 핵심역량이 반드시 같을 필요는 없다. 각 기업의 상황에 따라 가장 적합한 능력을 최대한 개발함으로써 핵심역량을 키우면 되는 것이다.

세계적인 가전업체인 일본 소니사의 예를 들어보자. 소니가 세계적인 명성을 유지하고 있는 이유는 무엇 때문일까? 마케팅 능력 때

11. Core-Competency

A core-competency is a very easy to define, but it is extremely difficult to develop. It simply refers to "what do you do best" as a private company or as an individual. It refers to your critical capability. The term has been in modern management for decades, but management consultants usually credit professor C.K. Prahad of the University Michigan for actually coining the term. He collaborated with Professor Gary Hammel, who first published the term in the Harvard Business Review in the early 1980's; it has since become a widely used term.

What's unique about the core competency concept is that it is based on the general belief that many businesses tend to be unstable and fluctuate depending on economic swings. This is especially true for the firms that are in highly cyclical businesses. And many argue, because of this, that business "sense" often determines business success. What's unique about this theory is that it argues that no matter what happens to the economy, in order to be successful you need to possess a critical capability or core-competency that will be your key success factor. And this core competency, according to Prahad, will depend on the specific strengths of your company. In other words, if you look at two successful firms in the same industry, you will find that they are generally not successful because they possess the exact same

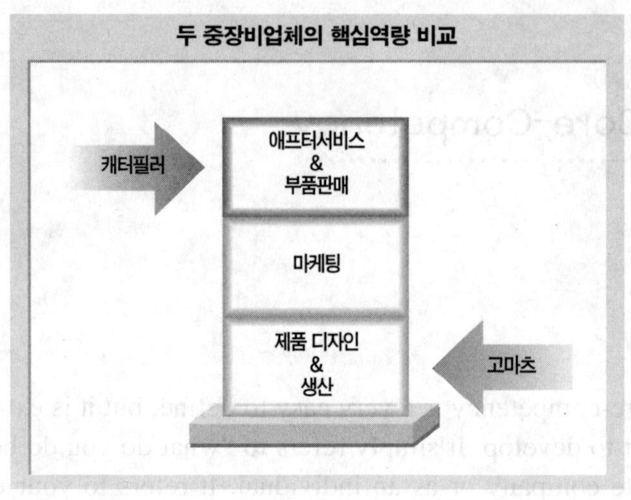

문일까, 아니면 현금흐름이 좋아서일까? 이밖에도 여러 가지 이유를 생각해볼 수 있지만, 정답은 소니의 상품 개발력이다.

사실 소니의 마케팅 능력은 필자의 프로젝트 경험에 비추어볼 때 필립스나 파나소닉에 비해 떨어진다. 그럼에도 불구하고 소니의 상품 개발력, 좀더 구체적으로 말하자면 소니의 제품혁신(이노베이션) 사이클은 타의 추종을 불허한다. 소니는 이러한 핵심역량을 바탕으로 앞으로도 경쟁업체들에 앞서 최신 제품을 시장에 내놓을 것이며 가전산업의 리더로서 자리를 계속 고수할 것이다.

또 다른 예로 중장비업체인 캐터필러(Caterpillar)와 고마츠(Komatsu)를 살펴보자. 두 기업은 모두 수익성이 높은 세계 최대의 중장비 업체로 유명하다. 그러나 두 기업의 핵심역량은 사뭇 다르다. 고마츠의 핵심역량은 우수한 제품 디자인과 높은 원가 효율성이다. 고마츠 제품은 한 마디로 세계 최고이며 디자인 또한 효율성, 경제성, 내구성 등에서 다른 업체를 훨씬 앞지른다. 반면, 캐터필러는 제품 자체가 아니라 제품 배달 시스템을 핵심역량으로 개발했다.

core-competencies. They are successful because they are able to leverage their own unique core competencies.

For example many people consider SONY to be the premier electronics firm in the world. But why are they the premier firm? Is SONY successful because of its marketing ability? Or because it is in a good cash flow position? The answer is that the key to SONY's success is its product development capability. SONY is simply the world's best product development company. In fact, their marketing organization is mediocre compared to that of Phillips or even to that of Panasonic. However, none of their competitors can ever catch up to them or copy their innovation cycle because of their tremendous product development capability. SONY will always lead its industry because of its ability to consistently develop the next "big" electronics product.

Let's look at the construction industry. The two leading companies are Caterpillar and Komatsu heavy equipment. The equipment of these two firms is the most widely used in the world and both are among the best in terms of profitability. However, even though they are both successful, they have completely different core-competencies. For example, Komatsu's core competency is in its product design and cost efficiency. Their products are simply the best in the world. The design of their products is efficient, and economical and their equipment is the most durable in the world. On the other hand, Caterpillar competes not on the basis of product quality, but on the basis of parts delivery.

Caterpillar realized that much of their equipment is operated in rugged environments and third world countries, and that any breakdown in equipment that leads to delays in construction schedule could cost their customers an amount several times more than the equipment cost. Therefore, they designed an

　캐터필러는 자사 제품이 주로 사용되는 지형이 험한 신흥공업국의 경우, 파손이나 고장이 발생할 때 부품 부족 등으로 유지·보수에 시간이 걸리고 건설공사 일정에 차질이 생겨 결과적으로 시공업체가 막대한 손실을 입게 된다는 점을 발견했다. 캐터필러는 이 점에 착안해 48시간 내에 전세계 모든 지역에 부품을 배달하는 시스템을 구축했다.

　고객의 입장에서 보면 제품 자체로는 고마츠 제품이 낫다 하더라도 총비용을 고려할 때 캐터필러 제품을 이용하는 쪽이 더 유리할 수도 있기 때문에 캐터필러를 선택하게 된다. 캐터필러는 차별화된 핵심역량으로 성공을 거두고 있는 셈이다. 이 밖에도 핵심역량 덕분에 성공한 기업의 예는 무수히 많다.

　그러나 국내 기업은 대부분 외부적 요인에 따른 일시적인 우위를 핵심역량으로 착각하고 있다. 이와 같은 외부적 요인에 의거한 우위(예를 들어, IMF로 인한 환율인상으로 국내 제품의 가격경쟁력이 일시적으로 회복되는 현상 등)는 시간이 지나면 사라지게 마련이다. 반면 핵심역량은 기업에 내재된 능력이며 다른 기업이 단시일 내에 모방하기 어려운, 그 기업만이 지닌 독특한 능력이다. 안타깝게도 국내 기업 중에는 이렇다 할 핵심역량을 갖출 기업들이 많지 않다. 과거에는 낮은 인건비가 시장 비효율이나 낮은 브랜드 인지도 등을 상쇄해왔으나 지금은 아니다. 한 컨설팅 기관에서 국내 10대 기업을 대상으로 핵심역량에 대해 조사한 결과 확실한 핵심역량을 가진 기업은 포항제철뿐이었다. 이런 조사결과를 볼 때 앞으로 5년간 국내 기업이 풀어야 할 과제가 무엇인지는 너무나도 명백하다.

elaborate world-wide system that allows them to deliver their parts to anywhere in the world in less than 48 hours.

From the standpoint of the customer, although Caterpillar may not match Komatsu in terms of product quality, it could well be a better solution from a total cost standpoint. There are hundreds of examples like this where companies are successful not necessarily because they are the best overall but because they excel at their core competencies.

When it comes to core competency, Korean firms often confuse what is a real competency with what is simply an advantage. There is a big difference between a core-competency and a simple advantage. Simple advantage refers to a temporary advantage caused by a certain set of economic and industry conditions (i.e., the IMF crisis leading to won devaluation, making the Korean products more competitive). Often these advantages disappear as soon as there is a power shift in the industry or the economy takes a different turn. On the other hand, core competency deals with an internally built capability that's hard to copy. Having said that, what are the core competencies of Korean firms today? This is a serious question that many of us have yet to answer.

It used to be companies' effective cost structures, where the labor cost alone was enough to offset market inefficiencies and lack of brand awareness, but today this is no longer the case. Manufacturing efficiency is somewhat close to being a core competency, but this, too, is not a clear winner. A recent consulting study analyzed 10 key industries in Korea, and the initial results are very disappointing. With the exception of POSCO and the Korean steel industry, we simply cannot find a Korean company or industry with a clear advantage today. This is the biggest problem Korean firms will face in the next five years.

12. 가치중심 경영

최근 경영계에서 잘못 사용되고 있거나 의미가 제대로 전달되지 않는 용어가 적지 않다. 가치중심 경영(Value Based Management)도 그 중 하나다. 가치중심 경영에서 가장 중요한 개념인 '가치'에 대한 정확한 이해 없이 잘못 사용되는 경우가 많기 때문이다. 가치란 많은 사람들이 생각하듯 그렇게 쉽게 측정될 수 있는 것이 아니다.

예를 들어, 기업의 존재가치가 무엇이냐고 물어보자. 그러면 사회학자는 아마도 고용창출 등을 통해 사회에 기여하는 것이라고 대답할 것이다. 그러나 경제학이나 자본시장의 측면에서 보면 이것은 틀린 답이다. 영리를 추구하는 것을 목적으로 하는 사기업은 가치를 극대화함으로써 소유주의 부를 극대화하는 것이 바로 존재가치가 된다. 여기에서 중요한 점은, 가치란 화폐 단위로 계량화할 수 있어야 한다는 것이다. 가치중심 경영에서 의미하는 가치 역시 수량화할 수 있는 개념이다.

국내 어느 그룹이 몇 년 전에 가치중심 경영(VBM)을 도입한다고 발표했다. 그러나 사업 포트폴리오를 보면 이 그룹이 진정으로 VBM을 실행하고 있는지 의심스럽다. 수량화할 수 있는 기업의 가치가 상승한 것으로 보이지 않기 때문이다.

12. Value Based Management

One of the widely misused terms today is the term value-based management. It is misused mostly because the term value is not only misunderstood, but it is misapplied. Defining value for a given set of stakeholders is not as easy as a lot of people think.

For example, if you want to examine into why companies exist, a sociologist would argue that companies exist to serve society as an institution and employe people in a meaningful way. But from a pure economic and capital market standpoint, this definition is not correct. The true reason why private commercial institutions exist is to maximize the wealth of their owners by maximizing value. This can be in the form of profit or any intangibles that can quantified and translated into monetary terms. Therefore, when a person refers to value based management, this has to be tied to something that is quantifiable and measurable in monetary units.

H Group announced that they were practicing VBM many years ago, but if you look into their portfolio, it is questionable whether they are actually doing so.

How does one measure VBM and VBM results?

First of all, VBM is a tangible item. Therefore, it has to be measured in a standardized, consistent way. One way and the

그렇다면 VBM을 측정하고 그 결과를 도출하기 위해서는 어떻게 해야 할까?

먼저 VBM은 유형적인 개념이라는 사실을 염두에 둬야 한다. 따라서 지속적이고 표준화된 측정방법을 따라 기업의 가치를 측정할 수 있어야 한다. 기업의 가치를 측정하기 위해 가장 널리 사용되고 있는 방법은 기업의 주가를 이용한 시가총액법(market capitalization method)이다.

기업이 공개시장에서 거래되고 있는 한, 주식시장이 효율적이든 비효율적이든 관계없이 기업의 상태 및 성과를 측정하는 가장 효과적인 방법은 주가를 이용하는 것이다. 주가란 주식을 사고파는 사람들에 의해 결정되며, 그들이 특정 기업에 대해 어떤 시각을 갖고 있느냐는 바로 주가로 연결된다. 물론 시가총액법이 가치를 측정하는 완벽한 방법이라고는 말하기 어렵다. 그러나 주가를 이용한 시가총액법보다 더 나은 가치 측정방법이 현재로서는 없다는 것 또한 사실이다.

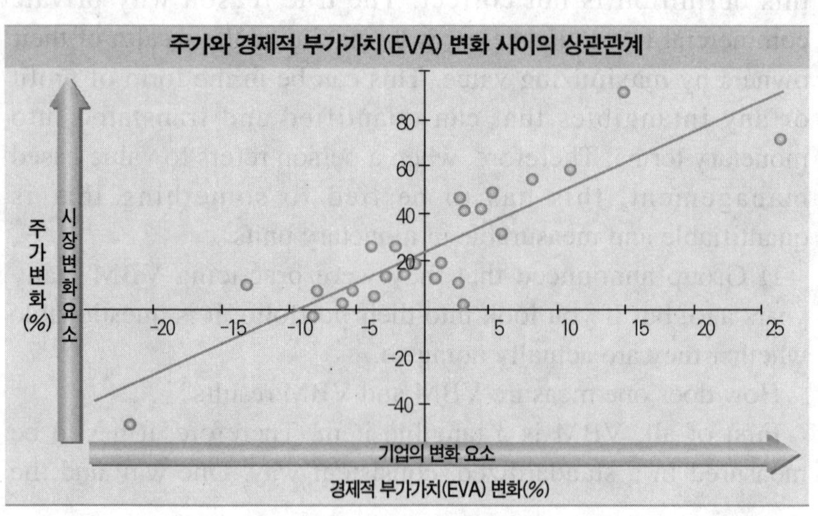

most widely accepted way is to use the market capitalization method based on stock price.

In other words, as long as your company is traded on the open market, what better way to measure its value than by examining how much the public values its stock? Stock price, whether perfectly efficient or not, is probably the best way to measure a company's value. By no means is it a perfect mechanism, but in the modern capital market, there is no substitute for using stock market valuation.

Therefore, it is not entirely incorrect to say that, in VBM, the primary focus is on stock market price. And if the market truly understands the value of a company, it will value the company's stock fairly.

Using this theory, obviously no Korean company falls into the "valuable" category since the market value of even the Chaebols are a fraction of those of foreign companies that are similar in terms of revenue. This simply means that the value of a lot of Chaebols is minimal.

If the stock market does not truly reflect the value of a company, what are some alternative ways to capture and measure value? One of the ways to do this is by calculating what we called Economic Value Added.

An EVA calculation assumes the cost of capital. In other words, a company can make a profit, but if that company makes a profit using a lot of funding, one has to consider the opportunity cost of that money. For example, if you generate 10% profit, but can generate 15% profit by investing in the money market or in a savings bond, you are not actually doing well from an owner's perspective. The standard accounting system does not capture this opportunity cost whereas EVA calculation does. Thus, by using EVA, true economic value, not simply profit, can be calculated.

따라서 VBM을 도입하는 주요한 목적은 경영의 초점을 주가에 맞추기 위해서라고 말해도 과히 틀린 말은 아니다. 시장이 그 기업의 가치를 진정으로 이해하고 있다면, 주가는 그 기업의 가치를 그대로 반영해 따라서 올라갈 것이다.

이 이론을 적용한다면 국내 주식시장을 봤을 때 국내 기업들이 가치 창출 면에서 극히 저조한 실적을 보이고 있음을 알 수 있다. 재벌들조차 비슷한 매출 규모의 외국 기업과 비교할 때 시장가치가 턱없이 낮게 평가되고 있기 때문이다. 그만큼 국내 기업들이 진정한 의미에서 가치를 창출하지 못하고 있다는 얘기다.

그러나 만약 주식시장이 기업의 진정한 가치를 반영하지 못한다면 창출된 가치를 측정할 수 있는 대안은 무엇인가? 시가총액법을 대체할 수 있는 한 가지 방법은 경제적 부가가치(economic value added : EVA)를 계산하는 것이다.

EVA는 기업의 수익을 계산할 때 투입된 자본을 기회비용으로 간주, 그만큼을 수익 계산에서 차감한다. 이 방법에 따르면 수익률이 10%냐 15%냐 하는 것뿐만이 아니라 자본비용을 고려한 진정한 의미의 경제적 가치를 계산해낼 수 있다.

조사결과에 따르면 주가와 EVA는 상당히 밀접하게 연관되어 있다. 즉 EVA가 높으면 기업의 주가도 따라서 올라간다. 결국 VBM은 주가든 EVA든 간에, 그 결과가 확실한 수치로 나타나게 된다. 따라서 VBM을 도입했는데도 눈에 보이는 성과가 나타나지 않았다면 적용 과정이 잘못된 것이라고 판단할 수밖에 없다.

Stock price and EVA are highly correlated. According to our study, the match is nearly perfect. This tells us that companies that have high EVA's also tend to have high stock prices. In other words, if you have successfully implemented VBM, your results should be reflected in these two mechanisms. If you have not had good results in these areas, then you have not successfully implemented VBM.

For a number of Korean firms, this is a major issue, because whether one uses stock price or EVA, the focus should be on earnings per share, not on revenue. Doing so puts pressure on management to improve its ability to not only generate profits but predict them as well. In addition, in order to successfully manage one's capital resources it is critical to be able to issue and buy back shares on the open market at the right price and right time.

13. EVA

EVA는 회계기법 가운데 하나로, 이 개념을 처음 도입한 장본인은 월스트리트의 기업분석가였다. 이들은 기업의 주가 움직임을 예측하기 위해 EVA를 활용하기 시작했다. EVA 이론에 따르면 우수한 기업은 현금흐름이 플러스 상태에 있으며, 이익은 한 기업의 재무적 건전성을 측정하는 데 불충분하다는 것이다. 물론 기업의 재무 상태를 파악하는 기준에는 이익 외에도 여러 가지 방법이 있을 수 있지만, 이 기준이 널리 활용되기 위해서는 측정방법이 간단하고 회계 전문가가 아니더라도 쉽게 이해할 수 있어야 한다.

EVA가 오늘날 각광받게 된 이유도 따지고 보면 계산하기 쉽고 ABC(활동중심 원가계산)와는 달리 IT에 대한 대규모 투자가 필요하지 않기 때문이다. EVA의 또 다른 장점은 기존 회계기법이 기업 차원에 대한 정보만 제공하는 반면, EVA는 각 시장과 상품 단계별로 이익 및 손실을 측정, 제공할 수 있기 때문이다. EVA는 가치 단위에 입각해 미래의 움직임을 예측하고 기업의 가치를 평가하는 투자 수단으로 이용될 수 있다.

EVA 기법은 자본비용을 기회비용으로 간주해 이를 영업이익에서 차감시킨다는 점에서 기존의 회계기법과 다르다. 기업들이 발표하는 손익계산서에는 이자·세금 공제 전의 이익(Earnings Before

13.Economic Value Added(EVA)

The economic value-added accounting method was first used by a Wall Street analyst to measure and predict a company's future stock price. The theory was that a strong company should have positive cash flow and that one needed to look beyond profit number to truly measure a company's health. The measurement had to be simple and universal so that it could be easily understood by non-accountants. One such measure that is popular today is EVA.

EVA is popular because it is easy to calculate and does not require a large information technology investment like Activity Based Costing(ABC). It is also actionable because you can measure cause-and-effect down to the market and product levels whereas traditional accounting methods can only tell you whether or not you have lost money on a company level. It is also forecast driven in that you can use it to develop a multi-year scenario based on value modules. And lastly, it can be used as an investment tool to value a company.

The EVA calculation is mainly different from traditional accounting in that it uses the cost of capital as an opportunity cost and subtracts it from the operating profit. The chart shows this clearly. A typical firm generates EBIT (Earning before interest and taxes) or what we called operating profit. Most

Interests and Taxes : EBIT)이나 영업이익이 나타나 있다. 사업부의 대부분 실적이 이 수치에 입각해 측정된다.

전체 기업 차원에서 세금을 차감하고 환차익과 환차손, 부동산 투자 이익 등 여러 가지 항목을 가감하는 과정을 거친다. 그 결과 세후 순영업이익(NOPAT)을 얻게 된다. 이 수치는 증권 분석가들이 주로 활용하는데, 표준회계 시스템에 입력된다.

EVA는 이 NOPAT에 사업을 운영하는 데 드는 비용인 자본비용을 적용한다. 자본비용이란 복잡한 개념이지만, 간단히 정리하자면 누군가로부터 돈을 빌릴 때 지불해야 하는 내부 이자비용이라고 할 수 있다. 자본비용이 크면 실제 이익은 그만큼 줄어들게 된다. 부채비율이 높을 경우 자본비용이 엄청나게 높아지기 때문에 아무리 이익을 많이 냈다 하더라도 자본비용을 감안한 EVA는 낮아질 수밖에 없다.

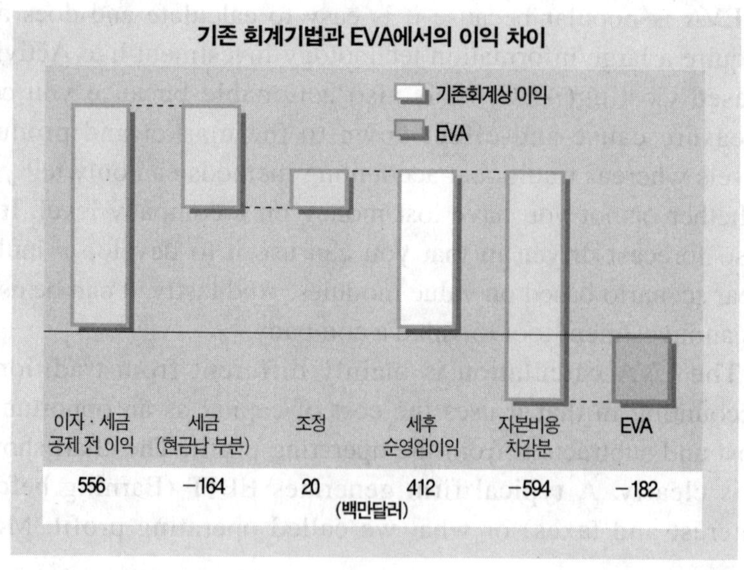

business units are measured using this numbers.

At the corporate level tax is subtracted and adjustments are made. Adjustments can include things such as gains or losses from foreign exchange transactions or proceedings from real estate investments, etc. The result is NOPAT (Net Operating Profit After Taxes). This is the number that is reported to analysts and the number that is currently registered in accordance with the standard accounting system.

What EVA does is that it takes this NOPAT number and applies capital charges. This is basically the money needed to run your business, factoring in the cost of capital. The cost of capital is a bit of a complex subject, but basically it is the internal interest charge a company pays if it wants to borrow from itself. The capital charge for a lot of firms is not a small number. It can often exceed the profit number, which is the case in our example. For example, for firms that are involved in highly capital-intensive businesses, the cost of money tends to be high. Another example is that of companies with high debt which includes most Korean companies today. For these companies, the internal interest rate is high, which makes the cost of capital even higher.

So in our example, even though the company made $412 million, our EVA calculation shows that the company actually lost $182 million. This is not an unusual case for many companies. In Korea, several analysts and brokerage firms have adopted the system and analyze companies using EVA. But the problem with using EVA in Korea is that in order for it to work, it requires subsidiary companies to be stand-alone companies. In other words, if you have insider pricing, EVA will not produce accurate results because you are pricing goods and services according to some artificial number rather than at the market rate.

　도표에 나타난 기업의 경우 NOPAT은 4억 1,200만 달러지만 자본 비용이 엄청나게 높기 때문에 실제 경제적 부가가치는 오히려 1억 8,200만 달러의 손실을 본 것으로 나타난다. 국내에서도 몇몇 주식 분석가와 증권회사가 EVA를 도입해 기업의 가치를 평가하고 있다. 하지만 EVA가 실제 기업의 가치를 제대로 반영하려면 자회사나 계열사들이 모기업과 독립적인 관계에 있어야 한다. 시장 가격이 아닌 내부자 가격에 의한 내부 거래가 있을 경우 이익이 왜곡될 수밖에 없기 때문이다.

　예를 들어, A자동차회사가 B부품회사로부터 부품을 구입하는데 시장가격이 아니라 특별히 할인된 가격으로 구입했다면, 그만큼 이익은 높게 나타나게 된다. 즉 계열사 간에 이익의 전가나 손실보전 등이 이뤄지게 되면 진정한 의미에서 EVA를 계산해낼 수가 없다는 말이다.

　바로 이런 이유 때문에 국내 기업들은 EVA를 제대로 적용할 수가 없는 것이다. 계열사 간의 내부 거래로 인해 진정한 가치창출 과정을 파악할 수 없기 때문이다. 어떤 그룹 계열 전자제품업체의 EVA가 높게 나타났더라도 기업의 가치를 있는 그대로 나타냈다고는 볼 수 없다.

　계열기업 간의 내부 거래 문제는 선진기업들과 어깨를 겨루고 경쟁하기 위해 국내 기업이 풀어야 할 숙제 중 하나가 아닐까 생각한다.

For example, if A automotive company buys a component part from its B component company, that price has to be the market price, not a "special" price. If the price does not reflect true market pricing then the economic value added calculation will be distorted because you are simply subsidizing the profit or making up the losses.

This is probably the biggest obstacle in applying EVA to Korean companies today. Internal transactions within a Chaebol make it nearly impossible to track and monitor which subsidiaries are adding value on an operating company basis. So if S Group electronics generates positive EVA, one cannot entively sure if this is because it is good or because it is being subsidized by its component division through artificially low prices.

This is a problem that needs to be solved if Korean Inc. wants to compete with the world's leading companies.

14. EVA에서 고려해야 할 사항

EVA와 기존 회계방법 사이의 가장 큰 차이점은 자본투자를 처리하는 방법에 있다. 예를 들어보자. 회사 A는 1,000달러의 매출액에 100달러의 이익을, 회사 B는 1,000달러의 매출액에 150달러의 이익을 올렸다고 해보자. 전통적 회계기준에서는 회사 B의 수익성이 더 높은 것으로 나타난다. 그러나 회사 A가 이익을 내기 위해 100달러를 투자한 반면, 회사 B는 1,000달러를 투자했다면 어떨까? 게다가 회사 B가 이익을 창출하기 위해 높은 금리를 부담하고 은행에서 투자 금액을 빌렸다면, EVA에 따른 이익 계산결과는 기존 방식과는 다르게 나타날 것이다.

EVA는 서구 기업들 사이에서 기업의 성과를 측정하는 가장 믿을 만한 수단으로 각광받고 있다. GE와 코카콜라, 웨스팅하우스 등을 비롯한 수많은 글로벌 포천 500대 기업들이 EVA의 방법론을 이미 도입해 실행하고 있거나 도입하기 위한 준비 과정 중에 있다.

국내의 경우 정부가 EVA를 도입, 한국전력과 포항제철 등과 같이 정부가 직간접적으로 투자하고 있는 공기업의 성과를 측정하는 데 활용하고 있다. 이 새로운 방식의 성과측정 시스템에 따라 공기업의 경우 최고경영자들의 보너스 중 약 50%가 EVA 결과에 따라 결정되고 있다. 그러나 현재 정부가 활용하고 있는 EVA의 방법에는 세 가

14. Economic Value Added (EVA) – Downside

The major difference between EVA and traditional accounting methods is in its treatment of investment capital. Let's take an example. Company A generates profit of $100 on revenue of $1000 and company B makes profit of $150 on revenue of $1000. By traditional accounting standards, company B looks more profitable on paper. But what if company A made its profit on an investment of $100 while company B had to invest $1000 to earn its profit? (Investment numbers show up in your balance statement but not in the profit statement) And to make matters worse let's say that company B had to borrow that money from a bank (again, a balance statement item) at a high interest rate. Then the picture would look different if one made an EVA calculation.

EVA is currently hailed by many Western companies as the most reliable performance measurement tool. Companies like GE, Coca-cola, Westinghouse, and a number of Global Fortune 500 companies have implemented or are in the process of implementing EVA methodology.

In Korea, the government has adopted the same methodology to measure the performance of government-run and government-sponsored companies such as KEPCO, POSCO, etc. According to this new performance measurement system,

지 문제점이 있고, 이런 문제점은 민간 기업에까지 영향을 미치고 있다.

먼저 EVA를 정확히 측정하는 데 필요한 가격결정 및 경쟁환경과 관련한 대부분의 요소가 국내 공기업에는 적합하지 않다는 사실이다. 이런 문제점은 주로 국내 시장을 기반으로 사업을 하거나 시장에서 독점적인 지위를 누리고 있는 공기업들의 경우에 더욱 두드러진다.

독점적인 시장환경에서는 가격결정이나 원가구조가 시장의 원리에 의거해 결정되지 않는다. 따라서 최고경영자가 얼마나 사업을 잘 운영했느냐보다는 정부정책에 따라 EVA가 좌우되는 경향이 많다. 이런 문제점은 세계시장을 무대로 활동하고 있는 공기업의 경우에는 심하게 나타나지 않는다.

두번째 문제점은 두 기업 간의 이전 가격과 관련한 내부 원가가 시장가격에 기초해 설정되지 않는다는 점이다. 다시 말해 경제학자들이 말하는 가격결정의 자유가 없는 것이다.

예를 들어, 공기업이 정보통신업체나 보수와 유지를 위한 관련 업체를 소유하고 있다고 하자. 이들 기업의 매출 중 대부분은 모기업의 원가구조와 정책에 밀접하게 연결되어 있다. 따라서 이들 기업은 자신들이 제공하는 서비스에 대한 정당한 가격을 모기업에 요구할 수가 없다. 모기업이 지불하는 가격은 서비스 원가에 약간의 이윤을 얹은 수준에서 결정된다. 이것은 시장가격을 그대로 적용하면 공기업보다 경쟁력 있는 민간업체에 의해 시장에서 밀려날 수 있기 때문이다. 결국 수요·공급의 방정식이 시장 외적인 요소에 따라 좌우되는 것이다.

세번째는 EVA 계산을 좌우하는 가장 중요한 요소인 가중평균 자본비용(WACC), 즉 현금흐름 할인율과 관계된 문제점이다. EVA는

the bonuses of approximately 50% of the CEO's of public companies are calculated using EVA. But there are three major flaws in the way the government is currently applying EVA and, to some degree, these flaws are also impacting private industries.

The first major flaw is that most of the pricing and competitive environment assumptions under which EVA is measured are not appropriate for Korean public firms. This is even more true for firms that mainly concentrate on the domestic market and are monopolistic players in their own markets.

In a monopolistic market structure, the pricing and cost structure is not determined by the market. As such, your EVA calculation is based more on the impact of government policy, and less on how well that company's CEO is performing. This is less true for public firms that concentrate on the global market.

The second flaw is that the internal costs for transfer pricing between two entities are not market-priced, meaning that those

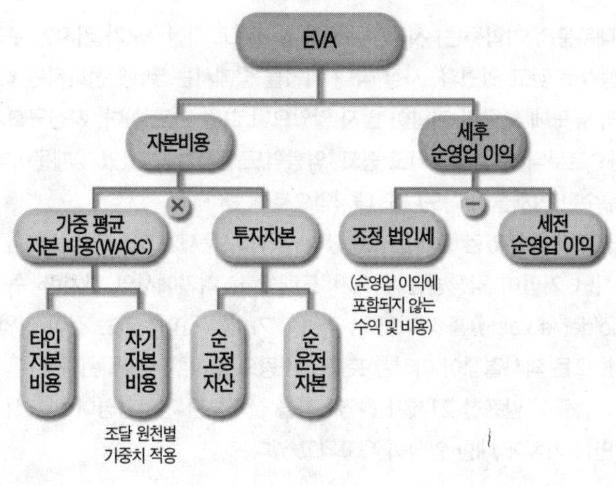

언제 WACC를 측정 또는 적용했느냐에 따라 크게 달라지기 때문에, 우리나라와 같이 경제지표의 변동폭이 큰 경우에는 EVA가 논쟁이 될 수 있다.

WACC는 간단히 말해, 사업을 운영하기 위해 기업이 들인 자본의 비용이다. 일반적으로 차입자금 비율이 높은 기업의 경우 WACC가 높게 나타난다. WACC 계산은 매일 달라질 수 있고, 또 전문가가 아니라면 WACC를 자세히 검토해 결정하는 작업을 제대로 수행할 수가 없다.

이런 점을 감안할 때 정부의 EVA는 WACC의 중요성을 제대로 반영하지 못하고 있으며, 결과적으로 EVA를 실제 수치보다 과대 또는 과소 평가하고 있다.

과거 대부분의 기업들은, 시장점유율이 늘어나고 자산규모가 커지면 무조건 좋다라는 생각을 갖고 있었다. 사실 국내 기업들 중에서는 몇 년 전까지만 하더라도 그 정도의 규모에 도달한 기업이 많지 않았으니 그럴 만도 하다. 자산규모가 커야 금융기관으로부터 돈을 빌리기도 쉽고, 영향력도 행사할 수 있었기 때문이다. 뿐만 아니라 우수한 인재들이 너도나도 대기업으로 몰렸다.

이제 규모가 전부였던 시대는 지나갔다. 외형이 문제가 아니라 내실, 즉 그만한 가치를 지닌 기업이 각광받는 시대가 도래했다. 여기에서의 가치란 주주 가치(shareholder's value)를 의미한다. 기업의 가치를 증대시키는 것이 기업경영의 목표이며, 모든 의사결정이 이러한 토대를 바탕으로 이루어지게 된다.

최근 기업들이 발표한 21세기 경영계획을 살펴보면 가치경영이 반드시 포함되어 있을 만큼 가치에 대한 인식이 제고되고 있다.

entities do not have what the economists call the "Freedom To Price".

For example, say a public company owns its own IT or maintenance firm. A large portion of the IT firm's revenue is closely tied to the parent company's cost structure and policy. Therefore, it cannot charge the market price for its services. Rather, the price is set on a cost plus basis. The logic behind this is that if the subsidiary charged market prices, the firm would go out of business, because private firms are more competitive than public firms. So, inherently both the demand and supply sides of the financial equation are controlled by non-market forces.

The last flaw deals with WACC(Weighed Average Cost of Capital), sometimes known as the discount cash flow rate, which is the single most important factor governing the EVA calculation. As EVA heavily depends on when you measure and apply the WACC, the EVA calculation is most controversial in economies like ours which have severe fluctuations.

Simply put, WACC is the cost of capital that a company pays to run its business. Generally, high-leverage companies tend to have a higher WACC. This calculation can change daily, and unless you are something of an expert at this, you cannot closely monitor and determine changes in WACC.

My honest assessment is the methodology currently used by the government does not put enough emphasis on WACC, resulting in figures that are either inflated or depressed.

15. 우수성 단계

기업이 성장하는 과정을 살펴보면 각 단계마다 여러 가지 기능적 측면에서 서로 다른 특징을 보여준다. 이런 과정을 한눈에 보여주는 구조를 우수성 단계(stages of excellence)라고 한다.

우수성 단계는 크게 네 가지로 나뉜다. 첫번째는 '진화(fire fighter)' 단계다. 이 범주에 속한 기업들은 상황 변화에 민감하게 반응한다. 이들 기업은 계획을 실행하는 데 탁월한 능력을 갖고 있지만 스스로 독창적인 계획을 수립한다거나 시장의 요구에 적극적 · 능동적으로 대처할 능력은 없다.

이들 기업에서 일하는 직원들에게 어떤 방식으로 업무가 이뤄지느냐고 물어보면 대부분은 '직장 상사가 명령해서' 또는 '시키는 일을 하는 것일 뿐'이라고 대답할 것이다. 이들 기업은 설립된 지 얼마 안됐거나 가족소유 형태의 기업으로서 대개 체계적인 경영관리 프로세스가 제대로 구축되지 않은 기업이다. 'fire fighter'라는 영문 이름에는 이미 난 불을 끄느라 정신없이 바쁘기만 할 뿐, 불이 나는 것을 미리 방지하기 위한 노력을 기울일 여력이 없다는 뜻이 들어 있다.

진화 단계에서 벗어난 기업들은 기업의 재무성과와 운영성과 또는 개개인의 성과를 검토하고 측정할 수 있는 여러 가지 성과측정 시스템이나 통제 조치들을 마련하기 시작한다. 이런 체계가 자리잡

15. Stages of Excellence

As a company goes through its life cycle, from its embryonic stage to maturity, it tends to demonstrate different characteristics in many functional dimensions. We call this the stages of excellence. The stages of excellence is a framework that demonstrates how a leading company is different from its followers.

There are typically 4 stages of excellence. The first stage is called the "follower" stage. Companies in this module tend to be very reactive to market conditions. They are best at implementing plans and actions, but rarely do they themselves come up with original plans or take proactive measures in response to market needs.

A typical answer you will find from an employee to a question about how they work is "My boss told me so" or "I am doing what I am told to do," etc. The symptoms of the follower stage can be seen in many venture firms or family-owned and operated businesses that have yet to set up a systematic management process. We typically called this stage the "fire fighting" stage. Employees act as though they are busy, but they never take the time to prevent fires from starting in the first place.

To move beyond the first stage, one usually implements a number of control measures, and monitoring mechanisms.

히면 경영관리가 좀더 쉽게 이뤄지게 된다. 이 단계를 가리켜 '통제' 또는 '후발(follower)' 단계라고 한다. 기업 전체를 총괄하는 지원업무를 중시하는 기업들이 바로 이 단계에 속한다. 대부분의 일본 기업들은 전형적인 통제 단계의 기업들이다. 일본 기업의 경영 방식을 모방하고 있는 한국 기업들도 대부분은 이 단계에 속한다.

통제 단계의 문제점은 통제의 정도가 지나쳐 오히려 병목현상 등의 부작용을 초래할 수 있다는 데 있다. 이렇게 되면 지나친 통제로 인해 기업운영이 원활하게 이뤄지지 않는 등 관료주의적인 기업의 모습을 띠게 된다. 이런 기업에서 일하는 직원들은 정책이나 내부 절차 등에 매달리게 되고, 자연히 매너리즘에 빠져 외부 변화와 동떨어지게 된다. 시장이 변화하는 실태에 대해서는 전혀 관심이 없고 스스로 바뀌어야 한다는 긴박감도 떨어지게 된다.

두번째 단계를 지나면 성과 증대를 위한 혁신적인 노력이 필요하

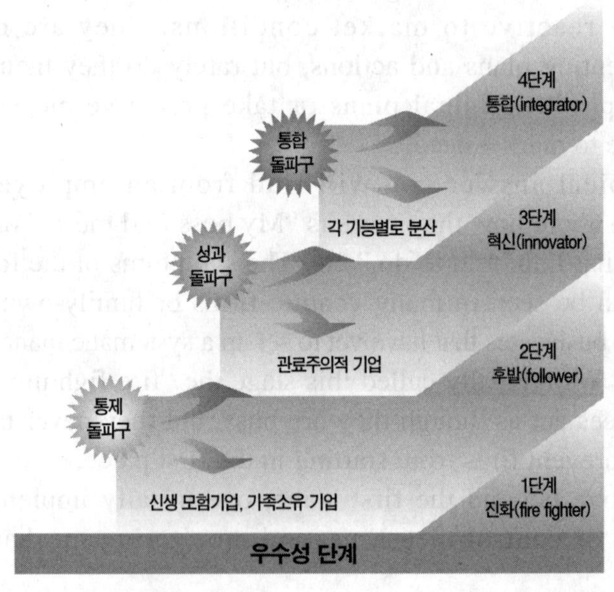

These are controls that measure financial performance, operational performance and other kinds of performance. Once you have these sets of tools, you can manage your organization more effectively. This is what we called "controlled" stages of excellence. Many organizations that value administration are at this stage. Many Japanese companies fall into this category. Most Korean companies that have copied Japanese management systems fall into this category. Also, many well-run government organizations tend to fall into this category as well.

The problem comes when control becomes so burdensome that it becomes the bottleneck. Then you have a bureaucratic organization. People become so concerned with policies and internal procedures, or what we sometimes call mannerisms, that they forget about outside market forces. Or they will urgently try to bring about change that is unrealistic.

To come out of this stage, one needs to achieve a performance breakthrough. A performance breakthrough happens when one stimulates the performance of each function. In other words, each functional area, be it manufacturing, finance, or sales, decides that they want to become the best in their business domain.

This usually happens when an organization has a good executive who is willing to change and transform the organization. We call these types of organizations "innovators". They are innovators, because they tend to be applying the best practices in each of the functional areas and they use the best and most efficient tools and resources to manage and run the organization. As a result, such organizations tend to have certain common characteristics such as high utilization of resources, extremely efficient use of computer technology, optimal productivity levels, etc.

다. 각 기능별로 성과를 개선하기 위한 노력을 기울일 때 기업 전체의 성과 혁신이 이뤄질 수 있다. 다시 말해 생산과 재무·판매·마케팅 등 각각의 기능 부서가 자신의 비즈니스 영역 안에서는 최고의 조직이 되겠다는 목표 아래 움직일 때 기업 전체적으로 성과 혁신의 목표를 달성할 수 있는 것이다.

이를 위해서는 조직을 변화시켜야겠다는 경영진의 굳은 의지가 필수적이다. 이런 기업을 가리켜 '혁신기업'이라고 부른다. 이들 기업은 각 기능 부서별로 세계 최고를 자랑하며 우수 경영사례로도 자주 꼽힌다. 또 효과적인 경영방식을 채택해 자원을 효율적으로 활용하며 생산성도 높다.

하지만 각각의 개별 기능 부서의 힘이 극대화되다 보면 마치 각각의 부서가 하나의 기업인 것처럼 운영될 우려가 있으며, 이 때 문제가 발생하게 된다. 최고경영자의 입장에서 보면 마치 생산기업, 판매기업, 마케팅기업, 구매기업 등 서로 다른 각각의 기업을 경영하고 있는 것처럼 느끼게 된다. 통합이 제대로 이뤄지지 않고 각자 자신의 분야에만 충실할 때 일어나는 문제다.

혁신 단계를 벗어나기 위해서는 통합을 위한 노력이 필요하다. 다시 말해 각각의 기능 부서가 전사적인 목표를 달성하기 위해 긴밀하게 협조함으로써 공조체제를 구축해야 한다. 이런 '통합' 단계에 속한 기업들은 세계적으로 우수한 기업 사례로 꼽히고 있다. 그러나 전세계적으로 경쟁이 점점 더 치열해지고 있는 상황에서는 이 네번째의 통합 단계만으로는 부족하다고 말하는 전문가들도 있다.

가끔씩 언급되는 다섯번째 단계는 한 기업뿐만이 아니라 공급업체와 고객까지도 포함하는 확대된 개념의 통합 단계다. 물론 현실적으로 아직까지는 이처럼 확대된 개념의 통합 단계가 눈에 띄게 진행되고 있지는 않다.

The problem comes when each functional area becomes what we call a silo. In other words, they become so good at what they do that the company is managed as if it was 7-8 different functional companies. For example, as a CEO you feel like you are running a manufacturing company, sales company, marketing company, purchasing company, etc. There is no integration across the functional lines since everybody is focusing on their activities in a vertical way.

To break out of this stage you need to have an integration breakthrough. An integration breakthrough occurs when each of the functional managers cooperate to work for a common goal. So instead of sub-optimizing performance across the company, they cooperate with each other to achieve a single purpose. This is a lot harder then it looks. Companies that are in this stage are called "integrated companies." This stage used to be considered the ultimate in corporate evolution. Some experts argue that reaching the fourth stage maybe not enough in today's global economy for a company to be the best it can be.

A fifth stage is sometimes mentioned, in which extended enterprise breakthrough is needed. This is when a company truly integrates with its suppliers and customers to form a virtual corporation. Unfortunately, by and large this has yet to happen on a major scale. Most Korean companies fall into the first and second stages and rarely do we see companies in stage three. I would venture to say there are maybe fewer than 10 companies in Korea that qualify to be in stage three.

Part III

기업운영 혁신

(Operations Innovation)

1. 아웃소싱

아웃소싱이란 기업 외부에서 상품과 서비스를 구매하는 행위를 말한다.

다음 페이지의 도표는 자체조달과 아웃소싱을 단순하게 비교한 결과다. A라는 회사가 10만 개의 안전벨트를 제조한다고 가정하자. 제조하는 데 들어가는 비용은 고정비용 50만 달러에 변동비가 안전벨트 하나당 3달러다. 고정비 50만 달러를 10만 개의 안전벨트 숫자로 나누면 안전벨트 하나당 들어가는 고정비는 5달러라는 계산이 나온다. 결론적으로 변동비를 포함해 A사가 안전벨트 하나를 제조하는 데 들어가는 비용은 8달러가 된다.

반면 B라는 회사는 100만 개의 안전벨트를 만든다고 하자. 이 경우 고정비용은 100만 달러이며 변동비용은 2.5달러다. 변동비가 낮은 이유는, 공장이 인건비가 낮은 지역에 위치하고 있기 때문이라고 하자. 안전벨트 하나당 들어가는 고정비도 1달러로 A사보다 훨씬 적은데 대량생산으로 인해 규모의 경제를 이뤘기 때문이다. 결국 이 경우 B사의 안전벨트 하나당 제조원가는 3.5달러에 불과하다. A사와 B사의 제품 단위당 원가가 8달러 대 3.5달러라는 계산이 나온다. 이 경우 A사가 아무리 열심히 노력한다 해도 B사를 따라잡는 데는 한계가 있다. A사로 안전벨트 제작을 아웃소싱하는 편이 훨씬 더 경

1. Outsourcing

Outsourcing simply refers to acquiring goods or services from outside of your own company or enterprise.

Let's assume that company A makes 100,000 car seat belts. The total cost of operating its plant includes a fixed cost of $500,000 (real estate, utility, etc.) and a variable cost of $3 per seat belt. Variable costs include labor cost, cost of raw materials, and other costs that are directly related to seat belt production. This means that, on average, you are producing seat belts at a cost of $8 per seatbelt ($500,000/100,000 + $3).

Assume you have the same cost structure at company B, and that this company produces 1,000,000 seat belts, and that the fixed cost is $1,000,000. Let's assume that the variable cost is lower, $2.50 per belt, because you are operating the plant at a location where labor is cheap. Then, the total cost is $3.50 per belt ($1,000,000/1,000,000 + 2.50). The comparison is simple, $8.00 vs. $3.50. This example is not as far-fetched as it sounds. In fact, the above comparison is very similar to a real case. The problem for companies that have a "Company A" cost structure is that, no matter how hard they try to reduce their costs, they simply cannot compete with "company B"—thus outsourcing seatbelt production becomes only economical viable option.

So, from an economic perspective, the logic is extremely

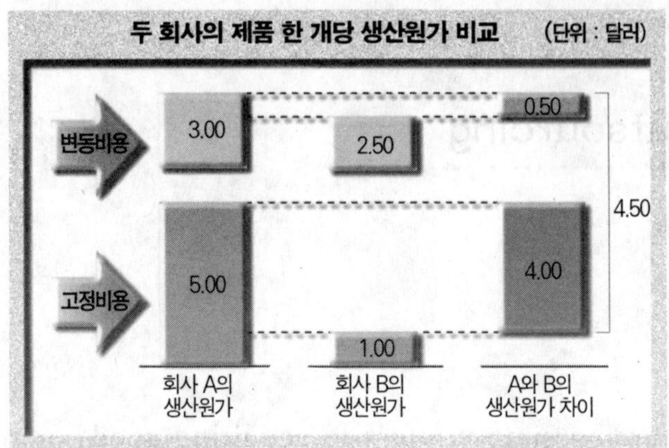

제적인 결정이 되는 것이다.

경제적인 관점에서 볼 때 어떤 기능을 더 저렴한 가격에 빠르고 정확하게 수행할 수 있는 기업은 항상 존재한다. 따라서 아웃소싱의 여지는 어느 분야에서건 항상 존재하는 것이다. 물론 아웃소싱하기 전에 고려해야 할 두 가지 중요한 기준은 있다.

첫째는 아웃소싱 업체와의 관계가 얼마나 유연한가 하는 점이다. 아웃소싱은 쌍방 모두에게 이득이 되는 윈-윈(Win-Win) 게임이다. 만약 아웃소싱 업체와의 관계가 10년 간 지속된다면 10년 동안의 경제 상황에 따라 아웃소싱 조건은 자사에 유리하게든 불리하게든 변할 수 있다. 따라서 장기적인 계약을 맺을 경우에는 상황에 따라 관계가 변할 수 있도록 유연성을 고려해야 한다.

두번째는 핵심역량이다. 아웃소싱을 하려면 아웃소싱 대상이 되는 기능이 기업의 전략과 관련해 얼마나 중대한지 먼저 꼼꼼히 따져봐야 한다.

아웃소싱은 원가절감이라는 측면에서 상당한 장점을 갖고 있음에도 불구하고 한국 기업에는 다소 민감한 문제로 받아들여지고 있다. 가장 큰 이유는 '뭐든지 하면 된다'는 식의 사고방식 때문인 것으로

simple in that you can always find somebody who can do certain tasks cheaper, better, and faster. Of course, there are two major criteria one has to think about when one considers outsourcing.

First is the flexibility of your relationship with your outsourcing partner. Many times this relationship can turn sour if economic factors take a sudden turn for the worse. Outsourcing has to be a win-win situation for both parties and anytime you have an imbalance in cost positioning, one side will want to end the relationship. If the relationship is based on a 10 year contract, this term can work for or against you depending on the economic conditions during this 10-year term. This is why flexibility is key to maintaining a long-term relationship.

The second factor is core competency. Anytime you want to outsource, you must think about the function you are outsourcing since some functions are critical to your strategy and you may want to continue to perform those yourself.

Outsourcing arrangements are a highly sensitive subject in Korea. One of the main reasons for this is that there is a premium placed on being affiliated with a chaebol. For example, when a person joins S, D, L or H Group, they are proud of the fact they have joined the group and not necessarily the company. When the function or service you perform gets outsourced, more often than not, your job is transferred to a less well-known company and usually this is considered a down-grade of your stature in the marketplace.

The bigger problem is investment by chaebols in functions that they have very little chance of competing in successfully. For example, every chaebol today has an IT company. Samsung has SDS, Hyundai has HIT, etc. In fact, if you look at the top 30 Chaebols, they all have what we call "window dressing" IT

보인다. 재벌들은 사업 기회가 크지 않거나 거의 없는 경우에도 투자에 대해 과도한 확신을 갖는 경우가 많다.

예를 들어, 대부분의 그룹 재벌들은 정보기술 관련 자회사를 갖고 있다. 삼성SDS, LG-EDS, 현대정보기술 등이 대표적이다. 이들 기업은 모두 세계적인 정보기술업체가 되겠다는 비전을 세워놓고 있다. 과연 이런 꿈이 이뤄질 수 있을까? 삼성SDS의 고객 대부분은 삼성그룹 계열사다. 다른 재벌 기업들이 삼성그룹 계열사를 고객으로 끌어들이기란 거의 불가능하다. 이것은 다른 재벌들도 마찬가지다. 그룹 계열사가 주고객이다.

반면 마이크로 소프트와 IBM, EDS 등과 같은 정보기술업체들은 여러 업체들을 상대로 일을 하기 때문에 고객이나 시장에 대한 폭넓은 지식과 전문 노하우를 축적할 수 있다. 국내에서는 이런 식으로 여러 고객을 상대로 지식과 노하우를 쌓기가 어렵기 때문에 그룹 소속의 계열사에 대한 제한된 지식 및 경험만을 보유할 수밖에 없다.

결과는 어떻겠는가? 국내 재벌 계열 정보기술업체가 세계적인 기업으로 성장하리라는 비전은 달성하기 어려운 허망한 꿈으로 끝날 가능성이 크다. 아웃소싱을 고려하지 않고 모든 것을 스스로 해결하려고 하는 한 한국 기업은 세계적인 경쟁력을 보유하는 데 성공하지 못할 것이라는 게 필자의 생각이다.

companies. And it is not surprising that each of them wants to become a premier global IT company. But can they? The answer is that it is highly unlikely given today's outsourcing arrangements. The scenario goes like this. If you are SDS, it is highly unlikely that you will work with any other company besides a Samsung subsidiary. Entering into outsourcing arrangements with other Chaebols is nearly impossible. The same logic applies to HIT.

The reason why Microsoft, CSC, EDS and IBM are so powerful is that they serve a large number of customers, not just one or a few. Thus, they are able to obtain a great deal of knowledge about their customers. In Korea, this is almost impossible. As a result chaebol IT firms are only able to develop a limited knowledge base.

No matter how hard they try, none of them will become a premier IT firm unless they change their practices. The absence of outsourcing opportunities results in Korean firms becoming less competitive and downright archaic. This is yet another major problem for Korea Inc.

2. 합병 후 통합작업

기업이 성장하는 데는 크게 두 가지 방법이 있다. 하나는 매출액을 늘리거나 사업을 확장하는 등 내부적인 방법을 통해 규모를 늘리는, 이른바 유기적 성장이다. 한국 기업들의 몸집 불리기가 대부분 이런 방식을 통해 이뤄졌다. 두번째는 외부적인 방법, 즉 다른 기업을 인수함으로써 규모를 키워나가는 방법이다. 이 방법은 유기적인 성장보다 시간이 훨씬 적게 걸릴 뿐만 아니라 제대로만 하면 재무적인 측면에서도 큰 성과를 거둘 수 있기 때문에 훨씬 매력적인 방법으로 받아들여지고 있다.

실제로 서구에서는 M&A가 흔히 일어나고 있으며, 지극히 정상적인 기업활동으로 인식되고 있다. 그러나 한국을 비롯한 많은 아시아 국가에서는 아직도 M&A에 대한 부정적인 시각이 팽배하며 기업을 사들이는 측은 승자로, 인수되는 측은 패자로 간주하는 경향이 있는 듯하다. 그러나 이런 시각은 M&A의 진정한 의미를 이해하기보다는 겉으로 보이는 부분에만 치중한 결과라고 여겨진다. M&A의 성과를 제대로 평가하기 위해서는 두 기업의 합병 이전의 가치와 합병 이후에 가치를 비교해 가치의 증감 여부를 분석해야 한다.

여기에서 중요한 사실은 합병 실패 사례가 일반적인 생각보다 훨씬 더 많다는 것이다. 굳이 외국 기업의 사례를 들지 않더라도 최근

2. Post Merger Integration (PMI)

There are basically two ways for a company to grow. One is typical organic growth where you grow internally by increasing sales. The growth of most Korean firms falls into this category. The other, of course, is by buying and merging with other companies. The second option is generally most attractive since it allows growth to be achieved much faster. It also can be financially rewarding to those who play the game well.

M&As, as we typically call them, are a normal phenomenon in the Western world, but in Korea, and for many Asian companies, the word has a negative connotation. Those who do the acquiring are viewed as winners and those who are acquired are viewed as losers. This is the typical, simplified view of the M&A. A more sophisticated view would be to look at the value of the merged company versus the values of the two separate companies.

Surprisingly, the jury is still out on whether, on average, merging two or more companies actually increases shareholder value. You don't have to look at foreign mergers to draw a conclusion on this issue. Just look at the recent acquisition of foreign companies by domestic Chaebol companies. Most of these deals have been failures. One Korea executive complained to me that he was spending most of his time fixing

에 있었던 국내 대기업들의 국내외 합병 사례를 보면 대부분의 합병이 순탄하게 진행되고 있지 않음을 알 수 있다. 합병이 잘못된 선택이었을 경우 기업이 입는 손해는 손익계산서나 주가에서 나타나는 것 이상으로 크다. 얼마 전에 합병을 단행한 대기업의 한 임원은 "대부분의 자금이 인수된 기업에 흘러들어가 주력 사업에 투자되지 못하고 있다"고 필자에게 말한 적이 있다. 그만큼 합병에 들어가는 기회비용이 클 수 있다는 얘기다.

한 연구기관이 최근에 실시한 연구결과에 따르면, 합병 후에 총 주주이익이 상승한 기업은 32%였고 나머지 68%는 합병 전보다 총 주주이익이 떨어진 것으로 나타났다. 이런 조사결과는 합병이 곧 최선의 성장전략으로 연결되는 것은 아니라는 사실을 보여준다.

그렇다면 합병이 실패로 돌아가는 이유는 무엇일까? 가장 큰 이유는 합병 후의 통합과정이 제대로 수행되지 못했기 때문이다. 다시 말해 대부분의 기업들이 통합계획을 마련하고 이를 실행에 옮기는 데 충분한 시간을 할애하지 않았기 때문에 합병이 실패로 돌아가는 것이라고 볼 수 있다.

두 기업을 합병한다는 것은 단순히 두 기업의 자산을 합친다는 것 이상의 의미를 지닌다. 합병한다는 것은 서로 다른 두 기업의 문화와 정책·절차 등을 포함한 모든 것을 통합한다는 의미이며, 또한 그러한 것을 통합하기 위한 작업이 적절히 수반되어야 한다는 의미다.

한국 기업은 특히 이와 같은 합병 후 통합 작업(Post Merger Integration : PMI)에 대한 경험이 부족한 것처럼 보인다. 합병의 양 당사자가 각자 자기 방식만 고집한다면 진정한 통합은 이뤄질 수 없다. 특히 노동조합 관련 문제는 M&A에 중대한 문제로 다뤄져야 한다.

the acquired companies rather than concentrating on the firm's core businesses. All this extra attention is a cost that does not appear anywhere in your profit and loss statements. So how successful are merged companies?

A recent survey shows that, on average, about 1 out of 5 merged companies have a market capitalization that is higher than the combined market cap of the separate companies. About 68% of merged companies fail to meet this standard. Only about 32% of all mergers can be characterized as successful, value-creation mergers.

What is the biggest reason for the failure of most mergers? Most of it can be attributed to poor PMI implementation. Many companies either do not spend enough time on planning or do not execute their plans properly.

Managing and integrating two different cultures as well as combining two different sets of policies and procedures is a lot more complicated than people believe.

Achieving these goals will be a major challenge for Korean companies, which, for the most part, do not have PMI experience. The "brute force" approach of "do it my way or else..." usually does not work. This issue will be especially relevant for the companies involved in the recent bank mergers. These mergers not only have a highly political dimension, but they also encompass many labor issues, which are the most critical issues in dealing with M&A's.

There are basically 4 critical elements in a successful PMI.

- Clear financial synergy target: This may sound obvious but it is not easy to execute. Planning and targeting a clear profit number means one must be aggressive in reducing the cost of both redundant organizations and processes.
- Effective communication: You have to communicate not only to your employees, but to your customers as well, to

합병의 성패를 결정짓는 PMI에서 성공하려면 다음의 네 가지 요소를 신중히 고려해야 한다. 첫째는 시너지 효과를 통해 달성하고자 하는 목표를 명확한 숫자로 설정해둬야 한다는 점이다. 목표이익을 수치로 산정한다는 것은 조직이나 프로세스 측면에서 비용절감을 위해 최선을 다해야 한다는 의미다.

둘째는 효과적인 커뮤니케이션이다. 직원뿐만 아니라 고객과 공급업체 등 다양한 이해당사자와 함께 합병의 의미와 합병으로 인한 효과, 합병 후 통합을 위한 계획 및 목표 등에 대해 지속적으로 의견을 교환해야 한다.

셋째는 상세한 계획이다. 세부적인 사항이 포함된 계획안을 수립하지 않으면 시행착오가 너무 많이 발생해 통합작업이 실패로 돌아갈 가능성이 커진다.

넷째는 새로운 조직구조다. 대부분의 임원은 합병된 기업에 계속 남아 있기를 원하기 때문에 합병 기업은 이들을 흡수할 만한 자리를 만드는 게 보통이다. 그러나 임원이 있으면 임원이 관리하는 조직이 그 밑에 따르게 마련이고, 그렇게 되면 결국 프로세스나 활동 등이 중복되게 된다. 결과적으로 합병으로 인한 통합 효과를 누릴 수 없게 될 가능성이 커진다. 때문에 합병된 기업에는 그에 맞는 새로운 조직구조가 만들어져야 한다.

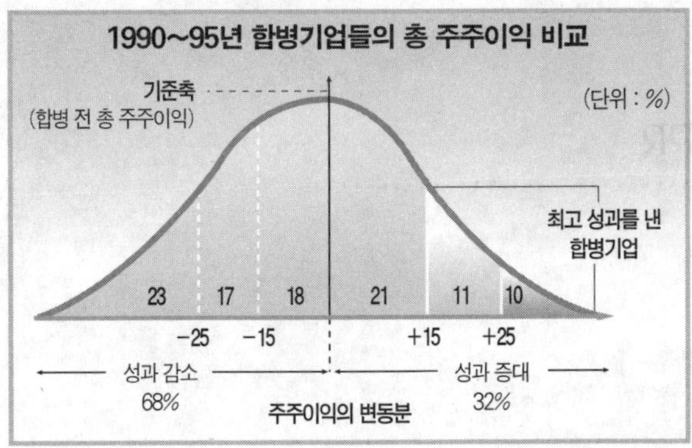

prevent a major exodus, You also need to communicate with your suppliers on a continuous basis.

• Detailed master plan : This has to be a detailed plan. Many firms simply fail to properly design and plan the PMI path, resulting in too much learning by trial and error.

• Un-compromised new organizational structure : It is only natural for executives within the new organization to want to develop an organization to accommodate their position. This is a big problem. If you create a position, the person in that position will develop a team underneath it. The next thing you know you have redundancies of processes and activities at all levels.

PMI presents an interesting challenge for Korean firms. Recently, we have seen more and more foreign firms taking over and integrating with local firms. Successful management of the transitional period will be the key to the success of these new companies.

3. BPR

1990년대 전세계적으로 가장 유행한 경영학 용어는 아마 BPR(business process re-engineering)일 것이다. BPR은 오랫동안 논란의 대상이 되어왔고 오해를 불러일으키기도 했으나, 경영학계나 컨설팅 업계에서 가장 애용되는 툴(tool)이다.

리엔지니어링이란 역공학(reverse engineering)이란 의미로서, 엔지니어들에게는 이미 익숙한 개념이다. 역공학은 신상품이나 경쟁업체의 제품을 분해하여 다시 조립하는 것으로 제품을 정확하게 이해하는 가장 확실한 방법으로 이용된다. BPR이란 개념은 이미 오래전부터 존재했고 또 많은 컨설팅 업체들에 의해 활용돼왔으나, 공식적으로 그 정의를 내린 것은 CSC 인덱스사의 짐 챔피와 마이크 해머였다.

필자가 CSC 인덱스에서 함께 일한 경험이 있는 이 두 사람은, 컴퓨터 기술의 대부분이 블루 칼라의 작업 생산성을 높이는 데에만 활용되고 있다고 파악하고 정보기술을 화이트 칼라 생산성 향상에 도입할 방법을 놓고 고민했다. 미국이 낮은 화이트 칼라 생산성으로 심각한 상황에 직면해 있던 1980년대 말, 챔피와 해머는 포드 자동차의 사무직 업무를 자동화시킴으로써 인력 감축 및 생산성 증대 등의 성과를 이룩했다. 이러한 작업을 수행하는 과정에서 이 두 사람

3. Business Process Re-engineering (BPR)

The term BPR was probably the most popular management term in the early 1990's. BPR is a highly controversial, and yet, highly misunderstood, and overrated, management tool used by both professors and management consultants alike.

Let's look at the term first. The term simply refers to the reverse engineering of work. For engineers this is not a foreign concept. One way to learn about a new product or a competitor's product is to simply take it apart and re-build it. Engineers can learn about the product during this disassembling and rebuilding process. The concept is nothing new. It has been around for decades and it grew out of the work consulting firms did to reorganize the task process and redesign organizations. The term itself was officially defined by Jim Champy and Mike Hammer at CSC Index.

I personally worked for both people earlier in my career when I was briefly with that firm. Their idea was unique in that much of the computer technology used by businesses today was devoted to increasing productivity at the factory level. (ie, targeting the blue collar worker) and they reasoned that there must be ways to integrate information technology into the "white-collar" workplace as well. Even as recently as the late 1980's, the US was suffering from low white collar

은 사무직 업무의 경우 상당수의 프로세스가 불필요하거나 중복된다는 사실을 알게 됐고, 프로세스를 없애거나 통합하는 등 프로세스 재설계를 추진했다.

이렇게 비즈니스 업무를 분석하고 리엔지니어링하는 작업은 놀랄 만한 생산성 증대 효과를 가져왔다. BPR은 괄목할 만한 생산성 증대 효과뿐만 아니라, 사무직 업무 대부분에 적용할 수 있다는 강점으로 인해 많은 기업들이 그 필요성을 인식하여 도입하게 됐다.

그러나 시간이 흐르면서 기업들이 대량 해고를 위한 방편으로 BPR을 활용하기 시작했다. 한 연구조사 결과에 따르면 BPR을 단행한 미국 기업이 화이트 칼라 인력을 평균 15~20% 감축했고, BPR이 인력 해고와 동의어로 간주될 만큼 부정적인 인식이 자리잡았다.

BPR과 관련한 가장 큰 문제는 기업들의 관심이 인력 감축에 있기 때문에 실제로 필요한 비즈니스 프로세스 재설계에 대한 노력은 전혀 기울이지 않았다는 데 있다. 따라서 BPR을 단행한 기업을 보면

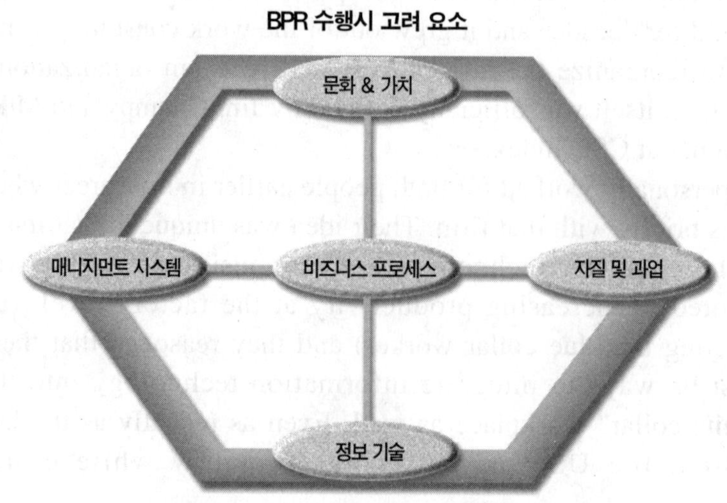

productivity. By using computers to automate routine tasks, they were able to reduce head counts and increase efficiency in their first experiment at Ford Motors. During this time, they also discovered that much of the work done by the white collar work force was not required and, in fact, not even necessary. They concluded that some work needed to be truncated all together.

However many companies merely used the concept to disguise the fact that they were laying off workers. The average US company laid off 15-20% of total white collar workforce after the advent of BPR, which resulted in BPR getting a great deal of negative publicity. In fact, BPR has become synonymous with lay-offs.

The biggest problem with BPR was that many firms that had planned to lay off workers used BPR as an excuse to do so without taking the time or effort to redesign their business processes. So, what happened at a lot of firms was that the remaining 80-85% of the workforce ended up performing the same overlapping, unnecessary work, that they did before BPR was instituted. So, in these cases, BPR did not increase efficiency or productivity; it just lowered the head count. In addition, when BPR was introduced, much of the business computer technology was still at the mainframe stage, which made it extremely difficult to share and integrate business knowledge. Thus, the impact of IT was much less than what it would be if it was used today.

Despite all the controversy, BPR is still the most significant new management theory in 30 years and these two individuals have been credited as the pioneers in introducing information technology into the business world.

Is BPR applicable in Korea? When we took a survey of the top 200 Korean firms two years ago, we learned that over 70%

15~20%의 인력을 감축하여 나머지 80~85%의 인력이 BPR 이전과 마찬가지로 여전히 불필요하고 중복된 일을 그대로 수행하고 있다. 결국 효율성이나 생산성은 전혀 증대되지 않았다는 얘기다.

그러나 이 같은 부정적인 시각에도 불구하고 BPR은 지난 30년 간 경영계에 가장 큰 영향을 미친 경영이론이라고 할 만하며, 챔피와 해머는 정보기술을 실제 비즈니스에 도입한 것으로 그 공을 인정받고 있다.

BPR이 한국 기업에 의미하는 바는 무엇인가? 2년 전 200대 한국 기업을 대상으로 실시한 조사에 따르면 70%의 기업이 BPR을 이미 완료했거나 실행 중에 있는 것으로 나타났으며, 50% 정도는 결과에 만족하고 있는 것으로 나타났다.

그러나 BPR이 가져온 가시적인 결과에 대해서는 확실한 답변을 제시할 수 있는 기업이 별로 없었다. IMF 사태가 발생하기 전까지만 하더라도 정리해고나 업무 재분류·재할당 등은 노조의 동의 없이는 불가능한 일이었다는 사실을 감안하면 제대로 된 BPR을 할 수 없었을 것이다. 바로 이러한 이유 때문에 BPR을 수행한 많은 기업들이 결국은 BPR을 완료하지 못하고 실패했다고 본다.

그러나 좋든 싫든 IMF로 인해 사정이 많이 달라졌다. 지금이야말로 현재의 비즈니스 프로세스를 철저히 분석하고 그 결과에 따라 직무를 재분류하거나 재할당하는, 직무 변화가 수반되는 진정한 의미의 BPR을 할 때라고 본다.

of Korean firms had introduced or were in the process of introducing BPR into their companies. Their satisfaction rate was about 50%, which was similar to what we have seen in other parts of the world.

But when we tried to find out what tangible benefits BPR had produced, not many firms were able to provide clear results. In other words, no firms were able to produce clear, convincing data that showed a drastic improvement due to BPR.

This is not a surprising result. Most of us remember that 1995-96 was the pre-IMF period in which it was almost impossible to lay off workers in Korea. Job re-classification and work reassignment was nearly impossible without union's approval. Without changing the nature of tasks and head counts, it is nearly impossible to conduct BPR effectively and we suspect that many, if not all, of the firms that conducted BPR failed miserably.

Having said that, we believe that introducing BPR in today's economy is not a bad idea. However, reducing head counts purely for the sake of doing so is not a meaningful solution. I believe that in the current environment, we can initiate a true BPR that will impact the nature of every job in your company.

4. 물류관리

농산물이 지방보다 서울에서 더 비싼 이유에 대해 생각해본 적이 있는가? 휘발유 1l보다 생수 한 병이 더 비싼 이유는 또 무엇일까? 휘발유보다 물을 추출하는 작업이 더 어렵기 때문일까? 똑같은 물건을 부산에서 미국으로 배달시키는 것보다 부산에서 서울로 운반하는 데 더 많은 비용이 드는 이유는 무엇일까? 이 같은 질문은 끊임없이 이어질 수 있다.

소매업체들의 이윤을 감안하더라도 제조업체의 원가와 제품가격에는 너무 큰 차이가 있다. 이러한 차이를 설명할 수 있는 개념이 바로 물류다. 물류라는 용어는 유통이라는 협소한 의미로 이해되거나 잘못 사용되는 경우가 많다.

물류는 원래 영어의 로지스틱스(logistics)를 번역한 말인데, 영어 원뜻의 의미를 다 담아내지는 못하고 있는 듯하다. 물적 유통(物的 流通)의 준말이라 해서 물건의 수송에 관련된 것으로 오해하는 경향이 있기 때문이다. 이런 한계로 인해 최근에는 물류보다는 더 포괄적 의미를 갖는 '공급체인관리(supply chain management)' 라는 용어가 자주 사용되고 있다.

공급체인이란 제조업체가 생산한 물건을 소비자에게 전달하기까지 거치게 되는 여러 가지 단계를 의미한다. 공급체인관리란 이런

4. Logistics Management

Has the reader taken time to wonder why Korean farm goods cost so much in Seoul compared to what they cost in the country? Or has the reader ever wondered why bottled water costs so much? In other words, why does it cost more to buy a liter of bottled water than a liter of gasoline? Does it cost more to extract water from ground than gasoline? Why does it cost more to ship an item from Seoul to Pusan then from Pusan to the United States? The list goes on and on.

The point is that even when one includes the high margin that the retailers charge products, it still does not explain the gap between the manufacturer's cost and the retailers' price. The answer lies in the term logistics.

The term logistics is often misused and misunderstood by Japanese and Korean businessmen. People used to think that it meant distribution but as we know, the term is much broader and encompasses other areas of management. In fact, word 'Mul Ryu' does not capture the exact meaning either. So instead, today we tend to use the term "Supply chain management" which basically is the management of the supply chain or logistics.

The primary supply chain, of course is the chain between manufacturers and retailers. So the term refers to controlling

각 단계를 관리한다는 의미다. 즉 생산에서부터 소비까지의 각 과정에 관여하는 이해 당사자와 물건의 흐름 등 여러 가지 사항을 통제하고 관리하는 것을 말한다. 공급체인관리에는 창고관리와 흐름(traffic) 관리, 적재 및 하역, 분류, 재고관리 등 다양한 기능이 포함된다.

물류란 오래 전부터 이미 존재해온 개념이다. 역사적으로 보면 물류관리를 얼마나 잘 하느냐에 따라 전쟁에서의 승패가 좌우되는 사례가 많았다. 가장 대표적인 예가 나폴레옹을 주축으로 한 프랑스군이 러시아 원정에 실패한 것이다. 프랑스군은 전력에서는 우세했지만 물자 수송에서의 실패로 러시아군에 완패했다. 이 전쟁에서의 패배는 곧 프랑스 제국의 몰락으로 이어졌다.

최근의 예로는 미국이 걸프전에서 이라크를 물리친 것을 들 수 있다. 미국이 사담 후세인을 보기 좋게 누를 수 있었던 것도 따지고 보면, 미국이 보유한 현대식 무기나 기술 그 자체라기보다는 효율적인 공급체인관리를 통해 적시에 군수물자를 공급할 수 있었기 때문이라고 볼 수 있다.

기업경영에서도 마찬가지다. 물류관리를 얼마나 효율적으로 수행하느냐에 따라 기업의 성패가 갈라질 수 있다. 과거의 한국처럼 공급자 위주의 시장에서는 물건을 배달하는 데 드는 물류비용을 고객들이 떠맡아야 하는 것으로 받아들여졌다. 다시 말해 사려는 사람은 많고 물건은 부족하기 때문에 물류비용을 스스로 부담하고서라도 물건을 구입하고자 하는 수요자(소비자)가 많았다는 얘기다. 그러다 보니 기업은 물류비용을 낮추려는 노력을 게을리할 수밖에 없었다.

물류에 대한 무관심은 국민총생산(GNP)의 17%라는 엄청난 물류비용으로 나타난다. 이렇게 높은 물류비용은 경쟁력 강화를 위해

and managing a series of events and stakeholders that take place between these two parties. This includes, but is not limited to warehouse management, traffic management, loading and unloading, distribution, inventory management and countless other areas. At any rate, it is one of the most complex functions in the business world today.

Logistics is always been with us and history reminds us that wars have been won and lost based on logistics. For example, the fall of French empire under Napoleon was due to his inadequate understanding of the logistics function, which resulted in his failure to deliver food to his soldiers during the Russian campaign. This was the primary reason why the French lost to the Russians, even though the French Army was far superior in terms of military strength.

Even in the recent Gulf Wars, the US was successful not only because it had superior military technology, but because it was able to support its soldiers through excellent supply chain management.

The reason why logistics is important is because in business today a company's cost of logistics can often determine whether it succeeds or fails. In Korea, because most industries are

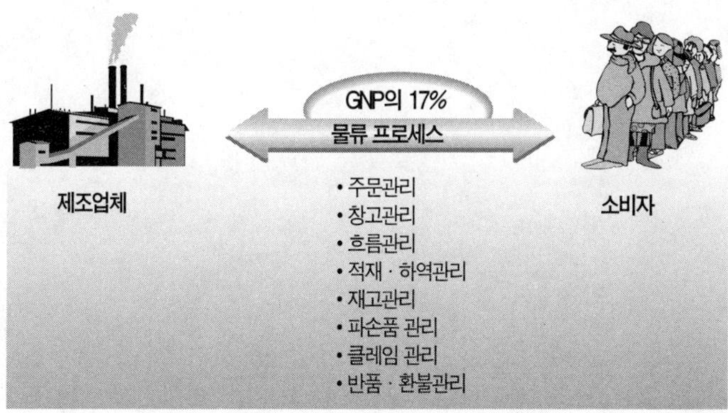

고군분투하는 한국 기업의 발목을 붙잡는 걸림돌이 되고 있다. 몇 년 내에 GNP 대비 물류비용이 20%에 육박할 것이란 전망도 나오고 있다.

높은 물류비는 소비자와 제조업체 모두에 피해를 입힌다. 소비자는 물건을 살 때 더 높은 가격을 지불해야 한다. 제조업체로서는 높은 물류비용으로 인해 이윤 폭이 줄어드는 것을 감내할 수밖에 없다. 물류비용 감축은 현재 한국 기업의 경쟁 우위 확보에 가장 중요한 요소로 논의되고 있다. 그런 만큼 물류비를 줄이기 위한 여러 가지 해결책도 제시되고 있다. 그러나 결국 물류 문제를 해결하기 위해서는 정부와 기업이 함께 노력을 기울이는 수밖에 없다. 즉 정부는 장기적인 안목에서 전반적인 물류 인프라를 확충, 재구축하고 기업은 물류 표준화 및 공동화를 위해 노력하는 것이다.

seller's markets, delivery cost is usually passed on to the customers(i.e., because there are more customers than products, it is assumed that they will be willing to pay the logistics cost premium).

Today, the cost of logistics in Korea is about 17% of GNP and this figure is increasing at an alarming rate. It is projected to rise to 20% in the next few years. This cost is about 2.5 times greater than same cost in the US. The result is a "loss-loss" for Korean consumers and manufacturers, since both are paying for this cost one way or another. (Consumers pay through high prices and manufacturers through lower margins.)

Unfortunately, the answer to the problem of high Korean logistics cost is much more complex than it is in other countries. The government would have to re-plan and re-develop the country's entire infrastructure network, which would require a multi-year commitment. In addition, industry standardization and sharing of common policies and procedures would have to become common practice.

5. ECR

··

대부분의 독자들에게 ECR(efficient consumer response)이라는 단어는 아마도 생소하게 들릴 것이다. 그러나 ECR은 경영기법의 하나로서 특히 소비자들에게 큰 혜택을 가져다 줄 수 있는 툴로 각광을 받고 있다. 이 같은 ECR이 ISO인증 다음으로 산업계를 강타할 표준화 움직이라는 데 많은 사람들이 동의하고 있으며, 전세계적으로 다수의 유통업체 및 제조업체들이 ECR을 이미 도입했거나 도입 단계에 있다. 거의 모든 경영기법이 그렇듯이 ECR 역시 미국에서 처음 시작되어 1993년 EU로 확산되었으며, 1995년에는 일본에 소개되었다. 한국에는 1997년 산업물류협회 주축으로 ECR이 본격적으로 도입되었다.

그렇다면 ECR이란 무엇인가? ECR의 목적은 공급업체, 제조업체, 유통업체들 간의 협력을 통해 소비자들에게 더 좋은 상품과 서비스를 더 빠르고 더 저렴한 가격에 공급하고자 하는 것이다. EU에서는 ECR 노력을 펼친 후 제조업체나 유통업체의 이윤에는 아무런 영향을 끼치지 않고 가격이 평균 5~6% 인하되었다. 이와 같은 결과는 ECR 원칙이 오늘날의 공급(supply chain) 패러다임과는 근본적으로 다르기 때문에 얻어질 수 있다.

어떤 국가나 물류관련 이슈는 다음 세 가지 원천으로부터 제기된

5. Efficient Consumer Response (ECR)

ECR is a foreign concept to many readers today, but it is one of the most powerful management tools to emerge recently and it is providing benefits to consumers at all level. Many agree that ECR will be the next hot standardization movement to hit the industry after ISO certification and, rightfully, most retailers and manufacturers around the globe are quickly adopting the program. As one might expect, the US was the first to adopt it, followed by the EU in 1993. Japan adopted it in 1995, and Korea recently formed an Association (ILA) to initiate ECR, in 1997.

So what is ECR? The purpose of ECR is to have suppliers, manufacturers, and retailers work together to satisfy consumer wishes better, faster, and at less cost. Initial results reported by the EU community indicate that the prices charged by most merchandisers were reduced by 5-6%, on average, through the use of ECR without sacrificing manufacturer or retailer margin. How is this possible? This is possible because ECR principles are fundamentally different from today's supply chain paradigm.

Generally speaking, logistics problems in any country come from three sources and Korea is no exception. The first source is infrastructure and this mainly deals with roads, harbors, terminals and warehouses. The second source is the industry

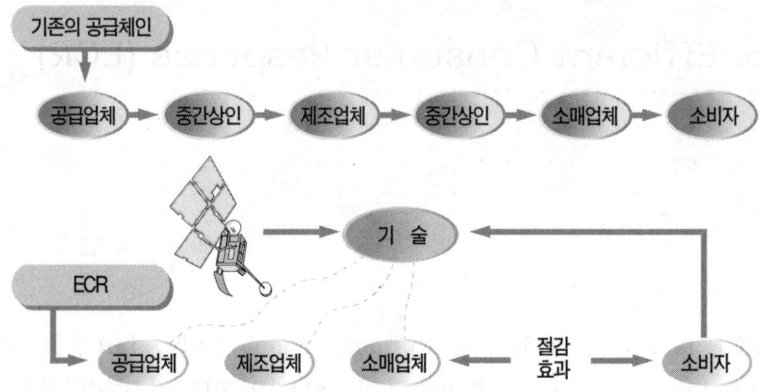

다.

첫째, 도로, 항만, 터미널, 창고 등과 같은 물류 인프라 문제다. 둘째, 산업의 성격이다. 표준화 정도가 낮고 여러 분야로 세분되어 있는 산업의 경우 물류의 효율성 및 실효성에 문제가 야기된다. 셋째, 기업의 성격이다. 물류 전문인력이 부족하거나 물류관리가 비효율적으로 이루어질 경우 물류비용은 계속 상승하게 마련이다.

한국의 경우 구조적인 문제로 인해 기업들의 물류비용 절감 노력은 한계에 부딪치게 된다. 그 구조적인 문제란, 다시 말해 인프라의 부족이며, 바로 이 문제로 인해 국내 기업이 선진국 기업을 따라잡을 수가 없는 것이다.

지난 10년 간 등록 차량 수는 7배 증가한 반면, 도로(총 연장 기준)는 같은 기간 동안 1.5배 늘어났을 뿐이다. 경부고속도로의 평균 시속은 10년 동안 85.2km에서 45.2km로 뚝 떨어져 곳곳에서 심한 정체 현상을 빚고 있다. 그 결과 물류비용이 대폭 증가하여 서울에서 실은 물건을 부산으로 수송하는 것이 미국으로 수송하는 데 드는 비용보다 더 높은 기현상까지 나타나고 있다. 이 같은 물류비 상승

itself. Fragmentation and standardization in an industry can create problems in logistics efficiency and effectiveness at all levels of the value chain. The third source comes from the companies themselves. The lack of logistics professionals, inefficient operations and ineffective management of company operations further add to the cost of logistics.

In Korea, we have what we call a logistics structural problem. These structural problems place a theoretical limit on how much a local company can actually save on logistics costs. So, at this stage, it is almost impossible for local firms to catch up to Western companies in the logistics area because of these infrastructure problems.

For example, the number of motor vehicles has increased more than 7 times over the past 10 years, while the length of roads has increased only 1.5 times over the same period. Average speed on the Kyongbu highway (Seoul to Pusan) has fallen significantly, from 85.2 km/h to 45.2 Km/h, indicating severe congestion. The result is a high domestic logistics cost structure.

For example, transporting goods from Pusan to Seoul is more costly than transporting the same goods from the US to Korea. The story is the same for transportation by rail, air, or sea. The fact of matter is that the infrastructure of Korea is a lot worse than a lot of people realize.

So, what's the answer? The answer lies in the second area. Although we encourage every company to look internally for ways it can realize savings, most of the big savings will likely to come from industry standardization, as opposed to the efforts of individual companies to improve logistics.

ECR by addressing industry issues, and encouraging cooperation, causes the whole consumer, retailer, and manufacturing value chain to collapse, thus enabling firms to

은 철도·항공·선박 등 모든 운송수단에 해당한다. 물류 인프라 부족 실태는 대부분의 사람들이 생각하는 것보다 훨씬 심각하다.

그런데 중요한 것은, 인프라 부족 문제가 단기간에 해결될 수 없으며 인프라가 구축된다고 해서 모든 문제가 말끔히 풀리지는 않는다는 데 있다. 사태의 심각성을 파악한 정부가 직접 나서 인프라 구축 계획안을 발표하긴 했으나 21세기 초나 되어야 그 효과가 기사화될 것이다. 그렇다면 현재 상황에서 최선의 해결책은 무엇인가? 바로 두번째 문제를 해결하는 것이다. 앞에서도 말한 바 있듯이 물류비 절감을 위해 기업이 개별적으로 펼치는 노력에는 한계가 있다. 그보다는 산업 전체 차원에서 표준화를 이룩하는 것이 훨씬 실효성 있는 방법이다.

한마디 더!

잠깐동안 농협의 ECR 시스템 도입과 관련하여 컨설팅을 한 적이 있는데 정치적 압력으로 인해 프로젝트가 실패로 돌아가고 말았다. 아무리 목표가 좋아도 정치적으로 받아들여지지 않는다면 달성할 수 없는 것이 현실임을 깨달았다.

수협이나 축협의 경우도 마찬가지라고 본다. 협동조합 통합이 안 되는 것도 결국 이해관계가 서로 다른 정치세력들의 갈등 때문인 것이다. 참으로 안타깝다는 것밖에 할 말이 없다.

외국에 나가서 ECR이 어떻게 도입, 운영되고 있고 그 효과가 무엇인지 눈으로 보고 체험한다면 ECR을 하루빨리 실행해야 한다는 것을 느낄 수 있을 텐데 이런 일들이 정치적 압력을 받지 않고 제대로 추진될 수 있는 그 날이 빨리 오기를 바란다.

better respond to consumer needs. Again, it's a simple concept, but it requires major industrial and government cooperation.

6. 물류 아웃소싱

내부 비용절감에 대한 필요성이 증가함에 따라 점점 더 많은 기업들이 물류기능을 아웃소싱하고 있다. 아웃소싱의 가장 큰 장점은 물류비를 고정비에서 변동비로 바꿀 수 있으며, 동시에 총비용을 낮출 수 있다는 점이다. 이런 점은 한국과 일본 기업을 유인하는 엄청난 매력이 되고 있다. 그러나 비용절감이라는 한 가지 측면만을 보고 무조건 물류기능을 아웃소싱하겠다는 결정을 내려서는 안 된다.

기업이 물류 아웃소싱 의사결정을 내릴 때 고려해야 할 기준은 다음의 두 가지다. 첫째, 물류가 자사의 핵심 역량인가? 둘째, 그 기업이 속한 산업에서 물류가 핵심 성공요소로 작용하는가? 이 두 가지 기준에 따라 서로 다른 물류전략 및 가능한 아웃소싱의 범위가 나올 수 있다.

다음 페이지의 도표 왼쪽 하단에 속한 기업들은 아웃소싱을 선택하는 것이 좋다. 이들 기업은 되도록 많은 기능을 아웃소싱함으로써 제3자 물류(third-party logistics, 전문적인 물류회사가 제공하는 물류 서비스)를 활용해야 한다. 국내에서는 제3자 물류가 아직 초기단계에 있으나 전세계적 추세로 볼 때 세계적인 제3자 물류업체가 한국 시장에 상륙할 날이 멀지 않았다고 본다.

오른쪽 상단은 자체적으로 물류기능을 수행하는 기업들이다. 물

6. Logistics Outsourcing

Today, with the ever-increasing pressure to reduce internal costs, more and more companies are outsourcing the logistics function. And rightfully so, since the most attractive aspect of outsourcing is that it can turn a company's fixed costs into variable costs, and often reduce them at the same time. This is extremely attractive to Korean and Japanese companies. However, the cost dimension alone should not be the sole decision criterion when considering whether or not to outsource the logistics function.

Companies should evaluate the strategic importance of their logistics activities along two dimensions: one, whether it is one of their core competencies and two, whether it is a critical success factor in their industry. These criteria drive different suggested actions for a logistics strategy and determine the scope of activities outsourced.

For companies that fall into the lower left quadrant on the table, we recommend an outsourcing option. By outsourcing as much as possible, they can capitalize on the expertise of the third-party provider, or what we call Third Party Logistics (TPL). In Korea, the TPL industry is still in its infancy, but we feel it is a matter of time before global players enter this market and exert competitive pressure on local players.

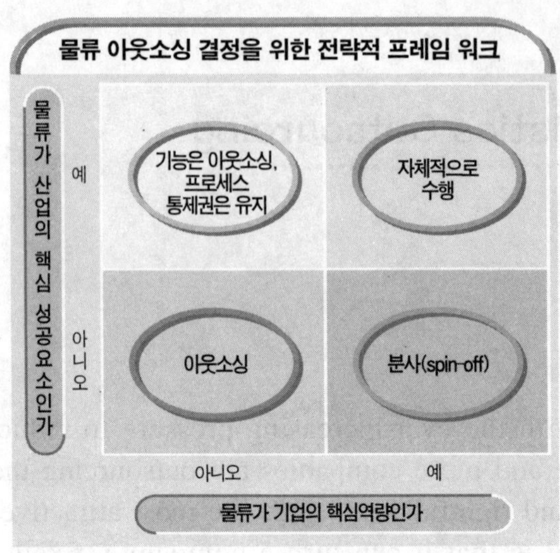

류 부문에 핵심 역량을 보유하고 있고 물류가 핵심 성공요소 중 하나라면 굳이 아웃소싱을 할 필요가 없다. 오히려 자체 물류기능은 경쟁우위 요소가 될 수 있다.

월마트의 경우를 예로 들어보자. 1995년에 월마트는 현재 규모의 일부분에 불과한 85억 달러의 매출을 올렸다. 당시 월마트는 현재와 같은 구매력을 갖지 못했기 때문에 매출원가가 73.8%로 다른 할인업체(71.9%)보다 높았다. 그럼에도 월마트는 높은 수익률을 유지할 수 있었는데, 낮은 임금 수준과 낮은 광고비용이 매출원가 차이를 극복하는 데 기여했고 효율적인 물류 프로세스가 성공의 열쇠로 작용했기 때문이다. 월마트는 이를 통해 수익을 2% 포인트 정도 더 끌어올릴 수 있었다.

왼쪽 상단은 사내에 물류에 관한 전문 노하우는 없지만 물류가 사업의 핵심요소로 중요하게 다뤄져야 하는 기업들이다. 이들 기업은 자체적으로 물류를 수행하기에는 비용이 너무 많이 들고, 그렇다고 전략적으로 중요한 물류 통제권을 아웃소싱할 수도 없는 딜레마에

The upper right corner represents the in-house option. If a company has a distinctive competency in logistics, and if it is essential to succeed in their industry, then there is little reason for that company to outsource the logistics function. In fact, proprietary logistics may provide a competitive advantage.

Recall that in 1995, Wal-Mart had $8.5 billion in sales and was a fraction of its current size. The company lacked the massive buying leverage that it possesses today, and its cost of goods sold was actually higher than that of other discount retailers (73.8% of sales versus 71.9%), yet it was much more profitable. While lower payroll and advertising expenses helped Wal-Mart offset that gap, its more efficient logistics processes were the key to its success, adding an additional 2 percentage points to the bottom-line profit.

The upper-left quadrant deals with companies that do not possess inherent logistics expertise. But they also recognize logistics as a critical factor for success in their industry. They often face a dilemma in that upgrading their in-house capability may be quite costly, but at the same time they cannot afford to turn over control of a strategically vital aspect of their business. These companies need to tap the expertise of third-party providers while maintaining control over the process. By structuring agreements with incentives and penalties based on performance against agreed standards, the company can define the logistics strategy but rely on the third party to execute.

Dell computer has determined that its core competencies are marketing and manufacturing high-technology hardware (PCs). It also recognized the critical importance of running its logistics efficiently. The direct marketer contracts with various third parties, including forwarders and integrated service providers, to coordinate all distribution in a given geographical area. Dell pays less if the provider does not meet the specified service

빠져 있다. 이런 기업들은 아웃소싱을 함으로써 전문업체의 경험과 지식을 활용하되 물류 프로세스에 대한 통제권은 계속 유지하는 방법을 택해야 한다. 이런 경우 아웃소싱 업체와 계약할 때 성과에 따라 아웃소싱 비용을 가감하여 지불하도록 기준을 마련해야 한다. 즉 기업이 자체적으로 물류전략을 수립한 후 실행만을 아웃소싱 업체에 맡기는 것이다.

세계적인 컴퓨터 회사인 델 컴퓨터는 자사의 핵심역량을 PC제조와 마케팅에 뒀다. 또한 기업의 전반적인 성과 향상에 효율적인 물류관리가 중요하다는 사실을 인식했다. 이에 따라 여러 지역에서 각각의 물류를 조정하기 위해 제3자 물류업체와 운송업자, 물류통합서비스 제공업체 등과 아웃소싱 계약을 맺었다. 델 컴퓨터는 합의 내용에 따라 아웃소싱 업체가 원래 약속한 서비스 수준을 맞추지 못할 경우에는 계약금보다 낮은 비용을 지불하고 기준을 상회했을 경우에는 인센티브를 부여하고 있다.

마지막으로 비핵심 부문에서 차별화된 역량을 갖고 있는 기업들이다. 이 경우 물류를 사내의 비핵심 업무로 유지하는 것보다는 분사시키는 것이 바람직한 성장전략이다. 예를 들어, 의료기기업체인 백스터는 핵심적인 성공요소가 혁신적인 제품을 짧은 기간 내에 개발하고 이에 대한 승인을 얻어내는 능력이라고 판단했다. 이 과정은 앨리전스라는 공급조직과 연결돼 있었는데, 이것은 백스터의 핵심사업이 아니었다. 백스터는 비핵심사업에서의 노하우를 발전시키기 위해 앨리전스를 분사했다.

window, and it offers a bonus if the service is better than the standard.

And lastly, companies sometimes realize that they possess distinct skill sets in non-core business. In this case, rather than allowing the skills to atrophy inside the non-core business, spinning off the business itself is an attractive growth strategy. Baxter, a US medical company, determined that its key success factor was the ability to quickly develop and obtain approval for innovative products. As this process was embedded in a medical supply operation called Allegiance, which was not their core business, Baxter spun off Allegiance to nurture their skills in the non-core business.

김우중 전 대우그룹 회장을 도와 컨설팅 프로젝트를 수행할 당시 기업활동을 하며 가장 중요하게 생각하는 것이 무엇이냐고 물었더니 그는 "근면과 희생이다"라고 자신 있게 말했다. 대우 직원들이 자신의 뜻을 따라 열심히 일해주었기 때문에 성공할 수 있었다는 것이다. 물론 그가 이룩한 성과는 괄목할 만하나 그가 주창한 '근면과 희생' 정신이 사실은 비효율을 야기시켰다는 점을 지적하지 않을 수 없었다.

12시간을 일해 150%의 성과를 올렸다는 것은 8시간 일해 100%를 달성하는 것과 다를 게 없다. 생산성이 전혀 향상되지 않았기 때문이다.

요즈음 국내 기업에서도 국제경쟁력 증대를 가로막는 고비용 · 저효율 문제를 해결하기 위해 기업운영 전반에 걸쳐 상당한 노력을 펼치고 있다. 이와 관련하여 물류부문은 특히 한국 기업들이 뒤떨어져 있는 부분이다.

디지털 시대의 도래와 더불어 인터넷을 통한 전자상거래 규모가 커지고 있지만, 사이버 공간에서 거래되는 물건들도 결국에는 물리적 운송수단을 사용해 주문한 사람에게 배달되어야 하므로 효율적인 물류의 중요성은 더욱 증대되고 있다.

7. 6시그마

국내 기업 사이에서 경영혁신의 기법으로 자주 논의되고 있는 것 중 하나가 6시그마다. 과대포장된 면이 있긴 하지만 여전히 강력한 경영혁신기법으로 받아들여지고 있는 6시그마의 정의, 잘못 알고 있는 점, 효용성과 적용 사례에 대해 알아보고자 한다.

6시그마의 적용을 논의하기에 앞서 통계학적 의미의 '시그마'란 개념에 대해 명확히 이해할 필요가 있다. 다른 경영기법과 마찬가지로 시그마도 그 개념은 상당히 간단하다. 학교에서 통계학을 배운 독자들은 이미 시그마의 개념에 대해 잘 알고 있을 것이다. 하지만 그렇지 않은 사람들을 위해 기억을 되살리는 뜻에서 다시 한번 설명하기로 한다.

대머리가 아닌 일반적인 모발형태를 가진 사람이 머리카락을 한 올 한올 뽑아서 평균 길이를 재보는 경우를 생각해보자. 이 길이에 대한 통계를 내보면 통계학자들이 말하는 정상분포가 얻어진다. 즉 평균값과 편차가 있는 곡선이다. 긴 머리카락도 있고 짧은 머리카락도 있지만 대부분의 머리카락이 평균에 가깝다는 것을 알게 된다. 물론 가끔씩 비정상적으로 긴 머리카락이 있을 수도 있으나 그럴 확률은 상당히 낮다.

수학적 관점에서 1시그마는 평균과의 편차를 정의한다. 시그마

7. Six Sigma

One of the hottest management innovation systems in Korea right now is Six Sigma. In the next series of articles I will try to explain the six sigmas and educate readers on the myths, realities and application of this somewhat over-blown, yet still powerful, management innovation technique.

But before we delve into the application of a six sigma tool, we need to clearly understand the term "sigma" from a statistical viewpoint. The concept of a sigma, like other management tools, is quite simple. Those who have taken statistics in school probably know the concept of sigmas well, but let me take a moment and refresh the memories of readers who may not be up to speed in this area.

Let's assume that you are not bald, and have a reasonable amount of hair. If the task is to measure the average length of your hair by pulling each hair, you will have what statisticians call a normal distribution. A normal distribution assumes a curve with a mean and a variance. In other words, you will find some long hair and some short hair, but as you randomly pull your hair out one at a time, you will find that the length of most of your hairs length gravitate to a mean number. Of course, you will find a hair that's very unusual in length from time to time, but as you probably guessed, the chances of finding these hairs

값을 어떻게 계산하는지 자세히 설명하지 않겠지만, 평균과의 차이가 어느 정도 나느냐(평균보다 작을 수도 있고, 클 수도 있다)에 따라 시그마 값이 올라가거나 내려가게 된다는 것만 알아두자. 비즈니스 측면에서 보면 평균과 큰 차이가 나는 값——위의 예에서 보자면 지나치게 긴 머리카락——은 불량품으로 간주된다. 시그마 경영은 이러한 편차를 줄임으로써 전체 시스템의 예측성을 높이자는 것이다.

예를 들어, 연필을 생산하는 기업이라면 생산되는 모든 제품이 똑같은 길이로 나오기를 원할 것이다. 평균에서 어긋난 연필은 불량품이나 결함 있는 제품으로 취급된다. 또 다른 예로 타자를 칠 때 오자를 생각해보자. 보고서를 타자로 작성한다고 할 때, 완벽한 보고서

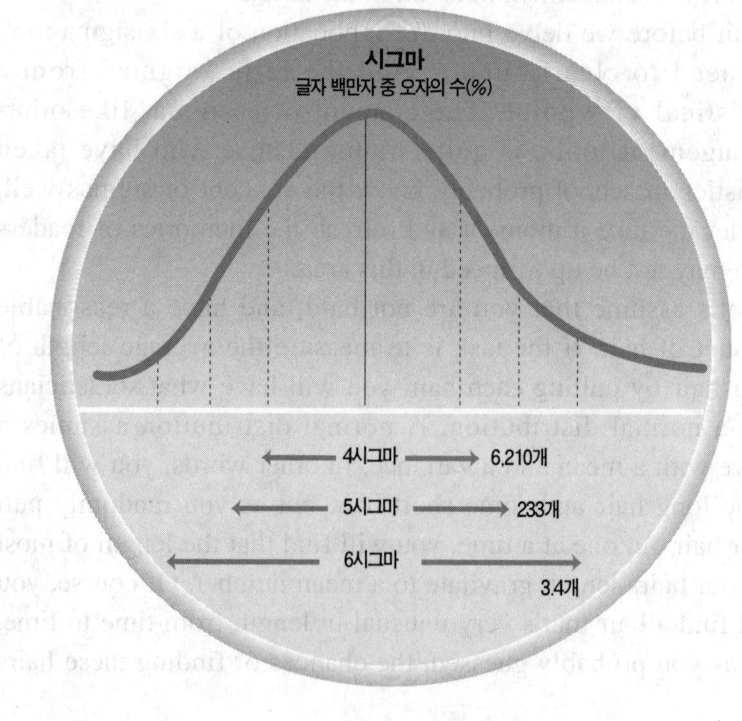

are very slim.

From a mathematical standpoint, one sigma defines this variance from the norm. I will not go into the details as to how one calculates the sigma value, but the whole concept is that as you move away from the norm, in both positive and negative directions, the sigma values go up accordingly. In the world of business, these unusual lengths or deviations from the norm are considered bad or defective, and the whole concept of sigma management is to reduce this variability to increase the overall predictability of the systems.

For example, if you are producing pencils, you want each product to have the exact same length. Any deviation from the average length is to be considered bad. Or let's use typing errors as an example. Let's assume that you are typing a report. A perfect report will have no errors, but we all know that human error does come into play. As the diagram depicts, using a sample size of 1 million, each sigma represents the probability of error. So, for example, a six sigma represents about 3.4 bad incidents in 1 million trials.

To use a more understandable example, 4 sigmas basically equate to one typing mistake in 30-page article. Five sigmas represent approximately one mistake in an entire set of encyclopedias. A six sigma error represents one typed error in a small library full of books.

One interesting thing about a sigma is that it also applies to human IQ's as well. The average IQ for a human being is significantly lower than most people are led to believe. The population norm is actually defined as 100. A sigma is about 15. What this means is that over 50% of the population has an IQ lower than 100, and about 68% of the population has an IQ between 85 and 115. What I find interesting is that over the years, I have yet to encounter a person who claims that his IQ is

라면 오자가 하나도 없어야 한다. 하지만 타자수는 인간이므로 실수를 할 수 있다. 그림에서 보는 것처럼 100만 개의 글자를 타자로 친다고 할 때 각각의 시그마는 실수할 확률을 의미한다. 예를 들어, 6시그마는 100만 개의 글자 중 3.4개의 오자가 나올 확률이다.

좀더 사실적인 예를 들어보면, 4시그마는 30쪽 분량의 기사에 한 개의 오자가 있을 확률이다. 5시그마는 백과사전 전집에 한 개의 오자가 있을 확률에 해당하고, 6시그마는 작은 도서관에 있는 책 한 권에서 오자가 하나 나올 확률에 해당한다.

시그마에 대해 흥미로운 사실은 인간의 지능지수(IQ)에도 적용된다는 점이다. 많은 사람들이 생각하는 것과는 달리 IQ의 평균은 사람들이 생각하는 것보다 낮은 100 정도라고 한다. 여기에서 1시그마는 15이다. 이것이 의미하는 바는 IQ가 100보다 낮은 사람이 전체 인구의 50%이며 85~115 사이인 사람이 68%라는 것이다. 그런데 지난 몇 년 간 내가 만난 사람들 중 IQ가 100 이하라고 말한 사람은 없었다. 다들 115 이상이라고 주장했다. 내가 만난 사람들이 전부 똑똑한 사람들이든지, 아니면 그들이 거짓말을 했든지 둘 중 하나일 것이다.

lower than 100 and, in fact, most of the people I have met claim that their IQ is higher than 115. Either I have been meeting only smart people or some of them were lying.

8. 6시그마 : 비즈니스 관점에서

필자는 몇 년 전에 국내 자동차업체가 생산하는 고급차를 구입한 적이 있다. 그런데 몇 개월이 지난 후 점화장치에 문제가 생겼다는 것을 알게 돼 서비스 센터를 찾게 되었다. 안타깝게도 해당 부품에 대한 보증기간이 직전에 만료된 시점이라 부품값과 수공비를 자비로 부담해야 했다.

기술자의 말을 듣자니 국내 자동차업체들이 생산하는 부품의 품질이 고르지 않은 경우가 종종 있다고 한다. 운이 없게도 내가 바로 불량 부품이 들어간 차를 구입한 경우였다. 자동차 부품에 불량이 있을 경우 그 징후가 주로 6개월 이내에 나타난다고 한다. 그러나 경우에 따라서는 보증기간이 만료된 시점에서야 불량 부품의 문제점이 나타나기도 한다는 것이다. 문제는 그 일로 인해 나는 상당한 불쾌감을 느꼈고, 한국에 살고 있는 동안에는 다시는 그 회사 제품을 절대로 사지 않겠다고 결심했다.

6시그마 원칙을 도입한 기업이 이 원칙을 정확하게 적용한다면 불량률은 거의 0%에 가깝게 될 것이다. 모토롤라는 6시그마를 도입한 업체로 알려져 있다. 그러나 모토롤라조차 아직까지는 생산하고 있는 모든 제품에 대해 6시그마를 달성하지 못했다.

6시그마를 달성한 기업이 있다면 그 기업은——현재로서는 서구

8. Six Sigma-2: Understanding Six Sigma in a Business Context

To make the situation even more realistic to a reader, let's use it in a business context. I bought a luxury car from a Korean car company a few years ago, and after a few months of driving it, I had to go to a service center to fix an ignition part.

Unfortunately for me, the warranty period had just run out and I had to pay for the parts and labor extra. The reason for the failure, according to a mechanic, is that domestic car companies produce parts of uneven quality and I was just "unlucky." Most defective automotive parts usually break down within 6 months of driving but sometimes problems don't appear until after the warranty period is over. The point is that I was extremely unhappy with this outcome and probably will never buy that company's products for as long as I live in Korea.

If a company applies six sigma correctly and successfully, you will have close to zero defective parts. Motorola is famous for its use of the six sigma concept, but even Motorola has not achieved complete six-sigma status for all their products.

If a company does achieve this status, and many Western firms are close to doing it as we speak, it will be one of the most revered companies in the world.

Let's look at SONY, which began manufacturing Walkman tape players in 1979. According to our calculations, they have

의 많은 기업들이 이 수준에 접근해가고 있다——전세계적으로 제품의 품질이라는 면에서 최고의 인정을 받을 수 있을 것이다.

예를 들어, 소니는 1979년부터 워크맨이라는 미니 카세트 녹음기를 생산해오고 있다. 이 회사는 제품생산 과정에서 불량률을 가능한 한 최소화하기 위한 노력을 기울이고 있다. 우리가 계산한 바에 따르면 소니가 지난 20년 간 생산해온 제품은 총 1억 6,000만 개에 육박한다. 워크맨의 불량률을 6시그마로 본다면 1억 6,000만 개의 워크맨 가운데 불량품은 544개로 추산된다. 소니는 워크맨에 대해 불량률 최소화라는 원칙을 지키기 위해 생산과정뿐만 아니라 생산 후에도 엄격한 6시그마 검사를 하고 있다. 6시그마 프로세스가 제대로 이루어졌다면 1979년부터 워크맨은 단 한 개의 불량품도 나오지 않았을 것이다(이것은 소니측 주장이지만 아직까지 이를 반박할 만한 자료는 나오지 않았다).

우리 대부분은 6시그마의 품질 수준에 익숙하지 않다. 6시그마에 조금이라도 가까운 산업이 있다면 아마 항공산업이 유일할 것이다. 우리는 가끔 항공기 추락 참사 등에 대한 이야기를 듣기도 하지만 사실 항공산업의 사고율은 모든 교통수단 중에서 가장 낮고, 그래서 항공기는 가장 안전한 운송수단이라고 할 수 있다. 사실 항공산업의 평균 오차율은 거의 6시그마 수준보다도 낮다. 반도체산업은 현재 불량률이 5시그마가 조금 넘는 수준인데, 6시그마 범위에 근접하고 있다.

일반적으로는 불량률이 4시그마 정도면 대부분의 사람들이 만족하거나 견딜 수 있는 수준이다. 예를 들어, 일상적인 서류업무나 비즈니스 프로세스가 이에 포함된다. 의사가 처방전을 잘못 쓸 가능성에 대해 일반인들이 허용할 수 있는 수준도 4시그마 범위에 포함된다. 물론 잘못된 약을 받게 될 사람에게는 재앙이겠지만, 4시그마는

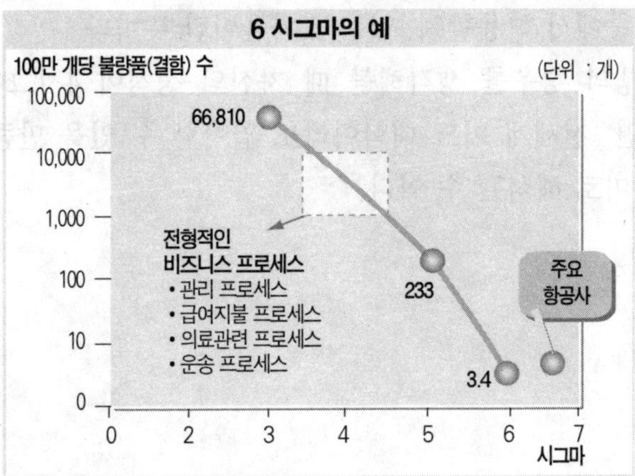

produced approximately 160 million products and a six sigma would equal about 544 defective products. If you assume that they have a six sigma inspection process on top of their six sigma manufacturing processes, then you end up with 0 defective walkmans since 1979. (SONY claims this, and their critics have yet to prove otherwise.)

Most of us are not used to a six sigma quality level. The only industry that comes even close to reaching six sigma status is the airline industry. Despite the horror stories of airline accidents, the accident rate for the airline industry is the lowest for all modes of transportation, and flying is probably the safest of all forms of transportation. In fact, on average, its error rate is a little below the six sigma level. The rate of defects in the semi-conductor industry is a little over 5 sigma and rapidly reaching the six sigma range.

For a normal business purposes, we are usually happy with or tolerate about 4 six-sigmas. This includes every day paper handling and similar business processes. This even includes our tolerance levels for errors by doctors in filling out prescriptions. Granted it's a disaster for the person taking the wrong medicine,

사회적 수준에서 허용할 수 있는 오차율이란 뜻이다.

고등학생의 경우를 생각해볼 때 자신의 성적이 4시그마 이하에 포함된다면, 전세계 어느 대학이라도 입학할 수 있을 만큼 진짜 천재라는 의미로 해석될 수 있다.

6시그마는 불량제품 생산율을 낮춤으로써 재작업과 수리작업량을 줄여 궁극적으로 생산성을 증대시키려는 노력이다. 불량률이 0인 완벽한 제품을 생산하면 한 제품에 대해 같은 작업을 다시 할 필요가 없기 때문에 더 많은 제품을 만들 수 있다. 그래서 생산성이 오르는 것이다.

국내 제조업체 중 상당수가 6시그마 프로젝트를 추진해 오고 있다. 6시그마는 오랜 시간이 소요되기 때문에 처음 시작할 때의 정신을 계속 이어 끝까지 끈기있게 추진해야만 목표를 달성할 수 있다는 점에서 상당히 어려운 프로젝트라고 할 수 있다. 이제 완벽한 품질의 제품으로 세계시장을 이끌 기업들이 속속 등장했으면 하는 바람이다.

but 4 sigma represents our error rate as a society.

To our readers in high school, if your grades are at a 4 sigma level, you could probably go to any university in the world, a true sign of genius.

9. 6시그마 : 일상생활 관점에서

이제 비즈니스적 관점에서 6시그마 수준에 도달하기가 얼마나 어려운 것인지 알게 되었고, 불량률이 거의 제로에 가까운 고품질 제품을 생산하기 위해 부품을 측정하고 관리하는 측정 시스템이 대단히 중요하다는 사실도 깨달았으리라 생각한다. 그렇다면 6시그마 달성이 이처럼 어렵기 때문에 기업들에게 6시그마 수준의 품질을 기대해서는 안 된단 말인가?

아니다. 오히려 전체 사회적인 측면에서 보았을 때 우리는 완전무결을 원한다. 또한 물건을 구입할 때 '판매자'에게 지불하는 품질의 가격을 이해하는 것은 아주 중요하다. 불량률과 관련된 문제점 중 하나는 불량부품으로 인해 피해를 본 당사자 이외에는 '불량품 또는 실수로 인한 손해(비용)'가 어느 정도인지 측정하기가 어렵다는 점이다.

필자는 해외에서 산 경험이 있기 때문에 국내에서 구입한 국산 제품의 품질에 대해서도 외국에서와 마찬가지의 기대수준을 갖고 있다. 하지만 솔직히 말해 우리나라 제품은 나의 기대 수준에 못 미친다. 한 가지 흥미로운 사실은, 전반적으로 국내 소비자들은 외국의 소비자들에 비해 대체로 불량품을 생산해내는 국내 제조업체들에 관대하다는 사실이다. 사실상 대부분의 소비자들이 6시그마 목표를

9. Six Sigma-3: Understanding Six Sigma in a Real Life Context

In the last article, I illustrated how difficult it is to reach the six sigma level from a business standpoint, and how important it is to have a measurement system to measure and control the rate of defects to deliver high quality, near defect-free products. But should we accept a rate of error below the six sigma level?

On the contrary, as a society, we expect nothing but defect-free products and it is critical that we understand the how much we pay for the quality we receive. The problem with the defect rate is that unless you are one of the parties affected by a defective product it's difficult to measure the "cost of defects or errors."

As someone who has lived overseas, my expectations for the quality of Korean products are the same as they are for products from anywhere else. But frankly, they are in general, not up to my standard. The interesting thing is, as a whole, Korean consumers are much more lenient than their foreign counterparts towards domestic manufacturers that do not produce defect-free products. In fact, we, as consumers, are too tolerant of companies that do not provide goods and services at the six sigma level. The only way to successfully drive the six sigma program is to do it from the demand side.

It is extremely difficult to get suppliers to implement a six

달성하지 못하는 기업들을 용인하고 있다. 하지만 공급자인 기업이 6시그마를 성공적으로 이루어내는 유일한 길은 수요자인 소비자가 고품질을 요구하는 것이다.

공급 측면에 있는 제조업체 스스로 6시그마 수준을 달성하려고 노력하는 것은 무척이나 어렵다. 예를 들어, 국내에서 가장 성공적인 6시그마 프로그램을 수행하고 있는 기업으로 LG전자를 들 수 있는데 이 프로그램을 이끌어가는 것은 LG가 아니다. 오히려 전세계 소비자들과 LG와 치열한 경쟁을 벌이는 경쟁업체들이 LG에 6시그마를 수행하도록 만들고 있다. 이것이 바로 국내 시장을 개방하려는 이유다. 일반적으로 시장개방은 보통의 소비자들에게 이득이 되며, 국내 업체들에는 경쟁력 강화의 계기가 된다.

사회생활이라는 측면에서 보면 99%라는 성공률도 의료 서비스나 일상생활에서 흔히 있을 수 있는 일에 적용해보면 큰 재난을 의미할 수도 있다. 예를 들어보자.

- 한 국가에서 시간당 우편물 2만 통이 분실된다.
- 하루에 총 15분 동안 오염된 수돗물이 나온다(독성이 있을 수도 있다). 더욱 큰 문제는 어느 시간에 이 같은 일이 일어날지 모른다는 것이다.
- 일 주일 동안 면허 없는 무자격 의사가 집도하는 수술이 5,000건에 이른다. 수술 결과가 나타날 때까지는 누가 무자격자인지 알지 못한다.
- 하루에 두 건의 비행기 이착륙 오류가 발생한다.
- 한 사람의 약사가 약을 잘못 처방하는 경우가 1년에 20만 건에 달한다.
- 1개월에 7시간 정전이 된다. 물론 언제 정전이 될지는 아무도

sigma program on their own. For example, one of the most successful six sigma programs in Korea, among many, is the one at LG electronics, but the driver behind this program is not LG. It's LG's global customers and its ruthless competitors that have forced LG to take action. This is one of the reasons why opening up the domestic market to foreign competition is better for society as a whole. In general, it benefits the average consumer and forces domestic players to become more competitive.

On a society-wide level, if you are talking about a function that affects public health or even just an everyday chore, a success rate of even 99% can be labeled as a disaster. For example, a 99% confidence level basically means that:

• Over 20,000 pieces of mail will be lost every hour.

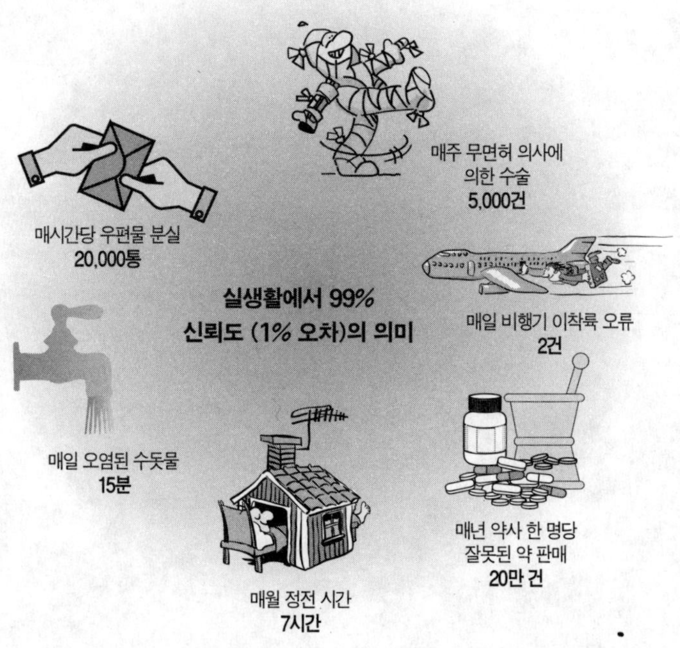

모르며 얼마나 오래 계속될지도 알 수 없다(7시간마다 1분씩 정전이 될 수도 있다).

독자들에게는 위의 예가 재난으로 가득 찬 세상으로 느껴질 것이고, 그런 세상에서 살게 되지는 않을 거라고 생각할 것이다. 하지만 이것이 바로 99%의 신뢰도가 의미하는 세상이다. 그러니 소비자들은 제조업체들이 만드는 상품에 대해 이보다 낮은 수준을 용납해서는 안 될 것이다.

- The water supply will be contaminated (i.e. possibly poisoned) for about 15 minutes every day and, even worse, nobody will be able to predict when it will happen.
- Unlicensed doctors will perform about 5000 surgeries every week, and patients will not be able to know if they have been treated by one of these "doctors" until it is too late.
- There will be approximately two accidents every day involving airline landings and take-offs.
- The average pharmacist will prescribe the wrong medicine about 200,000 times a year.
- On average, there will be about 7 hours of black outs every month, and of course, they will happen randomly and for different lengths of time (1 minute each for the total of 7 hours, etc.).

Reader might think that the above examples could only occur in a disaster-ridden world and that we would not be able to live in this type of environment. Well, this is what 99% means. As consumers, we should not expect anything less from manufacturers.

10. 6시그마 : 6시그마의 역사

6시그마라는 개념은 품질관리에서 나왔다. 6시그마를 주창하는 경영 컨설턴트나 전문가들은 아마도 이 같은 주장을 탐탁지 않게 생각할지도 모른다. 그러나 6시그마의 바탕에 깔려 있는 것은 주로 일본식 경영에 등장하는 일괄생산관리(TPM)나 일괄품질관리(TQM)와 별반 다를 게 없는 품질관리 개념이다. 이들 사이의 몇 가지 차이점에 대해서는 다음에 논의하기로 하고, 기본적으로 6시그마의 기저에 깔려 있는 전반적인 철학은 여타 품질관리경영의 개념과 대단히 비슷하다는 것을 주지하기 바란다.

6시그마라는 개념은 이미 오래 전부터 기업활동에 알게 모르게 적용돼왔을 것으로 생각한다. 다만 6시그마란 명칭이 정식으로 등장한 것은 1970년대 말 모토롤라의 최고경영자인 밥 갤빈 사장이 6시그마 개념을 모토롤라 조직 전체에 적용하면서부터다. 그 후 GE, ABB와 같은 기업들이 6시그마 개념을 도입해 자사의 실정에 맞게 응용하면서 기업들 사이에 널리 알려졌다.

그러나 6시그마가 일반적으로 널리 알려지게 된 것은 1980년대 중반 모토롤라에서 6시그마 관련 교육센터를 설립하면서부터다. 현재 이 교육센터는 모토롤라 직원들에게 6시그마 관련 교육을 하고 있을 뿐만 아니라 외부인들도 소정의 수강료만 내면 교육을 받을 수

10 Six Sigma-4: The History of Six Sigma

The concept of six sigma came from the ideas of quality management. Consultants and experts who preach six sigma will probably hate me for saying this, but the whole the six sigma concept is not that different from that of Japanese quality management, mainly TPM (total Productive Maintenance) and TQM (Total Quality Management). There are a few differences that I will discuss in later articles, but the whole philosophy behind six sigma is fairly similar to those of other quality-based management systems.

The concept of six sigma has been with us for a long time, but it was not until the late 1970's, when Motorola CEO Bob Galvin started to institutionalize the concept across the company, that it became known as "six sigma." Later on, the same concept was popularized and somewhat customized by GE and later by ABB.

However, it was not until the mid-1980's, when Motorola started the Six Sigma Institute, that it became a household name. Today, the Institute not only trains and educates its own employees, but it also offers its services to non-Motorola employees for a nominal fee.

Again, I want to remind the readers that six sigma has been preached and practiced in Japan for sometime. Of course, it was

있다.

독자들의 주의를 환기시키는 의미에서 다시 한번 6시그마가 일본에서 오랫동안 논의되고 실제 경영에 적용돼왔다는 사실을 말해둔다. 물론 당시에는 6시그마라는 이름으로 지칭되지는 않았다. 6시그마 역시 다른 여러 경영혁신 기법과 마찬가지로 개념을 정립하고, 명칭을 붙인 다음 전세계적으로 확산시킨 주인공들은 바로 미국인들이었다.

예를 들어, 품질관리 분야의 권위자인 에드워즈 데밍이 6시그마에 해당하는 품질관리 아이디어를 처음 접했을 당시에, 이미 이 개념을 경영에 처음으로 도입해서 적극 실행하고 있었던 것은 주로 일본 기업이었다. 그러나 일본 특유의 문화적 이유 및 해외로 지식을 전파하는 능력부족 등의 이유로 일본 사람들은 품질관리에 대한 생각을 데밍만큼 성공적으로 개념화해서 포장하고 상품화하지는 못했다. 당연히 오늘날 「품질의 아버지」로 알려진 사람은 데밍이다. 품질관리에 관한 한 데밍보다 훨씬 오랜 기간 동안 연구하고 기업경영에 적용해온 일본의 교수나 기업인들이 아니라는 얘기다.

여기에서 한 가지 배우고 넘어갈 대목이 있다면, 한국 기업들이 새로운 경영개념을 도입하는 시점을 보면 그 개념을 실행하기에는 항상 시기가 너무 빠르거나 느리다는 점이다. 현재 한국 기업들이 앞다투어 6시그마 도입을 추진하고 있는 것도 무엇 때문인지 뚜렷하지가 않다. 솔직히 말해 한국의 제조업체들이 지금 놓여 있는 산업 사이클 단계를 고려한다면 6시그마 도입은 권장할 만한 것이 아니라고 본다. 한국 기업들이 좀더 노력해야 할 부문은 오히려 원가통제다. 지난 몇 년 간의 R&D 투자가 부족했던 사실을 감안하면 더더욱 그렇다.

어찌된 연유에서건 1980년대 미국 기업체들의 품질관리에서 초점

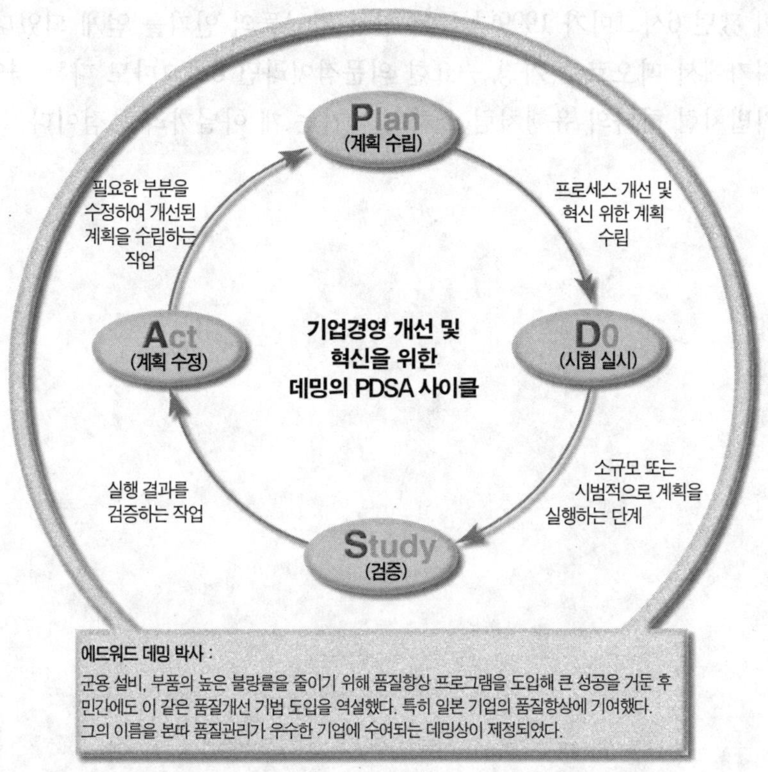

에드워드 데밍 박사 :
군용 설비, 부품의 높은 불량률을 줄이기 위해 품질향상 프로그램을 도입해 큰 성공을 거둔 후
민간에도 이 같은 품질개선 기법 도입을 역설했다. 특히 일본 기업의 품질향상에 기여했다.
그의 이름을 본따 품질관리가 우수한 기업에 수여되는 데밍상이 제정되었다.

probably never called six sigma. But as with many management innovation techniques, it was Americans who packaged it, coined the term and institutionalized the concept globally.

For example, back when quality management guru Demming was first introduced to the idea of quality, Japanese institutions were already practicing quality management and actively pursuing the concept. But because of Japanese culture, which discouraged the sharing of this knowledge beyond Japan Inc., no Japanese was successful in taking the concept, packaging it and commercializing it like Demming did. Today, of course, Demming is known as the "father of the Quality," while very

이 됐던 6시그마가 1999년 들어 한국 기업들의 인기를 얻게 되었다. 여기에서 떠오르는 가장 중요한 의문점이라면 6시그마도 다른 경영 기법처럼 하나의 유행처럼 스쳐 지나가는 게 아닐까라는 점이다.

few people know that there are many Japanese professors and practitioners who developed the concept of quality long before Demming did.

One thing I would like to point out is that Korea is invariably too early or too late in adopting new management concepts. For example, it is unclear to me why Six sigma concept has become so popular in Korea. To be honest, I would not recommend the six sigma concept for Korean manufacturing firms at this stage of the industrial cycle What Korean firms need is a much harsher attitude towards cost control. This need is even greater given the lack of R&D investment in the last few years.

At any rate, six sigma, which was the cornerstone of the quality management movement in the in the US in the 1980, somehow managed to become popular in Korea in 1999. The most important question is how long it will last before it becomes just another fad.

11. 6 시그마 : 기본 실행 툴

6시그마 경영에는 기본적으로 네 가지 단계가 있다.

그 첫번째가 측정 단계다. 측정 단계에서는 비즈니스 관점에서 6 시그마의 개념과 정의를 명확히 해야 한다. 예를 들어, 6시그마 수단을 이용해서 고객만족지수를 측정하고자 한다면, 가장 먼저 점검해야 할 항목이 고객만족지수가 무엇인지 정의하는 것이다. 고객만족에 대한 정확한 정의가 이루어지지 않은 상황에서는 고객만족을 개선시킬 기회를 측정하거나 분석한다는 것이 어려워질 수밖에 없다.

6시그마는 통계적 방법으로 측정돼야 할 개념이기 때문에 데이터 수집 활동방법이나 시기 등에 대해서도 결정을 해야만 한다. 또 이 단계에서 달성하고자 하는 목표의 범위를 정하는 일도 이루어져야 한다. 목표의 범위를 결정하기 위해서 최우수사례가 자주 이용되기도 한다. 그러나 각 지표는 각 기업별 상황에 맞게 만들어져야 하기 때문에 목표범위를 결정하기 위해서는 창의적으로 접근해야 한다.

두번째는 분석이다. 분석 단계에서는 나타난 결과에 대해 근본 원인을 이해하고 이를 시그마와 연결시켜 생각하는 것이 필요하다. 예를 들어, 대고객 설문조사를 실시했는데 그 결과 특정한 범주에서 불만족스럽다고 답한 고객 수가 이례적으로 많게 나타났다면, 그 부

11. Six Sigma-5: Basic Tools

There are basically four stages to implementation of the six sigma management concept.

The first is Measurement. Measurement determines the definition and concept of six sigma in a business context. For example if you want to create a customer satisfaction index using six sigma tools, the first item you must deal with is the definition of customer satisfaction. Unless one develops an exact definition of customer satisfaction, it will be increasingly difficult to measure and analyze improvement opportunities.

Because the concept needs to be measured statistically, one needs to think about the method and timing of the data collection activities. In this stage, you must also determine the range and target zone of your objectives. Often, one uses the best practices to define the target zone, but you may need to be creative since many of the indices will be customized to your needs.

The second is analysis. The analysis portion requires you to link the sigmas and understand the root cause behind each output. For example, if in your measurement you saw an unusually high number of unsatisfied customers in a category (due to, for example, unsatisfactory responses by customer representatives), one needs to delve further into that problem

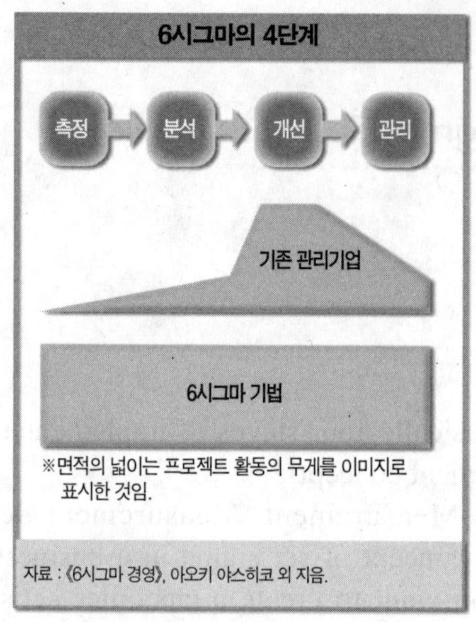

자료 : 《6시그마 경영》, 아오키 야스히코 외 지음.

문에 대해 더 자세히 검토를 해서 불만족의 근본원인을 찾아내야 한다. 일단 문제가 무엇이고 그 문제에 따른 징후가 뭔지를 이해하고 나면 각각의 문제해결을 위해 우선순위를 부여하는 작업이 뒤따른다.

세번째는 개선 단계다. 이슈를 중심으로 팀을 조직해 개선작업을 실행하는 단계다. 6시그마 프로그램에서는 종종 '그린 벨트'나 '블랙 벨트'라고 하는 개념을 활용한다. 이 개념은 기본적으로 일본의 무예인 가라테에서와 마찬가지로 검정띠는 전문가나 코치를, 녹색 띠는 각 과업을 관리하고 팀을 이끄는 리더를 의미한다. '노란색이나 빨간색이 아니라 왜 하필이면 녹색띠일까?' 하는 의문이 들 수도 있다. 필자도 10년 전 모토롤라에서 컨설팅 프로젝트를 수행하면서 이 개념을 처음 접했을 때 똑같은 의문을 가졌다. 여러 사람에게 물어봤지만 안타깝게도 어느 누구도 속시원한 답을 알려주지는 못했

and link the root causes. Once you understand the problems and symptoms, you need to match and prioritize the issues.

The third dimension is improvement. In this dimension one needs to organize the teams around the issues. Often in the six sigma program, one uses the concepts of "green belts" and "black belts." The idea is basically the same as in Karate where black belts represent the experts or coaches and the green belts represent the team leaders to lead and manage each task. Why a green belt and not red or yellow? I asked the same question when I first consulted at Motorola about 10 years ago. Unfortunately, no one was able to provide an answer except that green was used when the concept was first introduced by Americans. Today, however, some six sigma institutes use other colors as well. At any rate, the important point is that there is the clear involvement of experts at this stage.

The fourth category is control. The control portion determines the feedback and review mechanism. For example, once improvement has taken place, one needs to constantly manage it or else the system will go back to its pre-six sigma state. On the other hand, because of resource constraints, one cannot devote 100% of one's resources to all issues and tasks; therefore, it is critical that you do this portion in phases. For example in the first phase, there is heavy monitoring involved, but as you phase out, you will need to automate the processes.

In the late 1980's the control dimension was difficult to monitor on a real time basis, and it often required a number of months to institutionalize the system. Today, with advances in computer technology, we have much better tools to monitor and control processes. The most difficult part of implementing six sigma is changing a firm's culture not its technology.

다. 그저 미국에 그 개념이 처음 도입되었을 때부터 그랬다는 것이
다. 그러나 오늘날 몇몇 6시그마 교육센터에서는 다른 색깔을 쓰기
도 한다. 어찌되었든 중요한 점은 이 단계에서 확실하게 전문가들이
참여한다는 점이다.

네번째는 관리다. 관리 단계에서는 피드백 메커니즘을 결정하고
검토한다. 기업이 일단 개선작업에 착수하면 지속적으로 그것을 관
리해야 한다. 그렇지 않으면 시스템이 6시그마 도입 이전 단계로 회
귀하게 된다. 물론 자원은 한정돼 있기 때문에 모든 이슈와 과업에
대해서 똑같이 100%의 노력을 기울일 수는 없다. 따라서 각 단계별
로 관리하는 작업이 중요하다. 다시 말해 첫단계에서는 철저하게 모
니터링을 하지만, 단계가 거듭될수록 프로세스를 자동화하는 것이
다.

1980년대 후반에만 해도 관리 단계에서 실시간으로 모니터링을
하는 것이 어려웠다. 또 시스템을 제도화하는 데도 몇 개월씩 걸리
곤 했다. 그러나 오늘날 컴퓨터 기술의 발달 덕분에 각 과정을 모니
터하고 관리하는 수단은 상당히 개선되었다. 이제 가장 큰 문제는
기술이 아니라 문화를 바꾸는 것이다.

　　1년 반에 걸쳐 〈한경 비즈니스〉에 기고한 글 중에 6시그마에 대한 문의 전화가 가장 많았다. 6시그마에 대한 국내 기업의 관심이 높다는 것을 반증하는 예라고 볼 수 있다. 일곱 차례에 걸쳐 6시그마를 다각도에서 살펴보았지만 그래도 6시그마가 무엇인지 알기 어려울 것이다. 그만큼 6시그마를 도입해서 성공하기도 어렵다.

　　6시그마의 목표를 성공적으로 달성하려면 경영진의 확고한 지지와 뒷받침이 필수적이다. 조직 전체가 바뀌어야 하는 광범위한 작업이기 때문에 그렇지 않고서는 목표한 성과를 거두지 못한 채 흐지부지되기가 쉽다. 또한 생산성을 측정하는 데 대해 조직 구성원들이 거부감을 갖지 않도록 조직문화가 바뀌어야 한다.

　　6시그마의 목표는 어떤 개인 또는 부서의 생산성 향상에 초점을 두는 것이 아니라, 조직 전체의 생산성 향상이 목표인 만큼 체계적이고 전사적인 노력이 이루어져야만 한다.

12. 6시그마 : TQM과의 차이

6시그마 철학은 물론 기업체 직원들의 마음 속에 항상 있어야 하고 제품의 품질에 관한 사고의 중심이 되어야 하는 것은 두말 할 나위가 없다.

그러나 이 점을 제외하면 앞에서도 밝혔듯이 한국 기업들이 지금 처해 있는 상황에서 6시그마를 적극적으로 도입해야 할 이유는 분명치 않다. 그런 점에서는 일본 기업이나 다른 나라 기업들도 역시 마찬가지다. 그럼에도 불구하고 지금 국내에서는 6시그마가 대단히 인기를 얻고 있다. 한국의 대기업 경영진이라면 앞으로 몇 개월 동안은 6시그마와 관련된 이야기를 접하지 않을 수 없을 것이다.

6시그마가 품질 개념에 그 토대를 두고 있다면 전사적 품질관리(TQC)나 종합적 품질관리(TQM)와는 어떻게 다른 것인가? 다시 말하지만 기본 개념은 같다. 글로벌화된 시장환경에서 세계적 경쟁업체와 겨루기 위해선 품질을 개선시켜야 하고, 불량이 없는 제품을 만들려면 전체 품질 프로세스를 체계화시켜야 한다는 데는 차이가 없다.

예전에 관찰해본 바로는 다소의 차이점이 있기는 하다. 그러나 솔직히 말해 컨설팅 프로젝트를 수행하면서 지켜본 결과, 적어도 6시그마의 실행에 관한 한 통계를 대단히 많이 사용한다는 점 이외에는 중요한 차이점을 발견하지 못했다. 어쨌거나 필자가 발견한 차이라

12. Six Sigma-6 versus TQM

As I discussed in a previous article, there is no clear need for Korean firms to adopt six sigma at the current time; however, the six sigma philosophy should always reside in the minds of employees and should become the cornerstone of their quality thinking. But this, as I discussed, applies to Japanese firms and all firms for that matter. Nevertheless, the concept is becoming very popular in Korea and if you are in the ranks of management of any large Korean company, you will probably be hearing something about six sigma in the next few months.

So, if the idea is based on the quality concept, how is six sigma different from TQC or TQM? Again, concepts are basically the same: quality needs to be improved if you want to be treated seriously by global competitors and in order to produce defect free products, one must systemize the entire quality process.

In my opinion there are several differences which I have noted before, but to be frank with the readers about the implementation of six sigma, I have not noted major differences in activities over the course of my consulting career other than the heavy use of the statistics in six sigma: At any rate, the differences I have recognized are :

• TQM tends to focus on results where as six sigma

면, TQM은 결과에 초점을 맞추는 반면 6시그마는 '왜', 즉 원인을 찾는 데 비중을 둔다. 예를 들어, TQM의 목표가 결함을 줄이는 것이라면 6시그마의 목표는 프로세스를 개선해 체계적으로 결함 부품이 줄어들도록 만드는 것이다.

또 TQM은 생산라인 활동을 좀더 지향하는 경향이 있다. 이 때문에 공장관리에 더 많은 시간을 할애하는 반면, 6시그마는 공장 프로세스의 설계 자체를 변화시킬 수도 있다. 이러한 일을 이루기 위해 6시그마를 수행하는 프로젝트의 영역은 공장 내 생산 라인 범위를 넘어 전체 기업활동 범위까지 포괄해야 한다.

TQM과 6시그마는 둘 다 목표를 설정한다. 그러나 6시그마에서 설정하는 목표는 더 도달하기 어려운 범위까지 확대되는 경향이 있다. 이처럼 확대된 목표 때문에 목표 달성방법 역시 급진적이거나 때로 혁명적이어야 한다.

아마도 가장 큰 차이점은 6시그마의 경우 전체 기업을 하나의 단위로 본다는 것이다. 6시그마를 도입하면 기능별 영역 구분의 의미가 사라진다. 이것은 확대된 목표를 달성하기 위해서는 여러 기능 간의 협력이 반드시 있어야 한다는 의미다. 물론 TQM에서도 다기능 팀이 활용되지만 6시그마와 같이 처음부터 끝까지 다기능 팀의 활동이 이루어지지는 않는다.

6시그마는 어떤 TQM 개념보다 엄격하게 적용된다. 6시그마에서 가장 중요한 원칙은 '모든 것을 측정한다'는 것이다. 측정할 수 없다면 개선에 대해 말할 수 없다. 이것은 과장이 아니다. 6시그마를 추종하는 사람들은 6시그마를 사용해서 측정되지 않는 건 없다고 말할 것이다. 만약 측정할 수 없는 것이 있다 하더라도 우리가 논의할 자격은 없다. 왜냐하면 성과를 측정할 수 없다면 개선되고 있는지 악화되고 있는지 알 수가 없기 때문이다. 일리가 있는 말이다.

concentrates more on "why's". For example, the goal of TQM is to reduce the number of defects whereas, in six sigma the goal is to improve the process so the process will reduce the number of defective parts systematically.

- TQM tends to be much more line-activity oriented. For example, TQM tends to spend more time on factory management whereas six sigma even attempts to change the design of the factory process. In order to do this, the project boundary in six sigma needs to be broad, reaching beyond the factory line.
- Both TQM and six sigma set targets, but six sigma targets tend to be much more ambitious. Because the goals are so difficult to achieve, the answers often need to be radical and sometimes revolutionary.
- Probably the biggest difference between the two is six sigma's ability to treat the enterprise as a unit. In the world of six sigma, functional boundaries cease to exist. This basically means that cross-functional cooperation is a must in order to reach the ambitious targets set using six sigma. TQM also utilizes cross-functional teams, but not to the extent that six sigma does.
- Six sigma tends to be much more administration-heavy than any TQM concept. The rule of thumb for six sigma is "measure everything". If you cannot measure it, you should not even talk about improving it. This is not an exaggeration. The most devout six sigma followers contend that there is nothing in the world that cannot be measured using six sigma. Even if there is, it is fruitless to talk about improving it because we cannot know whether we are improving it or making it worse. This is not far from the truth.

13. 6시그마의 국내 성공 여부

얼마 전 필자가 썼던 기사들을 정리하다가 20대 재벌의 향후 계획이나 동향에 대한 신문 기사를 여러 개 접하게 됐다. 그 기사들은 IMF가 시작되기 전에 실린 것이었다. 거기에는 2000년을 앞두고 국내 기업들의 낙관론이 담긴 원대한 계획이 담겨 있다. 그 계획의 내용과 지금 국내 기업이 처한 현실을 비교해보면, 현실과 이상의 차이가 너무 커 냉소적으로 되지 않을 수 없다.

국내 대기업들의 PR 자료를 보면 과연 그 계획이 무슨 의미가 있는지 불분명한 때가 많다. 글로벌 스탠더드를 도입하는 기업이 늘어나고 주가도 상승했으나 기업들이 내놓는 사업계획은 그 어느 때보다 불확실하다. 솔직히 재벌기업들이 약속한 바를 이행하지 않았다고 해서 엄중하게 책임을 물어야 한다고 생각하는 사람도 거의 없는 듯하다.

예를 들어, 몇 년 간의 수익예측을 발표한 기업이 그것을 지키지 못했다 하더라도 사실 달라지는 건 아무것도 없다(대부분은 그 발표 내용조차 기억하지 못하고 있을 것이다). 하지만 이런 일이 미국에서 일어났더라면 주식시장에 즉각 반영되었을 것이다.

6시그마와 같이 오랜 기간이 소요되는 계획을 실행하기 위해서는 실행 의지와 지속적인 노력이 필수적이다. 그래서 기업의 약속을 지

13. Six Sigma-7: Will It Succeed in Korea?

Some time ago, I was editing my old articles and happened to run into a number of news articles about the top 20 Chaebols. This was the IMF was not yet a part of everyone's vocabulary. What is interesting to note is how optimistic and aggressive their plans were for the year 2000. Today, if you compare their plans to where most of those companies are today, one cannot help but be skeptical about their ability to achieve their lofty goals.

If you look at the published PR of almost any sizable company in Korea today, it is not clear whether the plans laid out in these publications carry any meaning in this hectic part of the world. Even with the adoption of global standards and the rise of the stock market, the ability of corporations to deliver on their promises is as uncertain as ever. To be honest, I am not sure anyone has the will to challenge the Chaebols when they fail to live up to their promises.

For example, even if a chaebol does not meet its earning forecasts for several quarters, it will not suffer any ill effects (most Koreans will probably have forgotten all about it). In the US, such a failure would be clearly and immediately reflected in the firm's stock price.

The reason why corporate promises are so important is that,

키는 것이 중요하다. 불행히도 국내 기업들이 이렇게 대규모 경영 혁신 프로그램을 지속적으로 추진하는 것을 보지 못했다.

가까운 예로 불과 몇 개월 전에 거의 모든 기업들이 기업 간 거래를 시스템적으로 통합하기 위한 산업 솔루션으로서 CALS에 대한 논의에 참여했다. 그러나 IMF 사태 이후 CALS는 흐지부지되고 말았다. 새천년을 대비하는 프로젝트라는 수식어를 달고 산업계를 떠들썩하게 한 CALS는 국방부가 추진하는 소규모의 프로젝트로 지속적으로 추진되지 못하고 종료될 지경에 놓였다.

TPM, TQM 등의 품질관리 프로그램은 완전히 실행하기까지 5~7년이 걸린다. 국내 제조업체들은 나름대로 품질관리 프로그램을 갖고 있다고 주장하지만 실상을 들여다보면 그 완성도가 30~40% 수준에 지나지 않는다. 결국 생산성도 서구 기업들보다 훨씬 낮은 수준에 머물러 있다.

6시그마가 제대로 효과를 발휘하기 위해서는 프로세스 구축에만

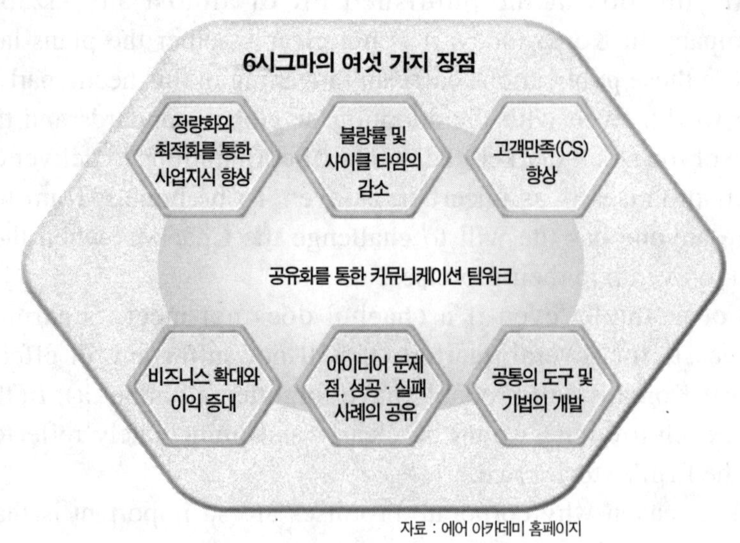

자료 : 에어 아카데미 홈페이지

in carrying out multi-year programs like six sigma, firms need to be highly dedicated and committed in every dimension. Unfortunately, I have not seen many Korean firms that are committed to large-scale management innovation programs.

For example it was only a few months ago when everyone, including managers at private companies, was talking about implementing CALS(Commerce at Light Speed) as an industry solution to tie together business-to-business transactions. In the wake of Korea's recovery from the most serious effects of the IMF crisis, enthusiasm for this program, which was once called the "new millennium program" in Korea, has waned dramatically. The program currently being implemented by the defense department is too weak to be effective and, in fact, is on the verge of being cancelled.

If you look at programs based on TPM and TQM, you will see that most of them take about 5-7 years to complete. Every manufacturing based company in Korea claims to have a quality management program in place, but when one visits them one discovers that their progress is only about 30%-40% of what it should be. In other words, Korean productivity is still far below Western standards.

For a six sigma program to work, one needs to dedicate approximately 2 years to institutionalizing the process and three more if one wants to make the system and processes permanent. However, I am not sure Korean firms can make that long of a commitment given the hectic nature of the local economy. So my basic reaction, and I realize that it will be controversial, to the recent Six sigma movement in Korea is somewhat negative. Yes, there have been many seminars, speeches and educational tapes, but just how many firms come out of the program and emerge as the next Motorola remains to be seen.

However, I do commend the people who are initiating the

약 2년이 소요된다. 영구적인 시스템과 프로세스를 구축하려면 추가로 3년이 더 필요하다. 국내 기업들이 과연 그렇게 오랜 시간 동안 지속적인 노력을 펼칠 수 있을지 의심스럽다. 논란의 여지가 있을 수 있지만, 사실 이제까지 국내에서의 6시그마 관련 논의나 움직임을 고려해보면 부정적인 생각이 들 수밖에 없다.

6시그마를 주제로 한 세미나나 강연이 무수히 개최되고 교육자료도 만들어질 것이다. 그러나 실제 성공적으로 6시그마를 실행한 제2의 모토롤라가 나오게 될지는 두고 볼 일이다

그럼에도 불구하고 여태까지 6시그마를 국내에서 추진하기 위해 노력해온 선각자들의 노고는 인정해주어야 한다. 놀랍게도 꽤 이름난 기업들이 현재 6시그마 추진에 앞장서고 있다. 다만, 경제 상황이나 외부 여건이 나빠졌다는 이유로 이 같은 노력이 뒷전으로 밀려나는 과오가 되풀이되지 않기를 바란다.

process and, to my surprise, many big name domestic companies are eager to implement it. I just hope that they won't abandon the program when the times get tough as they have with others in the past.

몇 주 전 일본 경영계에서 유명한 한 분을 만나 이야기를 나눈 적이 있었다. 그는 일본에서 6시그마와 TQM이 성공할 수 있었던 것은 그것이 일본 문화와 맞았기 때문이라고 지적하면서 한국에서 성공할 지는 미지수라고 말하는 것이었다.

실제로 상당수의 경영기법이 한국 기업에는 잘 맞지 않아 실패하는 경우가 많이 있었다. 실패의 원인을 강성노조 때문이라고 하기도 하고 문화적인 차이 때문이라고 말하기도 한다.

사실 한국인들은 규칙에 따르기보다는 개인적으로 알아서 행동하기를 원하는데 6시그마는 목표 달성을 위해 규정된대로 행동할 것을 요구하기 때문에 실행이 어려울 수 있다. 그러나, 아무쪼록 6시그마가, 선진 경영기업이 한국 실정에 맞지 않음을 보여주는 또 하나의 사례가 되지 않길 바란다.

Part IV

마케팅과 세일즈
(Marketing & Sales)

1. 상품 리더십 전략

상품 리더십 전략은 여러 가지 경제적인 장벽을 극복하기 위해 기업들이 취할 수 있는 경영전략 중 하나다. 상품 리더십 전략이란 최고의 상품 및 서비스 제공이라는 목표를 달성하기 위해 기업의 이용 가능한 모든 자원을 결집시키는 전략이다. 최고의 상품과 서비스를 제공한다는 것은 모든 기업의 목표라고 할 수 있기 때문에, 실제로 상품 리더십 전략을 공식적으로 표방하고 있는 기업은 많다. 그러나 이 전략을 제대로 구사해 그 효과를 가시적으로 나타내고 있는 기업은 흔하지 않다.

세계적으로 인정받는 상품을 만들거나 최상의 서비스를 제공하고 있는 기업들은 R&D에 많은 시간과 노력, 비용 등을 투자한다는 공통점이 있다. 자동차의 경우 메르세데스 벤츠가 이에 해당한다. 대량 생산이 핵심 성공요인인 국제시장에서 벤츠는 세계에서 가장 잘 만든 자동차로 인정받고 있다. 이 같은 명성 덕분에 벤츠 자동차는 프리미엄(premium)이 붙어 비슷한 종류의 다른 차들보다 비싼데도 불구하고 아주 잘 팔린다.

특송회사인 페더럴 익스프레스사는 빠르고 정확하게 배달한다는 인식을 소비자에게 심어줌으로써 다른 특송업체들보다 많게는 50% 이상 높은 운송료를 받고 있다. 보스(Bose)는 앰프나 다른 전자제

1. Product Leadership Strategy

One management strategy that can help a firm to overcome many of the economic barriers in the world today is product leadership strategy. What is a product leadership strategy? It is a strategy that focuses on delivering the best product or service. Even though many firms claim to employ such a strategy, delivering the best product is not as easy as it sounds. For example, how many companies can actually say that they are producing the best product of its kind in the world? Not many.

The companies that do produce these kinds of products are highly focused on delivering premium value and spend enormous amount of time and effort on R&D. For example, in the automotive industry, Mercedes Benz falls into this category. In an age when mass production is a critical success factor, Benz has always excelled in producing the best-engineered cars in the world. Because of this high brand image, it can command a premium price for its products.

Fedex is able to charge some of the highest rates in its industry, because of its reputation for fast, reliable service. Even though the US Post office launched the same service, Fedex is able to command about 50% higher prices because of its reputation. Bose is known for its considerable R&D in stereo speakers, although its stereo amplifiers and other electronics lines are not

품에 대해서는 소비자들에게 인지도가 낮은 반면, 스피커는 세계적
으로 유명하다. 스피커에 집중적으로 R&D 투자비를 쏟아부은 결과
세계적인 스피커 제조업체로 인정받았기 때문이다. 보스의 스피커
는 다른 경쟁사 제품보다 비싸게 판매됨에도 불구하고 매출이 꾸준
한 증가세를 보이고 있다.

세계적인 명품으로 손꼽히는 스타인웨이(Steinway) 피아노도 그
렇다. 스타인웨이는 다른 피아노와 가격차가 무려 10배 가까이 나는
데도 불구하고 탁월한 음질에 끌린 음악팬들 사이에서 높은 인기를
누리고 있으며 유명한 피아니스트들의 사랑을 받고 있다.

세계적인 리더 상품을 판매하는 기업들에게 비용은 기업을 움직
이는 주요한 동인(driving factor)이 아니다. 이들 기업에게 중요한
것은 효과적인 R&D 투자전략과 브랜드 이미지 강화 등의 마케팅
전략을 수립해 실행하는 것이다. 따라서 이들 기업은 인건비 상승
역시 크게 문제삼지 않는다. 이런 사실은 임금 상승이 기업 전체의
실적에 커다란 영향을 미치는 대부분의 국내 기업에 시사하는 바가
크다. 사실 한국 기업 중에서 세계시장을 대상으로 상품 리더십 전
략을 채택한 기업은 전무하다고 말할 수 있다.

상품 리더십 전략을 구사하는 기업들을 보면 외형적인 성장에는
관심을 두지 않으며 기업운영에 혁신적이고 때로는 개발 과정에서
의 위험도 기꺼이 감수한다. 이들 기업의 운영 모델은 대량생산에
승부를 거는 다른 기업들과는 상당히 차이가 난다. 이들 기업은 상
품개발 부서가 기업운영에 핵심적인 역할을 수행하는 만큼 기업 내
에서 위상도 높다.

한국 기업의 경우 R&D 투자가 낮기 때문에 상품 리더십 전략을
실행하기가 어려운 형편이다. 기업들이 자체 개발이라고 선전하고
있는 제품도 그 내막을 알고 보면 제휴한 외국 기업들이 개발한 것

particularly well-regarded. Today, its line of speakers is one of the most expensive in the marketplace and has a steady stream of fans.

Steinway pianos are known for their fine craftsmanship and they command prices that are sometimes 10 times higher than those of their competitors' pianos. They are, in fact, the de facto 'piano of choice' for concert pianists around the globe.

When one looks at the strategies of these companies, one discovers that costs are not necessarily the driving factor. As such, preventing increases in labor costs is not usually a key management issue. Instead, R&D and marketing strategy tend to be the key factors driving success. Unfortunately, no Korean company has taken such a marketing approach on a global scale.

The companies that fall into the aforementioned category are not necessarily big in scale but highly innovative and unafraid of taking risks. As such, their operating models are radically different from those of mass production companies in that they

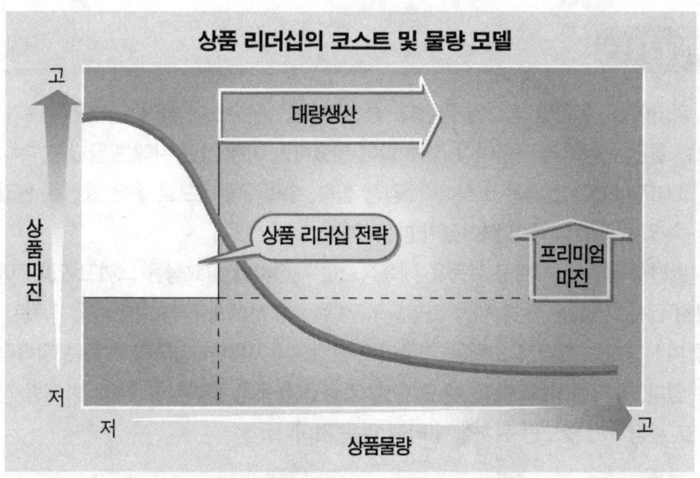

이거나 외국에서 이미 팔리고 있는 제품을 들여온 경우가 많다. 또 국내에서 큰 인기를 끌고 있는 제품이 외국 시장에서는 그저 그런 제품으로 인식되는 경우도 허다하다.

현재 국내 기업들은 낮은 임금을 바탕으로 가격경쟁력에 초점을 맞추었던 과거의 관행을 벗고 '질 좋고 우수한 제품'이라는 이미지를 구축하려고 노력하고 있다. 그러나 이미 '한국 제품은 싸다'는 해외 소비자의 인식을 바꿔놓기는 쉽지 않다.

한 연구기관의 조사에 따르면 소비자의 인식을 변화시키는 데는 최소한 5~7년이 걸리는 것으로 나타났다. 세계 소비자들의 마음을 바꿔놓고 국산품이 세계적인 고급품으로 인정받기까지, 한국 기업이 갈 길이 그만큼 멀다고 하겠다.

과거에는 "물건만 좋으면 팔린다. 물건을 파는 사람보다 사려는 사람의 수가 많으면 물건은 팔리게 마련이다"라는 말이 통했지만 이제 그런 시대는 끝났다.

소비자에게는 반가운 소식이다. 경쟁 심화, 수입개방 등으로 좋은 물건을 싼값에 살 수 있는 선택의 폭이 넓어졌기 때문이다.

한편 기업들은 마케팅 활동을 대폭적으로 재정비할 필요성을 느끼고 있다.. 이제까지 많은 기업들, 특히 재벌 기업들의 경우 계열사에게 판매하는 비중이 컸던 만큼 마케팅에는 그다지 노력을 기울이지 않았으나 이러한 형태의 매출은 지속적일 수 없다. 철저한 수요 예측, 수요 창출 기법을 활용한 효과적인 영업, 마케팅 전략으로 무장하지 않으면 뒤처질 수밖에 없을 것이다.

tend to value the role and function of product development and project managers.

In Korea, a product-led strategy is extremely difficult to implement due to the substantial investment in R&D that it requires. In fact, if you look at the product lines of chaebol companies, you will find that, contrary to their claims, most of their products were originally invented or introduced by foreign partners. As a result, the same product lines that are widely popular in Korea often do not attract the same level of interest from overseas consumers.

Many chaebols are trying to raise their image from that of a low-cost producer to that of a manufacturer of high-quality, high-premium products, but this strategy is extremely difficult to implement.

According to a recent study done by marketing consultants, it takes, on average, about 5-7 years to change consumer perceptions of a company's productline. For Korean companies trying to successfully implement a product-led strategy, this is a long wait indeed.

상품 리더십 전략 이외에 기업에서 가장 보편적으로 채택하고 있는 전략 중 하나가 바로 코스트 리더십(cost leadership) 전략이다. 코스트 리더십 전략이란, 간단하게 말해 비용절감에 초점을 맞춤으로써 낮은 가격으로 승부한다는 전사적 전략이다.

코스트 리더십 전략을 쉽게 설명하자면 우리가 흔히 말하는 박리다매식 경영방법이라고 할 수 있다. 한 마디로 싸게, 많이 팔아 매출을 늘림으로써 이윤의 극대화를 꾀하는 전략이다. 코스트 리더십 전략을 구사하는 기업의 제품이 팔리는 이유는 간단하다. 최상의 품질은 아니지만 값이 싸면서도 상품이 쓸 만하기 때문이다.

소비자가 어떤 물건을 구입하는 데는 여러 가지 이유가 있겠지만, 가격은 구매를 유발하는 최고의 요인 중 하나로 작용하고 있다. 이 때문에 코스트 리더십 전략이 효과를 발휘할 수 있는 것이다. 코스트 리더십 전략은 부가가치가 낮은 제품에만 적용될 수 있다는 일반적인 통념과 달리 부가가치가 높은 제품의 경우에도 효과를 발휘한다.

예를 들어, 높은 기술 수준을 요하는 첨단 하이테크 제품의 경우 처음 출시될 때는 높은 연구비와 개발비 등 여러 가지 이유로 인해 가격이 높게 책정된다. 하지만 기술개발이 지속적으로 이뤄지고 제

2. Cost Leadership Strategy

The second management strategy that a company can employ to overcome many of the economic barriers that exist today is a cost leadership strategy. What is a cost leadership strategy? It is a strategy that focuses on delivering a product or service at the lowest price with a minimum number of options.

Companies that compete in this category are competing in a volume game. ie, low-margin, high-volume businesses. People buy these items because they are cheap, and yet reliable enough. Often, people automatically assume that cost leadership only applies to low value-added businesses, but surprisingly enough, the strategy is applied to businesses all along the value-added spectrum.

For example, when a high-tech item is introduced, the cost of that item tends to be high for a variety of reasons (R&D, etc.), but as the manufacturing technology improves and the number of people using the product increases, both the volume and cost dimension will go down. During this process, some companies will focus on mass production, while others will abandon the product line and quickly focus on another product line.

For example, Dell Computers, one of the powerhouses in computer distribution, is probably the cheapest computer assembler and distributor in the US market. There is no way

품의 보급률이 증가함에 따라 판매량이 줄어들면서 가격도 낮아지게 된다. 이러한 과정에서 코스트 리더십 전략을 선택해 낮은 가격을 경쟁우위로 삼아 대량생산체제에 돌입하는 기업이 있는가 하면, 어떤 기업들은 상품 리더십 전략을 채택해 재빨리 기존의 생산 라인을 멈추고 가격이 비싼 최신 모델을 생산하는 새로운 라인을 구축한다.

컴퓨터 유통업계의 강자인 델 컴퓨터는 가장 낮은 가격에 컴퓨터를 조립, 유통시키는 기업으로 널리 알려져 있다. 물론 델 컴퓨터의 R&D 능력이나 제조기술은 IBM이나 애플보다 낮은 수준이라고 할 수 있다. 그럼에도 불구하고 델 컴퓨터가 매출액과 순이익 면에서 업계 선두 그룹을 형성하며 경쟁할 수 있는 성공 요인은 코스트 리더십 전략을 적절하게 구사했기 때문이다. 코스트 리더십 덕분에 델 컴퓨터의 주식은 1990년대 초 이후 무려 1만 5,000%나 폭등했으며 월스트리트에서 초우량주 대접을 받고 있다.

그렇다면 델 컴퓨터가 이렇게 어마어마한 성공을 거둔 반면, 델 컴퓨터와 마찬가지로 저가 정책으로 승부수를 띄운 국내 기업이 요즘 들어 맥을 못 추는 이유는 무엇일까? 코스트 리더십 전략을 효과적으로 구사하기 위해서는 적어도 한 개 이상의 부문에서 가격경쟁 우위를 확보해야 하기 때문이다.

오랫동안 저렴한 인건비의 혜택을 누려온 한국 기업들은 다른 부분에서의 코스트 절감 노력은 게을리해온 게 사실이다. 영원히 지속될 것 같았던 저임금 시대는 1980년 이후 급격히 변화하기 시작했다. 근로자의 발언권 강화로 임금 인상이 대세가 되면서 국내 기업을 지탱해온 저임금 기반이 흔들리기 시작한 것이다. 아무런 준비도 못했던 기업들은 속수무책이었으며, 일이 터지고 나자 부랴부랴 다른 부분의 비용절감을 통한 경쟁우위 확보에 나섰다.

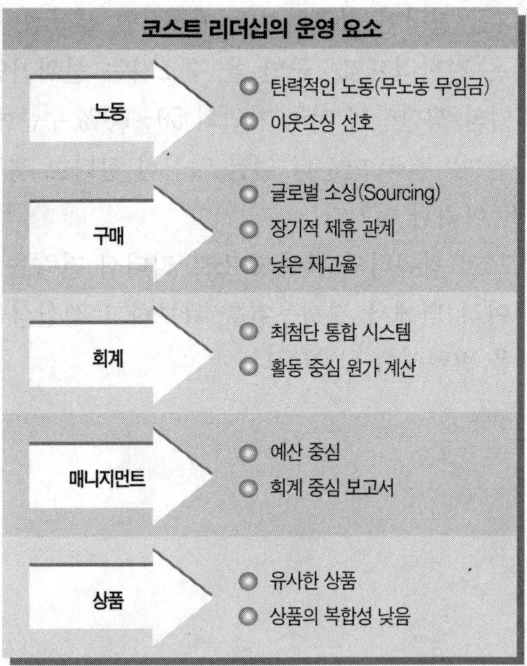

they can compete with IBM and Apple in terms of R&D and in-depth knowledge of the PC manufacturing and yet, in terms of revenue and profit, Dell clearly is the leader in the industry. As a result, Dell's stock has been one of the best performers in recent history, growing over 15,000% since the early 1990's.

So why can't everyone be like Dell? Again, to successfully implement a cost leadership strategy, one must possess a competitive advantage. For Korean companies, this was cheap labor. Unfortunately, increases in the cost of labor in Korea in the 1980' slowly eliminated this competitive advantage. Because of Korea's relative lack of natural resources and low investment in R&D, its businesses lost their competitive edge once labor costs rose. The result is what we call an "in-between

코스트 리더십 전략이 성공하려면 대폭적인 생산성 증대가 필수적이다. 한국은 전반적으로 '근면'을 강조하는 분위기인데도 불구하고 국내 기업의 생산성이 미국 기업의 50~60% 수준에 불과한 것은 무엇 때문일까? 결국 단순히 일만 열심히 한다고 해서 생산성이 증대되는 것은 아니란 얘기다.

국내 기업도 델 컴퓨터와 같이 코스트 리더십 전략을 성공적으로 구사하려면, 여러 면에서 경쟁우위를 확보하고 생산성을 증대시키기 위한 노력을 병행해야 할 것이다.

사람들은 누구나 품질이 똑같다면 조금이라도 낮은 가격에 그 물건을 사고자 한다. 그리고 일단 할인된 가격에 물건을 사기 시작하면 정상가격에 같은 물건을 사는 것은 극히 드문 일이다.

코스트 리더십에 관련하여 알아야 할 점 중 한 가지는 어떤 제조업체가 경쟁업체보다 낮은 가격으로 물건을 판매한다고 해서 그 회사의 비용 구조가 낮다고는 말할 수 없다는 사실이다.

실제 소비자 가격과 제품의 원가의 차이를 구성하는 요소가 다양하기 때문이다. 예를 들어 요즘 현대인의 필수품이 된 휴대전화를 보면 보조금의 여부에 따라 소비자 가격이 높아지기도 하고 낮아지기도 한다. TV 속에 자주 등장하는 휴대전화 광고비, 새로운 부가서비스 등도 소비자 가격 인상에 한몫을 더하고 있다. 제조 원가는 달라지지 않는데도 말이다.

effect," where a firm can no longer pursue a cost leadership strategy and, at the same time, it cannot compete in a product-leadership-driven operating model either because of its past image as a maker of low-cost products.

Successful implementation of a cost leadership strategy usually requires a major boost in productivity. Unfortunately, despite the favorite Korean rallying cry of "hard work and sacrifice," the overall productivity of Korean companies is only about 50-60% that of US companies. We believe the strategic dimension of Korean management needs a major overhaul and that firms need to refocus and re-prioritize as the economic structure of Korea is no longer same as it was in the early 1970's when the majority of our companies relied upon cheap labor to compete.

3. 고객밀착전략

고객밀착전략이란 핵심 고객들과 긴밀한 관계를 유지함으로써 오래도록 거래할 수 있는 장기적인 고객을 확보하는 동시에 고객에 대한 거래비용도 절감하는 전략이다.

고객밀착전략을 구사하는 기업의 특징은 고객과의 관계(relationship)에 초점을 맞춘다는 점이다. 이해를 쉽게 하기 위해 기업보다 훨씬 규모는 작지만 고객밀착전략을 가장 적절히 사용한다고 할 수 있는 주치의를 예로 들어보자.

한국에서는 아직 주치의 개념이 낯설게 여겨지지만 미국과 같은 선진국의 경우에는 가족주치의제도가 보편화되어 있다. 한 가족의 주치의가 되면 대부분의 경우 그 주치의는 수십 년에 걸쳐 그 가족 구성원 모두를 환자로 확보할 수 있게 된다. 주치의를 둔 가정은 주치의가 진료비를 좀 높이더라도 굳이 다른 의사를 찾지는 않는다. 주치의가 더 편하기 때문이다. 편하다는 것은 무엇일까? 나나 내 가족의 건강에 대해 잘 알고 있기 때문에 일일이 설명하지 않아도 된다는 뜻이다. 서로 잘 알기 때문에 결과적으로 진료 시간도 적게 들고 적절한 처방을 받을 가능성도 더 높아진다.

고객밀착을 중시하는 기업들이 경쟁우위를 유지할 수 있는 이유는 상품이나 서비스의 질이 좋다거나 가격이 저렴하기 때문은 결코

3. Customer Intimacy Strategy

What is a customer intimacy strategy? It is a strategy that focuses on having and maintaining a close relationship with key customers, thus delivering the product or service on a long-term basis with minimal transaction costs.

Companies that compete in this category operate on the basis of relationships. Not necessarily on a personal level but on a business level — with a high degree of partnership. For example, in the US, many families have personal or family doctors. They tend to go to the same doctor over a long period of time. From a business standpoint, even if that doctor raises the price of his services, most of his patients will stick with him because of the familiarity that he has with them and their needs.

Companies that follow this strategy apply the same concept. They are successful not because they have low prices or the best products, but simply they know you better than anybody else. So from a total cost standpoint, you are the best fit for that customer because you have no learning curve and can deliver the appropriate solution right away.

Many companies use this strategy to lock-in customers. When IBM first introduced its line of products, customers had no choice but to use them because they were the only major computer manufacturer and service provider.

아니다. 앞에서 말한 것처럼 고객을 잘 알고 있기 때문에 빠른 시간 내에 고객이 원하는 상품이나 서비스를 제공할 수 있기 때문이다.

이제는 기업 차원으로 한번 들어가보자. 최초로 컴퓨터를 만들어 판매한 IBM이 아직까지도 컴퓨터 업계의 선두 자리를 유지하고 있는 이유는 무엇일까? 바로 고객밀착을 통한 경쟁우위 때문이라고 할 수 있다. 컴퓨터라고는 IBM밖에 없었던 과거와는 달리 최근에는 너무나 다양한 메이커의 컴퓨터가 판매되고 있어 오히려 선택이 어려울 정도다. 그럼에도 불구하고 상당수의 컴퓨터 사용자가 계속해서 IBM 제품을 사용하고 있다. IBM에 익숙해진 사용자들이 새로운 제품으로 옮겨가기를 꺼려하기 때문이다. 다른 플랫폼(platform)으로 완전히 바꾸는 것보다는 업그레이드하는 편이 소비자들로서는 경제적이라는 비용 측면도 간과할 수 없다.

마이크로소프트가 교육현장에서의 정보화 촉진을 위해 자사 브랜드의 소프트웨어를 기증했다는 뉴스 보도를 접한 적이 있을 것이다. 이런 행위는 기업 이윤을 사회에 환원한다는 측면에서 이해되고 또 칭찬받을 만한 일이다. 그러나 다시 한번 곰곰이 생각해보면 이런 기부 행위에서조차 기업인으로서 빌 게이츠의 마케팅 재능이 빛나고 있음을 발견할 수 있다. 교육현장에 소프트웨어를 기증해 어릴 때부터 마이크로소프트 제품에 익숙하게 만들어 장기적인 고객으로 확보하겠다는 전략이 숨어 있는 것이다.

최근 기업들 사이에서 인기를 끌고 있는 타깃 마케팅 역시 고객밀착전략의 형태 중 하나로 볼 수 있다. 경쟁이 치열해지면서 유사한 기능과 비슷한 가격대의 제품이 쏟아져 나오자 어떻게 해서든 소비자들에게 자사의 제품을 인식시키고 계속해서 구매 의욕을 불러 일으키기 위해 기업들은 안간힘을 쓰고 있다. 고객들을 하나의 집단으로 보는 매스(mass) 마케팅은 이제 큰 효력을 발휘하기가 어렵게

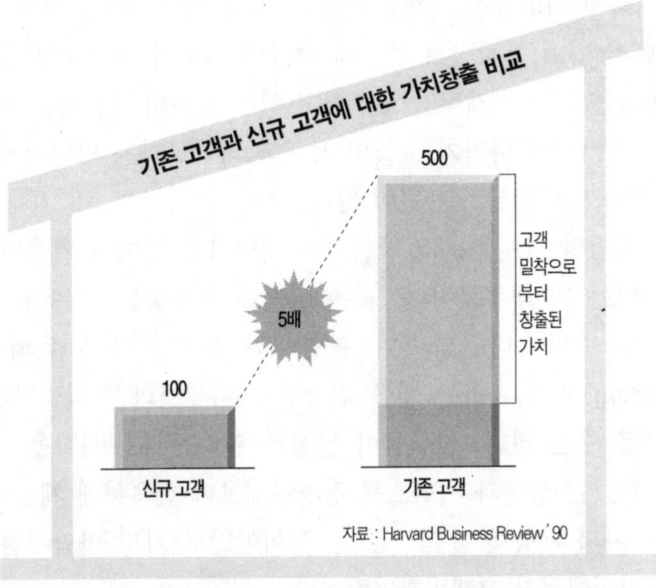

Today there are many players and a number of new platforms and yet IBM continues to dominate the market for providing computer services to businesses. They are able to do this because they know their customers so well that they can keep their costs lower than their customers' switching cost (the cost of switching to the platform of a different vendor). So, in effect, they have a competitive advantage over their rivals because even though the cost of upgrades can be high, it is still lower than the replacement cost.

This is the reason why Microsoft distributes its products to schools and learning centers for free. Obviously charity is a strong reason, but underneath that there is a powerful business strategy that Microsoft is pursuing—a customer intimacy strategy whereby they are able to lock in customers by having them get into the habit of using the Microsoft products. These students become so familiar with Microsoft products that they

됐다. 따라서 기업들은 고객을 연령과 성별, 소득 수준, 가족 수, 직업 등 여러 가지 특성별로 분류해 각각의 그룹에 맞는 마케팅 전략을 수립하는 타깃 마케팅을 도입하고 있는 것이다. 이 개념 역시 고객에게 더 가까이 다가가 그들의 욕구를 파악한다는 의미에서 고객밀착전략과 일맥상통하는 면이 있다.

국내 기업의 경우 고객밀착전략이 개인적인 인맥에 치우친 형태로 나타나는 게 대부분이다. 물론 인맥을 활용하는 것은 효과적인 고객밀착 방법이다. 그러나 혈연이나 학연, 지연 등의 연줄(connection)에 의존하는 것을 진정한 의미에서의 고객밀착전략이라고는 볼 수는 없다. 고객들이 진실로 원하는 요구사항을 파악해 그들이 원하는 상품과 서비스를 경쟁업체보다 신속하게 제공함으로써 계속 자사 제품을 찾게 만드는 것이야말로 가장 바람직하고 또 진정한 의미에서의 고객밀착전략이다.

are likely to become paying customers as adults.

Customer intimacy strategy can take on a slightly different tone. Many feel that this strategy includes knowing the executives of a client company on a personal basis. This dimension is obviously important, but more often than not, it is simply not enough to maintain an ongoing business relationship. It requires mutual dependence on a business level which is beneficial to both firms.

4. 모방전략

한국에 산업이 막 생겨나기 시작할 무렵인 1960년대에는 외국에서 이미 성공을 거둔 상품이나 서비스를 그대로 모방하는 방법 외에는 한국 기업이 경쟁력을 확보할 수 있는 길이 별로 없었다. 때문에 기술 사용료(로열티)를 주고 외국 기술을 빌리거나 해외에서 전문가를 영입하는 등의 방법을 통해 모방에 열중했다. 때로는 허락을 받지 않고 남의 상품을 그대로 베껴 지적재산권 침해 시비에 휘말리기도 했다.

모방전략은 기존의 상품을 분해한 후 다시 조립하는 과정을 통해 상품이 어떻게 만들어졌나를 연구하는 역공학(re-engineering)을 기본으로 한다. 대부분의 한국 기업들이 이 역공학을 바탕으로 성장을 추구한 결과 그야말로 역공학의 귀재가 됐다. 게다가 값싼 노동력 덕분에 거의 똑같은 제품을 원조 제품보다 낮은 가격에 판매할 수 있어 경쟁력 강화에 많은 도움을 얻을 수 있었다. 그러나 경영학계에서는 모방전략이 혁신에 바탕을 두지 않고 있기 때문에 지속적인 경쟁력 우위를 확보하는 데는 유용한 전략이 아니라고 주장해왔다. 하지만 모방전략에 대한 부정적인 시각은 점차 바뀌고 있으며, 최근에는 특정 산업의 경우 모방전략이 확실히 효과를 발휘한다는 주장도 제기되고 있다.

4. Imitation Strategy

Back when many Korean companies were starting their businesses in the early 1960's, the only way that they could achieve competitiveness was by copying other firms' products or services. Often this was done by borrowing technology, hiring experts from overseas, or, at times, taking intellectual capital in not so honorable ways.

This, of course, is not an unusual course of action. Japan also followed this business "model" for 10-15 years. As a result, terms like "reverse engineering," where you completely take apart an existing product and learn from it, became widely used, and after a while, the Koreans became the best at doing this. Because of our cheap labor, we were able to produce same product as others but at a much lower cost structure. In academic management circles, this type of management is often looked down upon as not being innovative enough, not being sustainable or not creating a competitive advantage. But this paradigm is changing somewhat and some even argue that strategies of this sort may actually work for you in certain industries.

In the US, products and services that are carbon copies of other products are called derogatory terms such as "also-ran" or "me-too" products. Often such products have a fake "flavor"

　기업 처지에서는 모방전략을 통해 여러 가지 이득을 얻을 수 있다. 가장 두드러진 이점은 비용절감이다. 새로운 상품을 개발하기 위해서는 R&D에 엄청난 투자를 감행해야만 한다. 하지만 이미 있는 제품을 모방하는 경우에는 그다지 많은 돈이 들지 않는다. 물론 어떤 제품이나 서비스를 먼저 개발한 기업에 기술 사용료를 지불해야 하지만, 이를 감안하더라도 총비용은 상품을 직접 개발한 기업이 투자한 비용에 비교가 안 될 정도로 낮다.

　모방전략을 잘 활용하고 있는 산업 중 하나로 패스트푸드 산업을 들 수 있다. 간단하게 요기를 하거나 잠깐 사람을 만나는 장소로 이용되는 패스트푸드 매장은 한 마디로 목이 좋아야 성공할 수 있다. 지하철역이나 버스 정류장, 학교 등 유동 인구가 많은 지역에 문을 여는 것이 유리하다는 게 일반적인 견해다. 하지만 점포 위치를 정하는 일이 그렇게 단순하지만도 않다. 네거리에 문을 여는 경우에도 네 개의 코너 중 어떤 위치가 가장 적절한지, 문의 위치는 어디에 두는 것이 좋은지 등등 세세한 항목을 고려해야 한다.

　맥도널드는 패스트푸드 업계에서 부지 선정 면에서는 비즈니스 감각과 노하우를 가장 잘 활용해 성공한 기업으로 꼽히고 있다. 이 때문에 경쟁업체들이 맥도날드 바로 옆에 점포를 개설하는 모방전략을 구사하기 시작했다. 길을 가다 보면 맥도널드와 다른 패스트푸드점이 나란히 있는 것을 흔히 볼 수 있을 것이다. 경쟁 매장이 함께 있으면 고객이 분산된다는 우려에도 불구하고 맥도널드가 그 지역을 선택한 데는 뭔가 이유가 있을 거라는 생각에 그대로 맥도널드를 따라 하는 것이다. 떳떳한 방법이 아닐지는 몰라도 맥도널드 옆에 매장을 연 패스트푸드점은 대개 짭짤한 수익을 올린다고 한다.

　물론 모방전략에는 한계가 있다. 가장 심각한 문제점은 기술의 라이프 사이클이다. 어떤 산업에서는 기술의 변화가 제품의 라이프 사

that clearly mark them as imitations. Of course, because most of us would rather have originals than fakes such a strategy would not seem likely to succeed. However, studies show that there are many merits to the imitation strategy.

For example, if you are to spend an enormous amount on R&D to create a product, the firm that copies this product will probably not need to spend that as much time and effort on R&D to mimic the process. Of course, royalty payments will have to be made to the firm that invented the product or service, but even when one factors them in, most R&D programs do not pay off the cost of investments in them. For example, if a company works on 10 R&D projects, and only one succeeds, that one project has to somehow carry the burden of the cost of other 9 failed projects to make the company profitable. But if you knew exactly which projects would succeed, by copying or watching others, you could focus and allocate your resources on only the right projects. Therefore, theoretically speaking, reducing the sheer number of projects alone can reduce your total investment cost even though you have to pay royalties for other firms' processes or technology.

Imitation strategies are often used by Western firms as well. For example, in the fast food industry, selection of the proper location is the factor most critical to success. Location plans can be so detailed that they include which corner of which intersection to build one's restaurant on or which direction the entrance should face. Gas stations, convenience stores and retail businesses are similarly impacted by location.

In the fast-food business, McDonald's is probably the best in the world at locating their stores in areas where they are most likely to thrive. Their keen business acumen and know-how in site selection far exceeds that of anybody else in their industry. Many have used sophisticated computer models to solve this

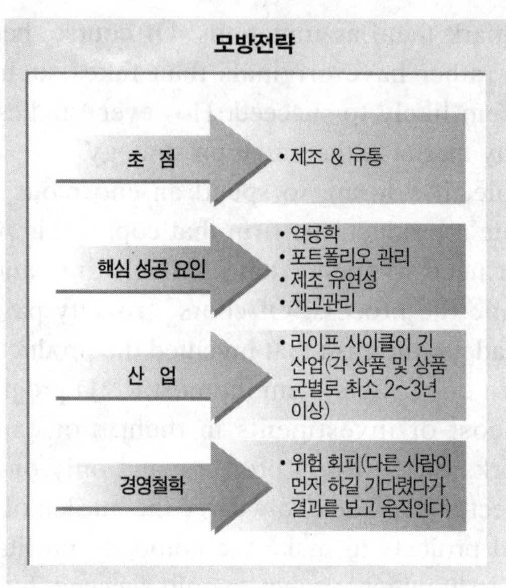

이클보다 빠르게 일어나기 때문에 선두 기업을 모방해서는 결코 성공을 거둘 수 없다. 대표적인 예가 컴퓨터 산업인데, 컴퓨터 산업에서는 모방 제품이 나올 때쯤이면 이미 업계의 선두 기업은 대량 생산을 본격화하고 얼마 지나지 않아 곧이어 새로운 기술을 선보이게 된다. 모방의 귀재라고 알려진 일본 기업들이 미국의 컴퓨터 애플리케이션이나 소프트웨어 산업을 따라잡을 수 없는 이유 중 하나도 이 때문이다.

마이크로소프트나 오라클 같은 기업이 계속해서 새로운 아이디어를 내놓고 이것이 산업표준으로 채택되는 한 일본 기업을 포함한 세계의 어떤 기업도 모방전략으로 큰 성공을 거둘 수 있을 거라는 기대는 하지 말아야 한다.

problem, but to date, McDonald's is the world benchmark in this area. So what other fast food restaurants in this business do is simply follow McDonald's' strategy by placing their store next to a McDonald's. Even though they are placing themselves in direct competition with McDonald's by doing so, their thinking is "If McDonald's is locating in a certain area, they must know something about it that we don't." This may sound a foolish strategy, but the results show that it pays off rather handsomely. This is probably one of the main reasons why you often see a Burger King right next to a McDonald's restaurant.

Of course, as with any management strategy, this strategy has its limitations. One of the main drawbacks is what we call the technology life cycle. This simply implies that if the technology moves faster than the economic cycle, one can never make money by imitating the leader. This is very true in an industry like the computer industry. For example, if your only strategy is to copy the innovations of others, by the time you copy the leader and start producing computers on a mass scale, the technology will have already moved to the next level, making your product no longer marketable. And this is one of the main reasons why Japanese firms cannot catch up to US firms in the computer applications and software businesses today.

As long as companies like Microsoft and Oracle keep innovating and coming up with new ideas and standards, no Japanese firm or any firm for that matter will be able to catch up to them and make money using an imitation strategy.

5. 수요창출 프로세스

수요창출 프로세스란 컨설팅 업계에서 '판매활동'을 고상하게 표현하는 용어다. 그렇지만 결국 판매활동이란 무엇인가? 어떤 기업에든 특정 형태의 영업부서가 존재하게 마련이지만 많은 영업부서들이 진정한 의미에서 판매활동을 담당하는 부서로서 역할을 다하지는 못하고 있다.

이런 현상은 한국 기업의 경우에 더욱 분명히 드러난다. 판매와 관련해 잘못 이해되고 있는 그릇된 가정 중 하나는, 판매란 주문을 받을 수 있게 되는 그 시점에서 이뤄진다는 생각이다. 그러나 많은 경우 이런 생각은 맞지 않는다.

기업이 수행하는 여러 가지 기능 중 하나인 판매를 자세히 살펴보면 판매는 두 가지의 핵심적인 활동으로 구성돼 있다는 사실을 알 수 있다. 첫째는 수요 창출 프로세스이고, 둘째는 수요 충족 프로세스다. 상당수의 기업들은 두번째 판매활동인 기존에 있는 수요를 충족시키는 프로세스만을 판매 프로세스의 전부라고 생각하는 경향이 있는데, 사실 판매 프로세스는 창출과 충족 두 가지 활동을 모두 포함한다. 이해를 돕기 위해 한 가지 예를 들어보자.

고급 레스토랑의 웨이터를 연상해보자. 고객이 문을 열고 걸어 들어오면 웨이터가 그 손님을 빈 자리로 안내해 메뉴를 건넨다. 몇 분

5. Demand Generation Process

Demand generation process is a fancy consulting way of saying increasing sales. But what is sales after all? Every company we know has a sales department, in one form or another, but not many of them are truly acting as sales departments. This is even more apparent in the realm of Korean management. One of the major flawed assumptions about the term sales is that sales take place when you take an order. But this is not true in many cases.

Generating sales, which is one of the many functions carried out by a company, can be divided into two key activities. The first is the demand generation process and the second is the demand fulfillment process. Often many companies make the mistake of understanding the second activity as the whole sales process, but, in fact, the sales process encompasses both activities. This is less confusing if you look at the following example.

Let's assume that you are a waiter in a well-known restaurant. A customer walks in and you escort him to a table and give him a menu. After a few minutes, the customer chooses a dish. You take the order and deliver it to the cook. In this process, not many people would regard the waiter as the factor responsible for making the sale. There is no doubt that the function the

후 고객은 웨이터가 건넨 메뉴판에 나와 있는 음식 중 하나를 주문한다. 웨이터는 주문을 받아 요리사에게 전달한다. 이 과정에서 웨이터가 직접적인 판매활동을 했다고 생각하는 사람들은 많지 않을 것이다. 웨이터가 수행한 업무는 분명히 판매 프로세스 중 일부다. 그러나 주문을 받는 웨이터의 능력이 이 레스토랑의 매출을 전적으로 좌우한다고 말할 수는 없을 것이다. 웨이터가 수행한 일은 주문을 받아들여 완수하는 프로세스다. 웨이터는 주문을 받아 그 주문을 제조 단계에 전달하는 역할을 수행할 뿐이다. 레스토랑의 매출을 올리려면 주문을 효율적으로 받는 것보다 밖의 고객을 레스토랑 안으로 끌어들이는 것이 필요하다.

이 사례가 너무 간단해보일지는 모르지만 여러 가지 교훈점을 내포하고 있다.

- 국내의 많은 대기업들은 계열사에 상품이나 서비스를 판매하고 있는데, 이런 행위는 엄밀히 말해 진정한 의미의 판매라고 볼 수 없다. 따라서 국내 대기업에 소속된 판매사원들의 성과와 판매 프로세스, 판매조직 등을 다른 선진 기업들의 사례와 비교하기는 어렵다. 이는 정보기술, 국제 교역, 부품 제조업체 등과 같은 분야에도 적용된다. 이런 이유로 인해, 즉 영업사원이 위에서 예를 든 웨이터의 역할만을 수행하고 있기 때문에 최근 실시된 국내 기업의 생산성 조사 결과에서도 판매부서의 비효율과 중복업무 비중이 30% 이상인 것으로 나타났다.
- 세계적인 경쟁자가 나타나지 않는 한 국내 기업들은 국내 제품에 익숙해진 소비자들과 국내 경쟁자들에만 주의를 기울일 것이다. 다시 말해 수요를 창출하는 것이 아니라, 기본적으로 이미 결정된 주문 완수 프로세스만을 반복할 것이다.

waiter performed is part of the sales process, but one would be wrong to say that the restaurant's revenue depends entirely on the waiter's ability to take the order. What the waiter performed was an order-fulfillment function. He was good at taking the order and delivering it to the manufacturing process. To increase the restaurant's revenue, you must attract customers from outside, not just take orders efficiently.

The event I just described may look simple, but it has many lesson points:

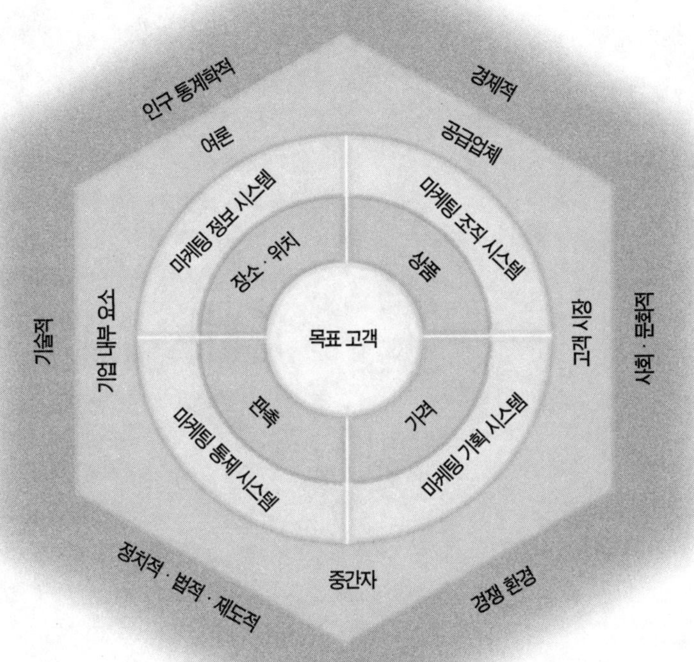

수요 창출시 고려 요소

- 수요를 창출하기 위해서는 핵심 고객의 규모를 파악하고 이들을 끌어들이며 유지하기 위한 여러 가지 최첨단 수단을 동원해야 한다. 오늘날 국내 기업의 마케팅 활동은 상품 및 서비스의 효율적인 전달에만 초점을 맞추고 있고 새로운 수요창출 문제는 간과하고 있다.

판매경쟁은 앞으로 더욱 치열해질 것이 분명하다. 특히 소비제품 부문에서는 경쟁이 더욱 극심해질 것이다. 이미 존재하는 수요를 충족시키는 데 몰두하느라 새로운 수요창출을 소홀히 하는 기업은 천천히 시장에서 사라지는 운명이 되고 말지도 모른다.

• Today many chaebol group companies are selling products and services to their sister companies; therefore, strictly speaking, actual sales are not taking place. Hence, you cannot benchmark the performance of your sales people and organization with those of other leading companies. This applies to IT, trading, component manufacturing, etc. This very issue (i.e., the waiter versus salesman issue) is the reason why, about 30% of the activity of Korean sales departments is inefficient or redundant, a finding which was contained in our recent study on the productivity of Korean companies.

• Unless a country introduces global competition, its companies are only dealing with captive, local customers and competitors. In other words, they are basically performing an advanced form of order fulfillment — not generating demand.

• Generating demand requires highly sophisticated tools to size, attract, and maintain key customers. Today, Korean marketing is limited to delivering goods and services to customers in the most efficient manner — it is less concerned with creating demand.

Sales competition will undoubtedly intensify in the years to come, especially in the area of consumer products. Those who focus solely on fulfilling demand, rather than on generating it will slowly vanish from the marketplace.

6. 수요예측

수요의 성격과 규모를 계량화하고 파악하는 것은 수요창출 프로세스를 이해하기 위한 가장 중요한 첫걸음이다. 이를 출발점으로 해서 생산계획이나 서비스 제공 계획을 수립, 개발할 수 있게 된다.

이것은 간단하게 들릴 수도 있지만 실제 경영현장에서는 상당히 복잡하다. 수요예측을 하는 가장 확실한 방법은 앞으로 들어올 주문의 규모를 이해하고 파악하는 것이다. 앞으로 어느 정도의 주문을 더 받을 수 있을지 추정함으로써 수요를 예측할 수 있다. 만약 어떤 상품을 만드는 제조업체가 단 하나뿐이고 고객들의 숫자도 한정돼 있다면 미래 주문량을 예측하는 일은 매우 간단하다.

그러나 소비재 산업의 경우 수요예측은 훨씬 어렵다. 예를 들어, 청량음료를 담는 알루미늄 캔을 제조하는 업체를 상상해보자. 대부분의 경우 캔 판매량은 캔이 납품되는 회사의 청량음료 매출과 직결돼 있고 청량음료 판매량은 소비자의 기호를 비롯해 여러 가지 다른 요소에 따라 결정된다. 청량음료 시장에서 매출을 좌우하는 중요한 요소는 날씨다. 기온은 청량음료와 같은 종류의 상품 판매와 매우 긴밀한 관계를 갖고 있다. 만약 기온을 예측할 수만 있다면 좀더 정확한 매출 추정치를 잡을 수 있을 것이다.

수요예측이 중요한 이유는 제조업체가 재고를 보관할 창고 공간

6. Demand Forecasting

Quantifying demand and realizing the nature and magnitude of it is the critical first step to understanding the demand generation process. From there one can initiate, develop and formulate manufacturing or service plans. This sounds so basic, but in the realm of management, it is a bit more complicated. One obvious forecast method is to track the backlog of customer orders. By estimating the orders you might have in the future, you can calculate a demand forecast. Of course, this is simple if you are the only producer and there are a limited number of customers.

In the consumer products industry this is a lot tougher. For example, let's assume you are a manufacturer of aluminum cans that are used for soft drinks. For the most part, can sales are directly tied to sales of soft drinks that one supplies cans for and those sales are determined by consumer preference and other factors. The "other factor" in this market is the weather. The temperature has a strong influence on sales of these types of products and if you can predict the temperature with a high degree of accuracy, you can forecast sales pretty accurately as well. The reason why forecasting is so important is that the warehouse space you need to store your inventory is extremely expensive. A wrong forecast will definitely add to your costs of

을 확보·유지하는 데 많은 비용이 들기 때문이다. 이런 산업에서 수요예측을 잘못하게 되면 재고 숫자가 늘어나 비용이 증가하게 된다.

미국의 회계기준에 비춰볼 때 이처럼 빗나간 예측으로 인해 추가로 발생하는 비용은 총재고비용의 약 20%에 달한다. 다시 말해 창고에 보관돼 있는 재고의 총가치가 100만 달러라면 순현금 기준으로 1년에 20만 달러 정도의 비용을 낭비하고 있다는 애기다.

수요예측은 오늘날과 같이 전세계 기업들이 서로 긴밀하게 연결돼 있는 글로벌 경영환경에서는 더욱 중요한 문제로 부각된다. 기업은 고객의 구매 경향을 예측해야 할 뿐만 아니라 거래하는 공급업체의 생산 사이클 및 생산량도 미리 파악해 대처할 수 있어야 한다.

만약 수요예측에 좀더 주의를 기울이지 않는다면 생산·판매 과정의 양 측면에서 재고가 쌓이게 된다. 즉 부정확한 수요예측으로 인해 과다한 완제품 재고, 부정확한 구매량 예측으로 인해 과다한 원자재 재고가 발생하게 되는 것이다.

수요예측과 관련한 주요 이슈는 매우 오래 된 경영계의 문제 중 하나로 잘못된 예측의 책임이 누구에게 있는지 파악하고 부정확한 예측의 결과로 발생한 재고를 누가 부담하고 있는지 알아내는 것이다. 언뜻 보면 마케팅 부서가 부정확한 수요예측에 대해 책임을 져야 할 것 같지만, 현실적으로는 잘못된 수요예측에 대해 책임을 공유해야 할 부서가 많다. 판매부서의 경우 부서원들이 얼마나 많이 판매했는가에 따라 대부분의 성과 평가가 이뤄지기 때문에 되도록 상품 재고 수준을 높게 유지하려는 경향이 있다. 상품이 없어 못 파는 재고 부족 사태는 판매부서에 큰 불이익이 될 수 있다. 반면, 생산부서 처지에서 보면 공장 가동률이 성과 평가의 주요 기준 중 하나이기 때문에 공장의 운휴 시간을 최소화 하면서 항상 일정한 생산

storing inventory.

If one follows US accounting standards, this additional cost is usually valued at approximately 20% of inventory cost. In other words, if you have $1,000,000 worth of inventory sitting in your warehouse, you are losing approximately $200,000 a year on a net cash basis. This is even more problematic in today's global business world where businesses are much more interdependent and integrated. Not only do you have to forecast customer buying trends, you also have to anticipate the supplier's manufacturing cycle and their production as well. In other words, if you are not careful, you can build up inventory at both ends—excessive finished goods inventory due to an inaccurate demand forecast, and excessive raw materials inventory due to an inaccurate purchasing forecast.

The major issue in forecasting is a classic management problem of identifying who should be held responsible for inaccurate forecasts and who "owns" the inventory that results

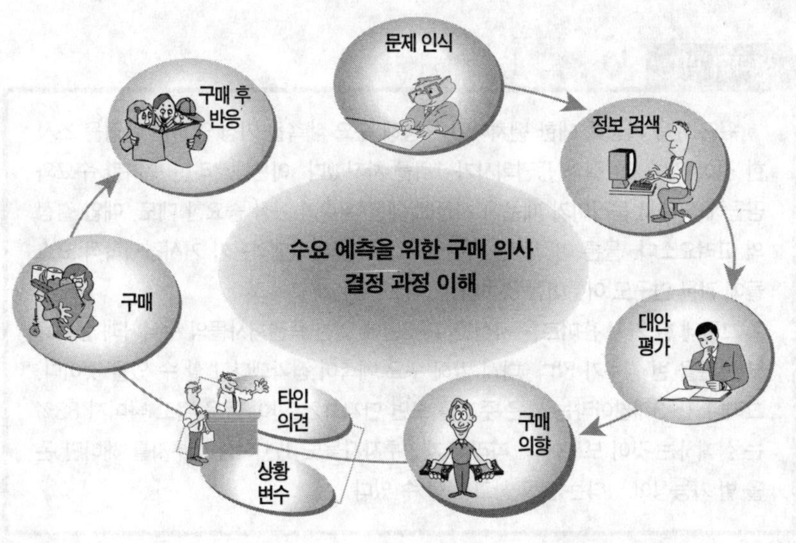

규모를 유지하려 한다. 문제는 이 두 부서가 별개로 운영될 경우 수요예측 실패로 인한 추가 재고비용이 겉으로 드러나지 않게 된다는 점이다.

결국 이 같은 성과 평가 구조의 차이점으로 인해 수요예측과 관련된 문제에서 충분히 객관적이고 시의적절한 의사결정을 내릴 수 있는 사람은 보통 CEO, 즉 최고경영자뿐이다.

수요 예측 기능에 대한 벤치마킹을 통해 수요 예측을 가장 잘하는 기업을 조사한 적이 있다. 그 결과 증권회사가 1위를 차지했다. 이론대로라면 주가란 수요와 공급에 의해서 움직이기 때문에 시장에 대한 예측이 가장 중요한 매도, 매입 결정의 고려요소다. 물론 이것뿐만 아니라 기업의 경영상태라든가 거시경제학적 요소들에 관한 연구도 이루어질 것이다.

그런데 한 가지 흥미로운 사실은 1~3년에 걸친 증권회사들의 주식거래 실적을 보면 돈을 번 경우가 많다. 다시 말해 수요 예측이 정확했다고 할 수 있을 것이다. 그러나 1~3개월이라는 짧은 주기를 보면 단지 12%만이 돈을 벌고 나머지 88%는 실패하는 것이 보통이다. 따라서 개인투자자들도 1년 이상의 투자를 해야만 돈을 벌 가능성이 있다는 점을 참고로 할 수 있다.

from such forecasts. On the surface, it would seem that the marketing personnel should take the lion's share of the responsibility, but, in reality, there are many stakeholders who should take some of the responsibility. Since most sales people are evaluated based on how much they sell, the have a tendency to overstock products. Any stock-out (sales not made due to lack of inventory) is a major problem for the sales department. On the other hand, manufacturing employees have an incentive to maintain a steady level of production to minimize plant downtime since they are evaluated based on plant utilization. The end result, more often than not, is that inventory cost usually does not show up anywhere if these two departments are organized separately.

Because of the differences in incentive structure, the only person who is objective enough and able to make a timely decision on forecasting issues is usually the CEO or top management.

7. 인맥 구매자

세일즈맨들이 고객들에게 판촉 방문을 할 때 세일즈맨들의 마음에는 거래를 성사시키겠다는 한 가지 목표가 있다. 이는 너무나 당연하게 들릴지 모르겠지만, 한 걸음 물러서서 우리가 매일매일 행하는 모든 사업상의 거래를 분석해보면 결국은 모두가 거래를 성사시키기 위한 것이다. 그렇다면 어떻게 해야 거래를 성사시킬 수 있고 판매 과정에는 어떤 요인이 작용하는 것일까? 판매 과정의 한 부분은 구매자들이 누구인지 확인하고 이들을 유형별로 분류하는 것이다.

과거에는 품질이 우수하기만 하면 별다른 노력을 기울이지 않아도 시장에서 저절로 잘 팔렸다. 물론 모든 제품이 시장에 내놓기만 해도 잘 팔린다면 판매나 마케팅 부문에 어떤 자원을 투입할 필요도 없을 것이다. 그러나 현실은 이보다는 훨씬 더 복잡 미묘하다. 예를 들어, A라는 상품이 B라는 상품보다 품질은 더 우수하지만 가격은 똑같은 경우 B가 시장에 존재할 수 있고 실질적으로 구매자들에게 팔리기조차 하는 상황은 상상하기 어렵다.

또 다른 예를 들기 위해 스스로를 보험설계사라고 상상해보자. 이 경우 첫번째 목표고객은 가까운 친척이나 친구 또는 안면이 있는 사람들이 될 것이다. 이 때 이 사람들은 상품이나 서비스의 품질 때문

7. Face Buyers

When a salesman makes a sales call to a customer, there is basically one objective in that salesman's mind—to close the sale. This may sound obvious, but if you take a step back and analyze the entire business transaction process, you will realize that we are really dealing with this very issue of closing sales. But then how does one close a sale and what drives the sales process? One dimension of this process deals with identifying and categorizing those who buy a product or service.

If all products were superb, they would sell themselves in the marketplace without any major effort. Of course, if this were the case then we would not need to spend any resources on sales and marketing departments. The reality, obviously, is much more sophisticated than this. For example, if product A is far superior to product B and both have about the same price, it is hard to see how product B could be successfully marketed to buyers.

Another example is that of insurance sales people; if you sell insurance, the first people that you target will be your close relatives, friends, and acquaintances. In this situation, people are buying an insurance policy not necessarily because of quality of the product or service, but because of your relationship with them, or in Asia, what we commonly call

이라기보다는 보험설계사(나)와 맺고 있는 관계, 즉 아시아에서 흔히 말하는 '안면' 때문에 보험에 가입할 것이다. 과거에는 혈연관계나 다른 요소들 때문에 물건을 구입하는 이러한 안면 또는 인맥판매의 유형이 장기적으로 안정적인 판매 유형이 아니라고 해서 거의 무시되어왔다. 그러나 최근에는 현대 경영이론에서조차 전문가들이 인맥판매를 판매 과정의 중요한 요소의 하나로 인식하기 시작했다.

한 조직이나 개인이 어떤 상품이나 서비스를 구매할 때 모든 사람들이 정확한 정보에 근거해 결정을 내리는 것은 아니다. 또한 충분한 정보가 제공된다 하더라도 그 정보에 크게 주의를 기울이지 않거나 정보 자체를 중요한 요소로 여기지 않을 수도 있다. 이런 이유로 인해 구매결정 과정에서 완전히 다른 결과가 나타날 수도 있다.

현대 경영이론에서는 구매자를 네 가지 유형으로 분류한다. 첫번째 유형은 '기술적 구매자'라 불린다. 기술적 구매자는 상품이나 서비스의 장점과 효과를 이해하고 인식하기 때문에 그 상품이나 서비스를 구매한다. 상품 및 제조 엔지니어들은 말 그대로 이런 기술적 구매자들의 요구를 충족시키기 위해 존재한다.

두번째 유형은 '관계 구매자'라고 불린다. 관계 구매자들은 상품을 판매하는 조직이나 세일즈맨과의 관계 때문에 상품을 구매한다. 상품이 구매자에게 필요한 최소한의 품질을 충족시키는 한 관계 구매자들에 대한 판매는 주로 인간관계에 의거해 이뤄지게 된다.

세번째 유형은 '전략적 구매자'로 지칭된다. 전략적 구매자들은 그들이 상품이나 서비스에서 얻는 것 이상의 것을 원한다. 이들은 세일즈맨과 어떤 종류의 관계를 맺음으로써 다른 무엇인가를 성취하고자 하기 때문에 그 세일즈맨으로부터 물건을 구입한다. 다시 말해 이들은 거래 이면에 다른 목적을 갖고 있다.

마지막 유형은 '단순 구매자'다. 이들은 주로 판매자가 특정 시간

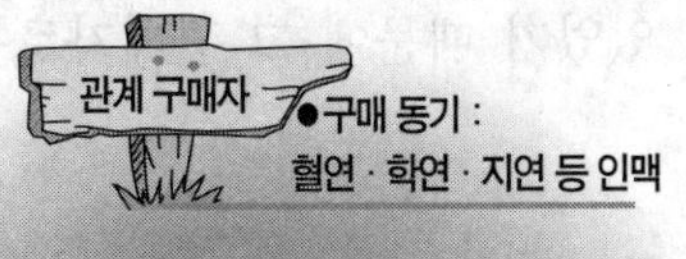

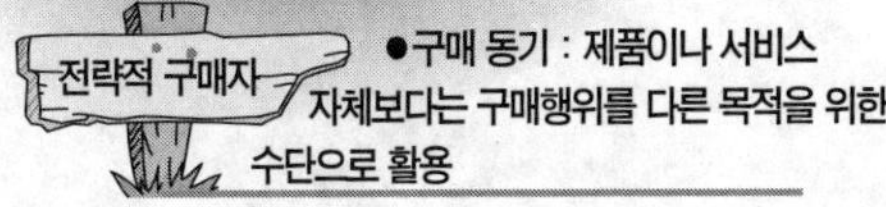

"face." In the past these types of "face" sales, where people purchase a product because of their family ties to or relationship with the salesperson have largely been ignored as a non-sustainable sales category. But, in recent years, even experts in modern management theory are beginning to recognize it as one of the critical aspects of the sales process.

When an organization or a person buys a product or service, we recognize that they do not always make their decision based on accurate information. Even if you provide them with adequate information, they may ignore it or not place enough emphasis on it. This may result in their making a radically different conclusion, in terms of a buying decision, than another person would make.

According to modern management theory, there are four types of buyers. The first category of buyer is called the "technical buyer." Technical buyers buy a product or service because they understand and recognize its merits and benefits. Some product engineers and manufacturing engineers literally spend their entire careers trying to satisfy the needs of these technical buyers.

에 특정한 장소에 있었기 때문에 그 판매자로부터 상품이나 서비스
를 구매한다.

개개인의 소비자를 상대로 상품이나 서비스를 판매할 경우에는 소비자가 누구
인지, 어떤 특성을 갖고 있는지 비교적 쉽게 파악할 수 있다. 물론 인터넷을 통한
전자상거래의 경우 직접 소비자를 대면할 수는 없지만, 인구통계학적 자료나 신상
자료를 통해 그 소비자의 유형을 유추해낼 수 있다.

문제는 기업이 고객일 경우다. 구매부서가 있긴 하지만 품목에 따라 구매부서에
서 일괄 구입하기도 하고 부서별 구매도 이루어지는 등 기업마다 구매 의사결정 관
행이 다르기 때문에 판매자 입장에서는 복잡한 과정을 거쳐야 한다.

한국에서 처음 컨설팅 프로젝트를 수주하러 다니면서 누구를 접촉해야 할지 몰라
애를 먹은 적이 많았다. 의사결정 프로세스가 복잡하고 애매할 뿐만 아니라 결정 기
준도 객관적이라기보다는 인맥 등 제품이나 서비스 자체와는 그리 관련이 없는 부
수적인 요소가 크게 작용한다는 것도 알게 되었다. 콘텐츠 하나만으로 승부하는 벤
처기업이 속속 등장하고 있는 것은 이 같은 관례를 타파할 수 있는 좋은 계기가 될
수 있다고 본다.

The second category of buyer is called the "relationship buyer." Relationship buyers buy products because of their relationship with the sales organization or person. As long as the minimum quality requirement is met, the sale will occur, mainly because of past or present personal relationships.

The third category of buyer is the strategic buyer. Strategic buyers want more than just the value provided by the product or service itself. In fact, they are buying goods and services from you because they want to gain something else by establishing a relationship with you or because doing so will help fulfill a hidden agenda.

The last category of buyers is the opportunistic buyer. They buy products and services from you largely based on coincidence and because you happen to be in the right place at the right time.

8. 기술적 구매자

기술적 구매자는 전통적인 영업 및 마케팅 대상이 되는 주요 구매자 집단이다. 기술적 구매자는 기술 구매자와는 구별된다. 기술적 구매자는 기술뿐만 아니라 기술 이외의 여러 가지 요소를 고려해 구매를 결정하는 사람을 말한다.

예를 들어, 주부들을 대상으로 진공청소기를 판다고 생각해보자. 대부분의 주부들은 이미 진공청소기를 사용해본 경험이 있거나 실제로 사용할 사람이다. 즉 이들을 기술적 구매자라 할 수 있다. 이들은 자신이 어떤 제품을 구입하는지 정확히 알고 있다. 자신이 구매하려는 제품의 가격, 무게, 서비스 관련 사항, 그 밖에 제품과 관련된 여러 가지 요건에 대해 정확히 알고 있다. 따라서 제품의 품질이나 가격에 대한 설명만으로 기술적 구매자들을 만족시킬 수는 없다. 제품에 대한 막연한 광고만으로는 지속적인 판매나 성공을 기대할 수 없다는 뜻이다.

국내 시장은 선진국 시장에 비해 외국 업체와의 경쟁이 낮은 수준이고 제품의 가용성 또한 부족하다. 따라서 대부분의 국내 소비자들은 제품에 대한 이해와 정보가 부족한 상태에서 구매결정을 내리게 된다. 평균적으로 볼 때 우리나라의 자동차 구매자들은 구매의사결정을 내릴 때 덜 세련돼 있다. 즉 미국 소비자들은 매일 자동차를 직

8. Technical Buyers

Technical buyers are the primary buyer group on which sales and marketing people tend to focus. Technical buyers are not to be confused with technology buyers. The technical buyers' domain includes, but is far more than just, technology.

For example, if you sell a vacuum cleaner and want market it to housewives, you should know that most housewives are qualified as technical buyers since most of them may have used and will use the product. As such, they know exactly what they are looking for in terms of price, weight, service, and many other product dimensions. To satisfy technical buyers, the quality and price of your product has to meet or exceed their demand specifications. Advertising alone will not make your product successful on a long-term basis.

In Korea, most consumers make buying decisions with a lot less technical capability and information than Western consumers because of the lack of foreign competition and poor product availability. On average, most automobile consumers in Korea are much less sophisticated in making their purchasing decisions than their Western counterparts. For example, the average American consumer knows much more about cars than the average Korean consumer, whereas Korean consumers are much more dependent on advertising and word-of-mouth

접 운전하면서 출퇴근하기 때문에 한국 소비자들보다 월등히 앞선 자동차 지식을 갖고 자동차를 구매한다. 이에 비해 한국 소비자들은 광고나 소문에 크게 의존한다.

기술적 구매자의 자격은 일반적인 제품이나 일반 소비자가 구매하는 품목을 벗어날 경우 불투명해진다. 예를 들어, 자동차를 구매하는 경우를 생각해보자. 일반적인 소비자라면 자동차는 자주 구입하는 품목이 아니다. 따라서 자동차 구매결정은 구매하려는 자동차에 대한 경험이나 지식을 기반으로 이뤄지지 않는다.

두번째 범주는 구매자가 사용자와 다를 경우다. 예를 들어, 기업에서 매우 값비싼 IT 시스템을 구입하려고 한다고 하자. 이 같은 구매 의사결정을 실제로 누가 내리는지 생각해본 적이 있는가? 대부분의 경우 막대한 비용이 들어가기 때문에 최고경영자가 의사결정을 하게 된다. 그렇지만 최고경영진이 IT에 대해 얼마나 많은 지식을 갖고 있을까? 아마 거의 없거나 피상적인 지식에 그치는 경우가 대부분일 것이다.

일반적으로 기업들은 주요 구매품목에 대한 조언을 얻기 위해 교수나 자문위원을 고용한다. 하지만 일반적인 경우 제품에 대한 정보가 거의 없는 상태에서 구매결정이 이루어진다. 결국 기업을 대상으로 판매를 하는 세일즈맨은 최고경영진의 비기술적인 욕구를 충족시켜야 거래를 성사시킬 수 있다.

결국 여기에서 우리가 배울 점은, 대부분의 경우 구매를 결정하는 사람들은 장비나 서비스를 실제로 사용하는 기술적 구매자가 아니라는 점이다. 이 점은 물건 판매를 더욱 복잡하게 만든다. 여러분이 세일즈맨이라면 다음에 고객을 만날 때 과연 그 사람이 제품을 실제로 사용하는 사람인지, 아니면 구매만을 담당하는 사람인지 생각해본 후 접근하는 것이 좋을 것이다.

reviews.

The technical buyer qualification becomes more difficult to assign as soon as you move out of the normal consumer product range or look at cases where the person who buys the product is not the person who uses it. For example, let's assume you are buying a car. A normal consumer does not purchase this type of product frequently. The result is that your buying decision is not necessarily based on your experience or your knowledge of this product.

The second case occurs when the buyers of a product differ from its users. For example, let's look at the decision to purchase an IT system for a company. Have you ever stopped and thought about exactly who makes the decision on this type of major purchase? The most popular answer is top management since such systems represent a major investment. But have you ever thought about exactly how much knowledge top management has about IT? The answer is usually little, if any at all. Companies usually hire professors and advisors to study the major purchasing items, but, in general, the decisions are made with little information on hand. And, this is the key reason why these days IT salesmen must be able to communicate with top executives and meet their non-technical needs.

The point is that although technical buyers are usually the users of the product or service they purchase, sometimes the people who actually make purchasing decisions are not technical users.

This makes the sales process even more complicated. For those readers in sales, think twice before you make your next sales call. Is your customer a technical user or a technical buyer?

9. 관계 구매자

관계 구매자는 여러 구매자 유형 중 가장 이해하기 힘들고 잘못 인식되고 있는 구매자 집단이다. 많은 서양 사람들은 아시아에만 존재하는 부정적 의미를 내포하는 것으로 '관계'라는 말을 인식하고 있다. 이미 널리 알려진 아시아의 정실자본주의는 이런 관계에 바탕을 둔 비즈니스 관행의 소산이라고 할 수 있다. 이로 인해 투명성이 저하되고 '물밑 거래'가 성행하게 된다.

현실적으로 기업 간 정상적인 경로를 통한 비즈니스의 경우에도 의사결정은 결국 사람이 한다. 인적 요소가 가미되는 한 관련자들 간의 상호작용을 배제할 수 없다. 실제로 아시아 국가에서 주로 이뤄지는 '막후' 교섭을 통한 비즈니스 관행은 인터넷 시대에 진입한 오늘날에도 존재하고 있고 앞으로도 사라지지 않을 것이다.

그러나 관계 구매를 무턱대고 부정적인 시각으로만 보아서는 안 된다. 관계 구매는 조직이나 조직 구성원들이 과거에 접촉했던 개인이나 조직과의 관계를 바탕으로 가치를 창출하고 이를 활용하는 것이다. 한국과 같이 상대적으로 폐쇄적인 사회에서는 특히 이런 유형의 구매가 큰 부분을 차지한다.

예를 들어, 여러분이 보험설계사라고 한다면 제일 먼저 머리에 떠오르는 잠재고객은 가까운 친척이나 친구일 것이다. 이 사람들이 여

9. Relationship Buyers

The relationship buyers the least studied and the most misunderstood of all buyer categories. For many Westerners, the word "relationship" has a negative connotation, especially as it pertains to Asian business. Asia's crony capitalism is somewhat driven by this relationship-based business dimension which is based on secrecy and "under-the-table" dealings.

Realistically speaking, even when routine business is conducted among organizations, it is humans who make all the decisions. And as long as human nature is involved, I don't think we can take the human factor completely out of the equation. From a practical standpoint, the "behind-the-scenes" aspect of business will always exist, especially in Asia, even as we enter the Internet age.

However, relationship buying is more than this. It deals with valuing and leveraging previous contacts that your organization or employees have made. In a relatively close-knit society like Korea, this is extremely important.

For example, if you are a solicitor for an insurance company, your first target customers will obviously be your close family members and friends. And when you sell them an insurance policy, they are probably not buying that policy because of the special features of that product, but because of your relationship

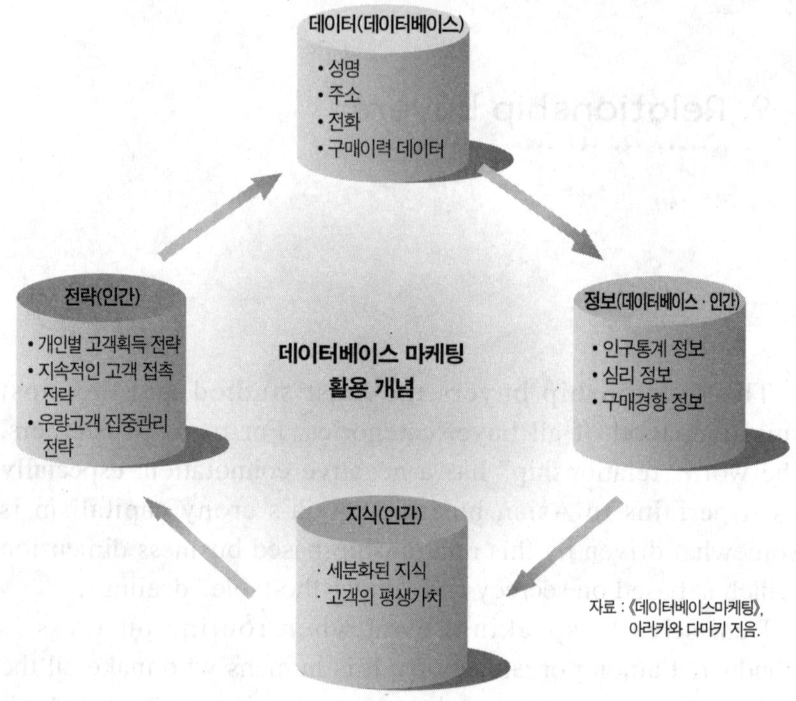

러분이 팔고 있는 보험상품에 가입하는 이유는, 다른 보험회사 상품에 비해 뛰어나거나 차별되는 요소가 있어서가 아니다. 그저 당신과의 관계 때문에 보험에 가입하는 것이 일반적이다.

물론 보험에 대한 새로운 수요를 창출하는 것은 아니지만, 보험가입 의사가 있는 사람에 대한 계약확률은 경쟁자보다 훨씬 높을 것이다. 따라서 서비스 업체가 다른 회사를 인수할 때 그 회사의 물리적 자산뿐만 아니라 눈에 보이지 않는 '무형 자산'까지도 매입하는 것으로 봐야 한다.

무형 자산이란 무엇인가? 대부분의 기업에서는 브랜드 자산이 가장 큰 무형 자산이다. 그러나 서비스 업체의 경우에는 고객 리스트와 과거·현재 고객 및 관련 조직과의 관계가 바로 최고의 무형 자

with them. Of course, your relationship with someone may not create demand for your policies, but certainly you have a much higher chance of closing the deal with that person than with someone else whom you do not have a relationship with. When one purchases a service company, one is not purchasing the assets of the company—he is purchasing what experts call "intangibles."

What are intangibles? For most firms this is brand equity, but for a service firm the most important intangible is a list of its customers and the relationships that the firm has with them. To be exact, you are buying the salesmen's relationships with a specific group of target customers. In the M&A process, evaluating the quality of the target company's customers is one of the most important steps of the acquisition process.

The implications of relationship buying are enormous. For example, let's assume that you are a Hyundai car salesman and you are selling a new luxury car to a target customer. And let's say that he or she possesses all the traits you look for in a customer. If that customer is closely related to a Daewoo employee who sells a similar car, your chances of making the sale are extremely low. This is one of the most difficult aspects for foreign companies operating in Asia. In the early years, they grossly underestimated the value of relationship selling. The philosophy of "If you have good products, people will buy." does not work in many Asian markets.

Even in the US, the leading marketers are beginning to catch on to the importance of relationship marketing. The result is a new technique called relationship database marketing (RDM) and companies that practice RDM gather a great deal of critical information about existing customers for future use. In Korea, database marketing is in its early stage, but I believe it will be the hottest management area in the next 2-3 years. Those who

산이다. 좀더 정확히 말하면 인수 대상 기업의 판매사원들이 구축해 놓은 고객과의 관계는 값어치를 따질 수 없는 자산이라 할 수 있다. 따라서 M&A 과정에서 인수 대상 기업의 고객을 계량화하고 가치를 산정하는 것은 중요한 절차 중 하나다.

관계 구매의 영향은 상당하다. 예를 들어, 여러분이 새로운 고급 차종을 판매하는 현대자동차 영업사원이라고 가정해보자. 여러분이 목표로 삼은 고객이 모든 비즈니스 요구를 충족시킬 만한 우량고객이라고 하자. 그런데 그 고객이 비슷한 차종을 판매하는 대우자동차 직원과 가까운 사이라면 여러분이 차를 팔 수 있는 확률은 극히 적어진다. 바로 이런 점이 외국 기업이 아시아에서 고전하고 있는 이유 중 하나다. 아시아에 진출한 외국 기업들은 초기에는 관계 구매의 영향력을 과소평가한다. 일정 시간이 지나면 "좋은 제품은 스스로 구매된다"라는 격언이 아시아에서는 맞지 않는다는 것을 실감하게 된다.

미국의 마케팅 선진업체들도 관계 마케팅을 도입해 적극 활용하기 시작했다. 그 결과 관계 데이터베이스 마케팅이라는 새로운 마케팅 기법이 생겨났다. 이것은 기존 고객의 상세 정보를 데이터베이스화해 향후 마케팅 전략에 활용하는 것을 말한다.

한국은 데이터베이스 마케팅 도입 초기 단계다. 하지만 향후 2~3년 안에 핵심경영 분야로 떠오를 것이 확실하다. 따라서 고객정보와 관계를 체계적으로 활용하는 기업이 서비스 시장의 선두주자로 부상할 것이다.

are able to leverage past and current contacts and relationships in a systematic manner will eventually dominate the market for services.

　　인터넷이 생기기 전까지는 인맥을 중심으로 한 판매가 많이 이루어졌으나 인터넷이 등장하면서 이같은 상황은 크게 달라졌다. 필자는 인터넷이 구매와 관련하여 어떠한 영향을 미치고 있고, 또 미칠 것인가에 대해 지대한 관심을 가지고 있다. 정보의 획득이 쉬워지고, 경제의 투명성이 높아지면서 관계를 중심으로 한 구매자들이나 판매자들이 결속하기가 어렵게 되었다.

　　예를 들어, 사촌이 차를 팔려고 한다고 하자. 예전 같았으면 가격이나 조건을 비교할 수 있는 특별한 방법이 없으므로 그냥 차를 구입할 가능성이 높다. 이 경우 결과적으로 더 비싼 값을 치를 수도 있다. 그러나 요즘에는 차에 관한 정보도 쉽게 얻을 수 있고 할인된 가격에 차를 판매하는 사이트도 있기 때문에 아무리 사촌이라 하더라도 예전처럼 바로 구입을 결정하지는 않을 것이다.

10. 전략 구매자

전략 구매자는 거래 자체보다는 거래를 통한 판매자와의 관계 강화에 가장 관심이 있는 구매자 집단이다. 이것은 한국 기업들에 '꺾기'의 한 형태로 인식되기도 한다. 하지만 국제적인 비즈니스 흐름 측면에서 보면 전략적 제휴의 중요한 부분이다.

전략 구매자들에게 거래시 가장 중요하게 고려해야 될 사항은 경제적·전략적 관계 측면에서 현재 비즈니스의 총체적 가치를 어떻게 증대시킬 수 있느냐는 것이다. 예를 들어, 철강산업의 경우 철강 제품 주요 구매자인 국내 자동차 회사나 중공업체 등은 주로 국내 철강업체의 제품을 구매한다. 외국 경쟁업체가 더 싼 가격에 판매하더라도 마찬가지다. 결국 국내 업체들이 국내 철강업체를 공급사로 선택한 이유는 관계 구축을 통한 전략적 우위를 확보하기 위해서다.

물론 국내의 기업관련 정책이 해외 업체보다는 국내 업체들로부터의 구매를 권장하는 경향이 있다. 하지만 대부분 가정용품 산업의 경우 새로운 공급사를 모색하는 것보다는 지금 공급사와의 관계를 강화하는 데 더 관심이 있다. 따라서 신규업체가 기존의 산업부문에 진출하기는 불가능하지 않지만 무척 어렵다. 가격이나 개인적 관계만으로는 구매자와 공급자 간에 형성된 구도가 바뀌지 않는다.

최근의 글로벌화 추세에 따라 이와 같은 구도가 서서히 변화하고

10. Strategic Buyers

Strategic buyers are buyers who focus on strengthening their relationship with a seller by buying from them. For Korean firms, this often means some form of "Kkeok-ki" but in international business this is an integral part of strategic alliances.

For strategic buyers, the most important aspect of the transaction is the ability to enhance the overall value of their current business through economic and strategic relationships. For example, in the steel industry, most domestic buyers, such as car companies and heavy equipment manufacturers, buy from domestic players even though their prices may well be higher than those of their foreign competitors. They are buying from domestic companies mainly because of the strategic advantage gained by aligning with domestic players.

Of course, trade policies do play a role in this, but even without them, most commodity-driven industries focus on building close supplier relationships over venturing into new supplier relationships outside the current configuration. This is the reason why it is extremely difficult, if not impossible, for new companies to succeed in industries with well-established buyer-seller relationships. Competitive prices and personal relationships alone cannot change the buyer and seller paradigm.

The impact of globalization is slowly changing this situation,

있다. 그러나 가정용품 산업에서 국가 간에 자유로운 거래관계가 형성되려면 아직도 많은 시간이 걸릴 것으로 보인다.

전략적 구매자의 가장 흥미로운 점은 진입장벽이 높더라도 일단 구매자와 장기적 관계가 수립되면 퇴출장벽 또한 높아진다는 것이다. 예를 들면 IBM은 메인프레임 시장에 경쟁업체들이 진출하기 전까지 전략적 관계를 활용한 제품판매에 주력해왔다. IBM이 내세운 모토는 하나부터 열까지 고객들이 원하는 모든 비즈니스 요구를 충족시켜주는 것이었다. 그 결과, IBM의 컴퓨터 하드웨어 제품이 다른 경쟁업체보다 비싼데도 불구하고 고객들은 IBM 제품을 계속 구매할 수밖에 없었다. 또 IBM제품보다 싼 다른 경쟁업체의 시스템으로 바꾸기에는 너무 많은 교체비용이 들기 때문에 선택의 여지가 없었던 것이다. 매년 업그레이드를 하는 편이 시스템 전체를 뜯어내고 새 것으로 바꾸는 것보다 비용이 적게 든다. 이 같은 상황에서 시장에 신규 진입한 업체는 엔드 투 엔드 솔루션으로 IBM과 경쟁할 수 없다. 고객들은 IBM을 비용이 적게 드는 다른 제품으로 교체하는 것을 주저하게 된다.

이 같은 상황이 한국 시장에 시사하는 바는 한국 경제가 규모의 경제를 달성할 만큼 크지 않다는 점이다. 즉 한국이 거시경제학적 측면에서 11대 무역 강국이긴 하지만, 산업 단위로 세분화해 살펴보면 많은 산업이나 기업들의 규모가 규모의 경제를 달성할 만큼 충분히 크지 않다. 규모가 작고 기술과 브랜드 파워가 없다는 것은 해외업체와의 전략적 구매 관계를 적극적으로 모색할 수 없다는 것을 의미한다. 이것이 바로 한국 정부가 산업 전반에 걸쳐 세계시장에서의 구매력을 통합하는 데 힘을 써야 하는 이유다.

구매력 통합을 추진하는 데는 산업 전체에 걸친 부품 공동화 또는 물류 시스템 통합 등 여러 형태가 있을 수 있다. 오늘날과 같은 개방

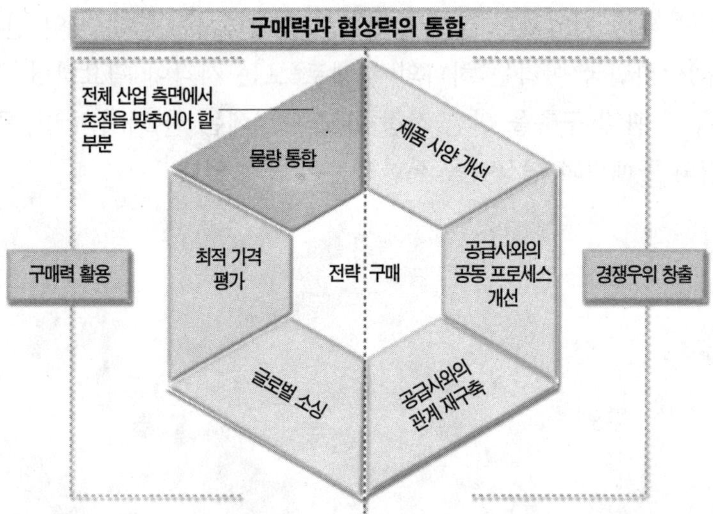

but it will be a while before we see "free" trade between buyers and sellers of commodities.

One of the interesting things about strategic buying is that although the entry barrier is high, once you are engaged in a meaningful, long-term relationship, the exit barrier also becomes high as well. For example, IBM, before the flood of new entrants into the mainframe market, was a master at selling its products using the strategic relationship. Its motto was to take care of their customers' business needs from A to Z. As a result, even though their computer hardware products were much more expensive than those of their competitors, customers had no choice but to use IBM because of the excessive cost of switching their entire system.

It was more costly than pay for IBM's upgrades year after year. The result is that, unless a new player in the market could replace IBM's products with an end to end solution, IBM's customers were reluctant to switch to a more economical system.

One of the major lesson points for Korean firms is that, even

시대에 외국 기업과의 경쟁에서 이기기 위해서는 국내 산업 전체를 '(주)대한민국'이라는 하나의 주체로 보는 시각이 필요하다. 전략적 구매 관계 구축을 위한 적정 규모 달성에는 한 가지 방법, 즉 전 산업의 구매력과 협상력을 통합하는 길밖에 없다.

한마디 더!

대부분의 인터넷 기업들의 규모가 커지게 되면 전략적 구매자의 범주에 속하게 될 것이다. 포털회사들과 이커머스(e-commerce)회사들은 전략적 구매에 능숙하다. 인터넷으로 물건을 싸게 팔더라도 결국은 그 물건이 오프라인을 통해 배달되어야 한다.

최근 몇몇 철강 무역 업체들이 포항제철에 투자할 관심을 보였다. 이들은 포항제철이 생산한 철강제품에 관심이 있는 것이 아니라 자신들이 인터넷에서 판매한 철강제품을 포항제철은 통해 안정적으로 운송, 배달하고자 한 것이다. 그러나 포항제철은 이들의 투자를 거부하고 자체적으로 인터넷 기업을 설립하기로 결정했다.

필자의 개인적인 생각은 인터넷 이커머스(e-commerce) 기업을 운영하는 데 필요한 자질과 경영 능력은 기존의 오프라인 기업과는 다르기 때문에 자체적으로 벤처를 설립한다는 것은 그다지 좋은 전략은 아닌 것 같지만 어떤 결과가 나올지 두고 볼 일이다.

though Korea is the 11th largest economy in the world in macro-economic terms, most of its industries and companies lack significant scale. And if a firm is sub-scale and does not have a lot of leverage in terms of technology and brand equity, it cannot actively initiate a strategic buying relationship with foreign firms. This is why the Korean government needs to promote industry-wide consolidations to enhance the global buying power of Korean firms.

Whether this takes the form of industry-wide agreements to use the same parts or industry-wide consolidated distribution systems, one needs to seriously think about Korea Inc. as one entity in dealing with foreign competition. The only way to deal with the problem of lack of scale is to leverage industry purchasing and negotiating power for the Korean firms.

11. 단순 구매자

동네 어귀의 구멍가게가 새로 문을 연다면 주로 이 가게를 찾는 고객들은 어떤 사람들일까? 롯데 백화점 7층에서 A라는 제품을 구입하는 사람이 현대 백화점의 같은 층에서 비슷한 제품을 구입할 것인가? 어떻게 보면 좀 황당한 질문인 것 같지만, 지금처럼 고도로 정교해진 마케팅 시대에는 기다리면 팔린다거나 우연히 이루어지는 매출이란 없다.

가끔은 별 노력도 하지 않았는데 우연한 기회에 대규모 거래를 성사시켜 매출 목표를 달성하는 영업직원도 있기는 하다. 현대 경영 이론에서는 이 같은 '운'에 의한 매출도 하나의 매출 요소로 인식하고 있다. 사실 우연이란 것이 전혀 없이, 우리의 삶이 모두 예측될 수 있는 것으로만 이루어져 있다면 인생이 너무 무미건조하지 않겠는가? 어떤 의미에서 보면 우연에 의한 매출은 도박에 비유될 수 있다. 도박에서는 누구나 돈을 딸 가능성은 있다. 하지만 도박을 하면 할수록 돈을 잃을 확률이 커지게 된다. 그렇게 생각하지 않는 사람도 있겠지만 어차피 도박이란 이미 정해진 승률이 있고 그 승률은 너무 낮다. 그렇다고 항상 진다는 얘기는 아니다. 누구나 내일 당장 복권에 당첨될 수도 있고 슬롯 머신에서 1억 달러를 벌 수도 있다.

우연히 물건을 구매하는 단순 구매자는 오늘날의 기업활동에 빼

11. Opportunistic Buyers

When a small mom-and-pop store opens for business, who are likely be its customers on a given day? If a Lotte department store sells widget A on the 7th floor, what are the chances that the same type of customers purchase a similar product on the same floor of a Hyundai department store? These sound like philosophical questions, but because companies today practice such highly sophisticated marketing, "wait and see" or what we call, "lucky," sales do not happen very often.

We often hear sales people talking about closing a big deal, how the deal developed accidentally and how lucky they were in making their quota, etc. Modern management theory recognizes the role of randomness in any transaction. Afterall, our life would be pretty boring if we could predict everything that was going to happen to us. In a sense, the opportunistic transaction is analogous to gambling. We can all win a game or two, but if you play over and over again, the odds are that you are going to lose the war. However, this does not mean that you cannot win. You have the same chance as anybody else of winning the next lottery jackpot or the next 100 million-dollar slot machine pay-out.

Opportunistic buyers will always exist in business, but if one looks carefully he will see that there is an order to random

놓을 수 없는 존재다. 그러나 이들에게도 법칙이나 질서가 있게 마련이다. 예를 들어 어떤 기업의 평균 매출액은 80 : 20 법칙으로 설명할 수 있다. 그 기업의 고객 중 20%가 우리가 말하는 이른바 'A급' 고객이며, 이들이 기업의 전체 경제적 가치의 80%를 창출한다는 말이다. 기업의 경우에는 여기에서 말하는 경제적 가치란 대개 영업 이익을 뜻한다. 영세한 소규모 점포의 경우라면 매출액이 될 수도 있다. 경영학을 전공한 독자들이라면 오늘날 거의 모든 기업에 이 원칙이 적용된다는 사실이 믿기지 않을 것이다. 실제로 안정적인 매출세를 보이는 기업들을 살펴보면 소수의 고객들이 그 기업의 경제적 가치 창출에 가장 크게 공헌하는 경향이 더욱 두드러지게 나타난다.

두번째 고객 유형은 매출기여자들이다. 이들은 경제적 가치, 즉 영업이익 창출에는 크게 기여하지 않지만 기업 입장에서 손해는 나지 않는 고객들이다. 이들은 기업의 전체적인 매출액을 늘려주며 'A급' 고객으로 전환될 수도 있다. 이들이 전체 거래량에서 차지하는 비중은 50~60% 정도에 달한다.

'C급' 고객들은 업종별로 그 특징이 달라지는 소액 구매자들로서 많은 주의를 기울일 필요가 있는 고객 집단이다. 기업이 고객을 선택할 수만 있다면 이런 고객들과는 거래하고 싶지 않을 것이다. 이 유형의 고객들을 분석해보면 투입된 고정비용 및 기타 경영비용을 감안할 때 기업에 손해를 입히는 고객들이라는 것을 사실게 될 것이다. 예를 들어, 통신판매를 하는 기업이라면 물건을 자주 반품하는 사람들이 바로 이 'C급' 고객들이다.

경영 컨설팅을 하는 처지에서 보면 단순구매자란 없다고 할 수 있다. 대개의 구매자는 위의 범주에 해당한다. 이들의 구매유형과 이력에 대한 데이터를 모아 분석해보면 그 가운데서 어떤 규칙을 발견

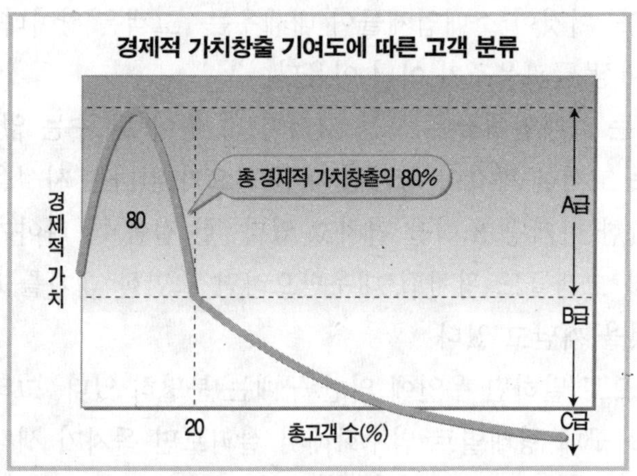

opportunity events. For example, sales for a typical company follow an 80-20 rule. In other words, about 20% of your customers, or what we call the "A" customers, are typically responsible for 80% of your firm's economic value. For most companies, this basically means operating profit. For mom and pop stores, this may be the revenue stream. This is hard to believe for readers who did not majored in management, but, in general, this rule applies to most businesses today. If one's firm is a steady state business establishment, the chances are that a small group of customers provide a disproportionate amount of its economic value.

The second category of customers is traffic builders. Traffic builders are customers that are economically indifferent, but do not harm your business. They can become "A" customers, but in the meantime, their contribution is building traffic volume. The volume they create usually makes up 50-60% of total volume.

"C" customers, who vary from industry to industry, are small buyers who require significant attention on your part, and if you

할 수 있다. 이것이 소매업체들이 내세우는 '고객은 왕이다' 라는 구
호가 더 이상 금과옥조가 아닌 이유다.

앞서가는 소매업체들은 모든 고객이 다 왕이 될 수는 없으며, 따
라서 모든 고객을 똑같이 왕처럼 대할 필요가 없다는 사실을 깨닫고
이에 입각한 마케팅 노력을 펼치고 있다. 한 걸음 더 나아가 기업뿐
만 아니라 고객들도 왕처럼 대우받으려면 그만한 대가를 지불해야
한다는 것을 깨닫고 있다.

결론적으로 말하면 우연에 의한 구매는 분명히 있다. 그러나 이러
한 구매를 구매 형태별로 범주화해서 살펴보면 독자가 생각하는 이
상으로 과학적인 경향을 발견할 수 있을 것이다.

can, you want to get rid of them. If you have the time and tools to analyze this type of customer, you are likely to find that you are losing money on them if you include all your fixed and management costs. For example, if you were in a mail order business, it would not be surprising to learn that C customers are responsible for the bulk of your return packages

So, from a management consulting standpoint, there are no opportunistic buyers, since all buyers tend to fall into a certain category. If you had a database which enabled you analyze their buying patterns and history, you would realize that many are not opportunistic at all. This is why "the customer is king" is no longer an appropriate motto for retailers. The leading retailers understand that not all customers can be kings or need to be treated as such.

The point is that random buying, in fact, occurs, but if you categorize different buying patterns, the trend can be analyzed scientifically, a fact that few readers realize.

12. 고객 채널

　어떤 물건을 실제로 구입하는 구매자가 누구인지에 대해 곰곰이 생각해본 적이 있는가? 현대 마케팅의 두드러진 특징 중 하나는 실제 구매자를 파악하는 일이 사람들의 생각만큼 쉽지 않다는 사실이다.

　예를 들어, 요구르트나 우유에 대해 한번 생각해보자. 충동구매를 하지 않는다고 가정하면 이런 종류의 물건을 구입하는 사람은 아마도 가정주부일 확률이 가장 높다. 가정주부들은 물건을 구입하러 가기 전에 미리 어떤 물건을 구입할지 결정하고 가는 경우가 대부분이다.

　그러나 주요 구매자가 가정주부라 할지라도 요구르트나 우유를 마시는 실제 사용자는 어린이나 다른 가족일 가능성이 높다. 물건을 실제로 사용하는 사람과 돈을 지불하고 물건을 사는 구매자가 서로 다른 것이다. 물건을 직접 구매하는 것은 아니기 때문에 사용자들은 가격 면에서 비싼 요구르트와 저렴한 요구르트를 차별화하지 않을 가능성이 크다. 여기에 마케팅의 딜레마가 있다. 마케팅 담당자들은 광고나 홍보활동을 할 때 구매자에게 초점을 맞추지만 이 구매자들이 상품의 실제 사용자가 아닐 수 있기 때문이다. 유아식이나 유아용품 또는 그 밖의 가정용품이 이 경우에 해당한다.

　그렇다면 구매자가 물건을 구입할 때 A제품 대신에 B제품을 사는 이유는 무엇일까? 구매자의 의사결정은 종종 영향력자(influencer)의

12. Customer Channel

Have you ever thought about who actually buys the merchandise you sell? One of the most interesting aspects of modern day marketing is that identifying one's buyer is not as simple as many people think. For example, take drinking yogurt and milk. When you exclude those who buy these items on impulse, you discover that the buying pattern for these products is primarily influenced by housewives, who generally make their decision before going to the supermarket.

However, the person actually drinking the yogurt may not be the housewives but their children. In that case, the users are not the same people that are spending the money. In fact, the users may not differentiate between expensive yogurts and inexpensive ones on a price basis, and they may be indistinguishable from each other in terms of taste. This highlights the dilemma of modern marketing—often the buyers who the marketers focus on through advertising may not be the same people who actually use the product. Most baby food or household related items fall in this category.

How, then does a buyer make a decision to buy product A versus B? Buyers are often influenced by someone else—what we call influencers. An influencer is a third party person or group of people who may not use the product at all but have a

영향을 받는다. 영향력자란 상품을 실제 사용하거나 구입하지는 않지만 구매자의 구매의사 결정에 지대한 영향을 주는 제3자를 말한다.

이런 영향력자는 언뜻 생각하기에 운동선수나 연예인 등 유명한 사람일 것 같지만 실제로는 자신과 아주 가까운 사람들이 더 큰 영향력자일 경우가 많다. 예를 들어, 가족이나 이웃 · 동료 · 친구 등이 영향력자일 가능성이 크다는 말이다. 이들은 다른 사람이 특정 상품을 구입한다고 해서 이득을 얻거나 손해를 보거나 하는 등의 이해관계가 전혀 없는 사람들이다. 그러나 이들의 발언은 상품 구매에 지대한 영향력을 미친다.

현대 마케팅에서 이런 구매자와 영향력자, 사용자 등 세 그룹을 이해하고 차별화하는 것이야말로 고객 채널을 이해하고 사업을 성공으로 이끄는 주요 열쇠가 된다.

이 같은 상황을 가장 잘 드러내주는 것이 의약품 마케팅이다. 병원에 납품하는 의약품의 사용자는 환자들이다. 그러나 환자가 사용자라고 해서 환자를 대상으로 마케팅 활동을 전개하는 것은 어리석은 일일 것이다. 의약품은 대부분 처방전을 작성하는 의사들이 구입하는 것이고, 환자들은 이 같은 의사결정에 전혀 영향력을 미칠 수 없기 때문이다. 의약품 분야에서 구매 의사결정에 영향을 미치는 사람은 주로 의약 및 의료관련 단체들이다. 결국 의약품 마케팅에 성공하려면 이런 단체들이 어떤 방법으로 구매 의사결정에 영향을 주는지 이해하는 것이 필수적인 요건이라고 할 수 있다.

major impact on a buyer's decision to buy a certain product.

Most people think these people are athletes, entertainers, or somebody very famous that people want to emulate, but the real influencers are regular people that we come into contact with every day. This could be your neighbor, your fellow employees, or even your grand parents. They are people whom you respect and who probably have nothing to gain or lose by introducing the product to you. Thus, in modern marketing, understanding and differentiating between three segments—buyers, influencers, and users—is key to understanding the customer channel. Having a well-planned strategy to develop the marketing channel for these segments is a must if you want to succeed in modern marketing.

The best example of this principle can be seen in the marketing of medicine. Most of the drugs that are sold to hospitals are used by patients. But it is waste of time to market to them, because the actual buyers are not the patients but the doctors who prescribe medicine to them. However, the influencer is the medical association that may indirectly endorse your product as long as it has no side effects. Therefore, understanding how these agencies endorse drugs, and in what manner, is critical if you are serious about drug marketing.

13. 통합 채널 관리

최근 세계 대규모의 금융기관이 채택하고 있는 통합 채널 관리(integrated channel management)는 시간과 장소에 구애받지 않고 금융거래를 하고자 하는 고객의 욕구가 증대함과 동시에 신기술 도입과 규제완화 등 환경이 변화함에 따라 이에 적응하기 위해 개발됐다.

한 연구기관이 최근 조사한 결과, 점포 업무가 전체 금융업무에서 차지하는 비중은 3년 전의 61%에서 현재는 38%로 하락한 것으로 나타났으며, 2001년에는 32%로 더욱 낮아질 전망이라고 한다. 미국의 웰스 파고와 PNC 등 특정 지역을 기반으로 활동하던 은행들이 활동 무대를 전국 또는 세계로 확대하고 마이크로소프트 등 컴퓨터 시스템 업체까지 금융 서비스 제공을 시작함에 따라 금융시장의 경쟁은 그 어느 때보다도 치열하게 전개되고 있다.

새로운 저축상품이나 차별화된 이자율 등 소매금융 채널 관리에서 과거에 중요한 요소로 작용했던 상품 차별화와 점포 위치는 더 이상 은행의 경쟁력 강화에 도움을 주지 못하고 있다. 한편 고객 세분화를 통해 고객군별로 각각의 욕구에 맞는 맞춤상품과 서비스를 제공할 수 있는 능력이 금융기관의 성공을 가늠하는 중요한 요소로 등장했다.

여기에서 말하는 고객 세분화란 필요할 경우에는 각 개인을 하나의 고객집단, 즉 세그먼트(segment)로 볼 정도로 강도 높은 세분화를

13. Integrated Channel Management (ICM)

ICM is a new banking channel management technique that has recently been adopted by a number of large banking institutions around the world. It is bringing about a revolution triggered by new technologies and changing regulatory environments in the financial sector. Customers are increasingly demanding access to financial services and products at any time and any place, through newly created distribution channels.

In fact, a recent study shows that in the US, the traditional branch bank, which, just three years ago, was involved in 61% of total banking transactions, today accounts for only 38% and, in 2001, is projected to account for only 32% of such transactions. Competitors that just a few years ago were regional banks—including Wells Fargo bank and PNC bank in the US and HSBC's Midland Bank in Europe—today are competing on an expanded national and international scale. The mega-mergers we see and hear about today in the financial industry are, in a way, the industry's attempt to meet the ever-increasing demands of customers.

What's interesting about retail banking channel management is that product differentiation (i.e., new savings account plans or interest-bearing checking accounts with different interest mechanisms, etc.) and branch locations, which have

의미한다. 고객을 세분화한 후에는 목표 고객군(타깃 세그먼트)을 선정하고 이들의 특성을 분석, 이를 바탕으로 고객의 취향에 맞는 다양한 상품과 서비스를 제공할 수 있어야 한다.

예를 들어, 영국의 다이렉트 라인(Direct Line)은 전화를 이용해 보험상품을 판매하고 있으며, 미국의 찰스 슈왑은 신규고객 확보 및 서비스 확대를 위해 인터넷을 통한 주식 중개 서비스를 제공하고 있다. 지금까지는 대부분의 금융기관이 주로 점포나 대리점, 영업사원 등을 통한 직접 영업을 중심으로 제한된 채널에서 서로 경쟁해왔으나, 앞으로는 다양한 상품을 갖고 더 다양한 채널에서 고객 확보 및 유지를 위해 경쟁을 벌이게 된다는 의미다.

과거에는 점포망만 제대로 구축하면 기존의 업무영역과 고객관리에만 신경을 쓰면 됐지만, 이제는 자동예금입출금장치(ATM), 홈 뱅킹, 인터넷 뱅킹, 폰 뱅킹, 신용카드 등이 보편화되면서 여러 채널을 관리해야 하는 부담도 늘어나게 됐다.

국내 금융기관의 경우 채널 관리가 아직 초보 수준에 머물러 있다. 사실 다양한 대 고객 채널을 위해 개발된 소프트웨어를 사용할 만큼 시장 및 고객 세분화가 진전되지도 못했다. 대부분의 국내 금융기관은 비즈니스 포트폴리오 관리 면에서 '제 1단계'에 머물러 있다. 다시 말해 "어떤 상품을 팔아야 하는가?", "어떤 서비스를 제공해야 하는가?" 등과 같은 가장 기본적인 질문에 대한 답을 구하느라 여념이 없다는 얘기다. 아직도 국내 금융기관들은 점포 위치를 영업에서 가장 중요한 요소로 삼고 있으며, 상품과 서비스도 차별화하지 못한 채 서로 비슷비슷한 수준에 머물러 있다.

비즈니스 포트폴리오 관리의 '제 2단계'는 상품과 서비스를 연결시키는 단계다. 이 단계에 있는 업체들은 어떤 상품을, 누구에게, 왜 팔아야 하는가를 중심으로 전략을 수립한다. 효과적인 상품 및 서비스

traditionally been the industry drivers, are no longer the major competitive driving forces.

Instead, we now see ncw retail concepts such as "segments of one" where you can tailor products and services to highly differentiated market segments. Once these target segments are identified and analyzed, the leading banking institutions can deliver a full range of financial solutions and services to meet customer preferences.

For example, Direct Line sells the insurance packages and policies over the telephone, while Charles Schwab uses its internet-based brokerage service to broaden its service offerings and attract new customers. The end result is that you are no longer competing in one channel for that customer's market share or pocket share, but rather in a number of channels with multiple products and services. This is creating a major opportunity but, at the same time, it is creating confusion among the business divisions within large financial institutions.

Before, each branch network was well established and all you had to worry about was managing your territory and existing customer base, but now, with the introduction of ATM's, telephone banking, call centers, credit, debit and smart cards, as well as PC's and the Internet, you are now competing with other channels for that same market share.

In Korea, Integrated channel management is still in its infancy. In fact, it is not even at the stage where markets and customers for a business application can be segmented. Most banks in Korea are at what we call the "one-phase" business portfolio management stage, where you are only dealing with products and service offerings. The companies and banks in this stage deal with questions such as "what products should I sell?" or "what services should I offer?" This is one of the reasons why most Korean banks today cannot differentiate themselves

연계를 위해서는 데이터베이스 마케팅과 같은 수단을 이용하는 것이 필요하다.

'제3단계'는 통합 채널 관리를 추구하는 시기다. 이 단계에서 중요한 질문은 "고객 유치 및 서비스 제공에서 각 고객군별로 가장 효과적인 채널은 무엇인가?", "또는 상품 마케팅과 서비스 제공을 위해 가장 합리적이고 효과적인 채널은 무엇인가?" 등이다.

통합 채널 관리는 국내에서는 아직 생소한 개념이지만, 진정한 금융 개혁이 이뤄지려면 이에 대한 금융기관의 경영진과 금융 서비스를 이용하는 고객의 이해가 전제되어야 할 것이다. 2000년 하반기에 보험과 신용카드에 대한 규제가 완화되면 통합 채널 관리는 선택이 아닌 필수가 될 것이다.

from one another other than through their branch location - their services and products are easy to copy. "Two-phase" banks deal with product and service matching issues. Questions such as "what products should I sell, to whom and why?" drive business decisions at this stage. Techniques such as database marketing are widely used for this type of work. "Three-phase" banks deal with ICM and wrestle with questions like "Which channels are most effective at attracting and servicing each customer segment?" or "Which channels are most logical and effective for product marketing, delivery and service?"

ICM may be a foreign concept, but if financial reform is really to take place, it is a matter of time before bank executives and consumers start seeing it in Korea. Our prediction is that this will take place no later than the second half of 2000, with the deregulation of the insurance and credit card industries.

14. 엔터프라이즈 마진

물류관리에서 가장 기본적인 개념은 세상에는 공짜가 없다는 것이다. 물건을 만드는 제조업체와 그 물건을 직접 소비자에게 판매하는 소매업체, 그리고 물건을 유통시키는 유통업체들은 하나의 파이(몫 또는 마진)를 여럿이 나누어 먹는 제로섬 게임을 벌이고 있다. 이 파이, 즉 이윤을 가리켜 엔터프라이즈 마진(enterprise margin)이라고 하며 여기에는 많은 요소들이 포함된다.

상품에 붙어 있는 가격표를 보면 공장도 가격과 소비자 가격이 함께 쓰여 있는 것을 볼 수 있다. 이 두 가격 사이에는 상당한 차이가 있는 게 보통이다. 수입 사치품의 경우에는 이 차이가 더욱 커진다. 물론 이 차이, 즉 이윤에는 소매업체의 이윤과 영업비용, 세금 등 꼭 필요한 비용 항목이 포함되어 있다.

그러나 이런 필요 항목을 모두 고려한다 하더라도 공장도가와 소비자가 사이의 차이는 여전히 크게 느껴진다. 소매업체의 이윤과 영업비용, 세금 등으로도 설명이 안 되는 공장도가와 소비자가 사이의 차이가 존재하기 때문이다. 이런 차이는 엔터프라이즈 가치 사슬의 비효율에서 비롯된다고 할 수 있다.

엔터프라이즈 가치 사슬의 비효율을 없애기 위해서는 두 가지 면에서 노력해야 한다. 첫째는 지속적인 성공을 위해 소비자들의 욕구

14. Enterprise Margin

In logistics management, the basic underlying concept is that nothing is free. In other words, the relationship between manufacturer and retailers is a zero sum game. According to this concept, the aforementioned two parties — three — if one includes distributors—compete for a margin pool. This margin is called the enterprise margin and it has many components.

For example, it is not unusual to see a product label that shows the manufacturing price and a suggested retailing price, and any consumer can tell you that there is a huge gap between the two. And if the merchandise is an imported luxury item, the gap is even bigger. Has the reader thought about the reason for this difference?

Of course, this margin includes the profit for the retailers and their operating expenses and, in Korea, taxes and duties also make up part of this gap. But even when you add up all these items, it still does not completely account for the difference between the two prices. The remaining amount is what we call "enterprise value-chain inefficiency."

The only way to reduce this inefficiency is by working on two programs: the first program is based on the principle that sustained business success can only stem from providing consumers with products and services that consistently meet or

를 충족시키고, 더 나아가서는 소비자들의 기대를 능가하는 상품 및 서비스를 제공하는 것이다. 둘째는 제조업체와 유통업체, 소매업체가 제로섬 게임을 벌이기보다는 서로 긴밀하게 협조함으로써 공동 목표 달성을 위해 노력하는 것이다. 이런 노력을 통해 비효율을 제거하게 되면 각자에게 돌아가는 몫은 당연히 커지게 된다.

서로 공동목표를 위해 협조하기 위해서는 산업 전체의 패러다임이 바뀌어야 한다. 전체 공급사슬이 제조업체 중심이 아닌 시장 중심으로 움직여야 하는 것이다.

다시 말해 소비자들의 요구와 필요에 따라 재고와 가격이 결정되어야 한다. 또한 인터페이스 비용(interface cost, 제조업체와 유통업체, 소매업체 등이 서로 교류하고 거래할 때 쓰이는 비용)을 최소화하기 위해 업계에서 대표성을 갖는 협회 등이 서로간의 협조를 주도해야 한다.

우리가 전세계 400대 제조업체 및 소매업체를 대상으로 실시한 벤치마킹 결과에 따르면, 일반적으로 소비자 가격은 크게 네 가지로 구성되어 있었다. 첫째는 판매원가로, 재료비와 포장비 등을 포함하며 총원가의 약 32%에 해당한다. 둘째는 제조영업비로, 인건비가 포함되며 공장의 위치에 따라 달라지는 경향이 있다. 제조영업비는 총원가의 약 30%를 차지한다. 셋째는 유통업체 원가로, 이는 소비자 및 점포의 위치에 따라 크게 달라지는 경향을 보이며 보통 총원가의 17~18%를 차지한다.

가격을 구성하는 나머지 부분이 바로 엔터프라이즈 마진, 즉 공급체인 운영 비용이다. 이 비용은 전체 원가의 약 20~21%를 차지한다. 다음 표는 소비자 가격이 어떻게 구성되어 있는지를 보여준다.

표에서 알 수 있듯이 제조업체와 유통업체, 소매업체는 20~21%에 해당하는 엔터프라이즈 마진을 서로의 이익으로 나눠 갖게 된다.

surpass their demands and expectations. The second program is based on the principle is by working together, industry partners can achieve common goals rather than compete with each other on a zero sum basis. It sounds simple, but implementation requires a revolution in the way companies view their industry. The first concept implies that the entire supply chain has to be market-pulled, rather than manufacturing-pushed — in other words, consumers must dictate the inventories and prices. The second concept implies that there have to be certain associations that tie companies together and minimize interface cost.

So what does this all have to do with Korean business? If you look at the price of a typical consumer product, it usually can be broken down into four categories: the first category is the Cost of Goods Sold (COGS) and it mainly consists of ingredients and packaging cost. On average this is about 32% of your total price. The second category is the manufacturer's operating cost. The cost of manufacturing varies depends on labor cost and the location of one's manufacturing plants, but generally speaking, this makes up about 30% of your total price.

The third category is the retailer's operating cost. Again, different companies will have major differences in cost structure, depending on store location and the type of customers one is trying to reach, but, on average, this makes up about 17 - 18% of your price. These numbers are benchmarks that we used in examining 400 manufacturing and retailer operations from around the world, and our the results reveal that most of these companies, which span many industries, had cost structures similar to the one mentioned above.

This leaves 20 to 21% of our price still unaccounted for. Where does this 21% go? This figure is what we called enterprise margin or cost of operating a supply chain. The

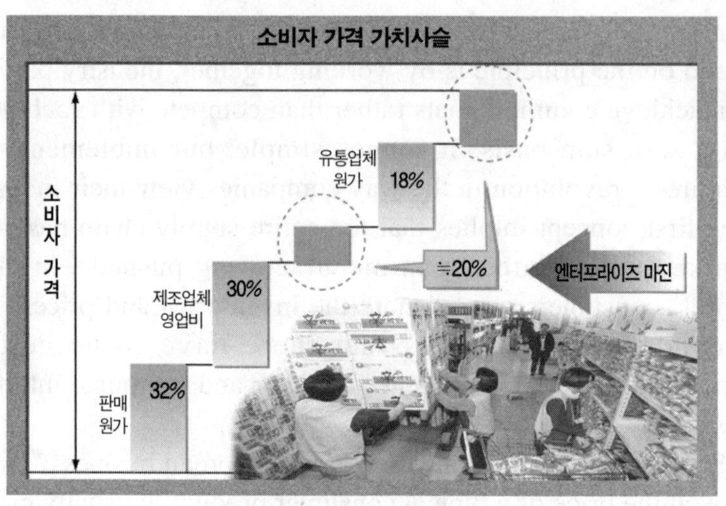

한 기업이 전 공급체인에서 모든 역할을 다 담당하는 것은 엄청난 투자비용을 고려할 때 현실적인 대안이 될 수 없다. 따라서 공급체인은 여러 업체들에 의해 구성될 수밖에 없다.

여러 업체가 공급 체인을 형성하고 있는 상황에서 각 업체들이 자신의 이익만을 높이려고 하면 부분적으로만 최적화(sub-optimization)가 이뤄져, 결국 모두가 손해를 보는 결과가 발생할 수 있다. 바로 이런 문제를 해결하기 위해 앞에서도 설명했던 공급 체인 관리가 필요하며, 이는 현재 한국 기업이 풀어야 할 큰 과제 중 하나로 대두되고 있다.

following chart depicts the margin value chain.

The obvious way to reduce enterprise margin is to get directly involved in the entire chain, but unfortunately, most companies cannot do this due to the heavy investment that it would require. Therefore, the majority of companies are involved in only part of the value chain and there lies the problem. Because you are controlling only part of the value chain, you cannot optimize the entire value chain on your own. In other words, to reduce enterprise margin, many players need to cooperate and redistribute wealth based on each player's needs and requirements. Today, players in most industries are sub-optimizing the value chain by using their own set of rules and constraints, instead of cooperating to provide the best solution for their industry and consumers.

This is the most important issue facing the Korean logistics community.

15. 전자상거래

인터넷과 웹 브라우저 이용이 증가하면서 전자상거래(electronic commerce : EC)란 용어가 자주 등장하고 있다. 전자상거래가 정확히 무엇을 의미하며 우리의 일상생활이나 기업경영에는 어떤 변화를 가져오는 것일까?

현재 전자상거래는 경영에 적용되면서 시행착오를 겪고 있는 단계이기 때문에 이 질문에 간단히 대답하기는 어렵다. 컴퓨터가 도입된 지 30년이 지난 오늘날, 컴퓨터는 우리 생활에 없어서는 안 될 필수품이 됐다. 그러나 컴퓨터에 기반한 전자상거래가 가져올 영향이 엄청날 것이란 사실 외에 전자상거래가 현재 이뤄지고 있는 비즈니스 형태를 어느 정도까지 대체할 수 있을지에 대해서는 정확히 예측하기가 어렵다.

전자상거래는 전자문서교환(electronic data interchange : EDI)의 도입으로 시작됐다. EDI란 구매요청서와 견적서, 송장, 화물도착통지서, 제안요청서 등 기업에서 일상적으로 사용하는 공통서식을 자동화해 컴퓨터로 자료를 주고받는 것을 의미한다. 이런 서식은 부가가치망(value added network : VAN)이나 전용회선 등을 통해 전송·저장·송신된다. EDI는 서류관리에 드는 비용과 시간을 절감할 수 있고 업무 프로세스를 간소화시킬 수 있다는 장점이 있다. 따라

15. Electronic Commerce

With the popularization of the internet and web browsers, the word electronic commerce is becoming part of our daily lives. But what exactly is "EC"? How is it impacting business today and what effect will it have on management in the future?

These are not easy questions to answer because those in the management field are still struggling with technology and learning how to best leverage it on a trial-and-error basis. It has been thirty years since the introduction of computers, yet we are just now beginning to make them a part of our daily lives. The role that EC will perform in business transactions is still unclear, but what we do know for sure is that it will have a major impact on the entire business domain.

EC began with the introduction of EDI (Electronic Data Interchange). EDI is the computer-to-computer exchange of routine business information that minimizes the need for common paper forms of documentation—purchase orders, quotations, invoices, shipping notices, and requests for proposals. These forms are exchanged over a value-added network (VAN) connection, a private communication network over which messages can be transmitted and stored. Because EDI saves time and money and it reduces paper transactions and streamlines business processes, it was considered an

서 도입 당시에 획기적인 기술로 받아들여졌다.

EDI는 1970년대에 운송산업에 최초로 도입됐다. 당시에는 송신자나 수신자가 요구하는 정보 형태에 따라 데이터 포맷(data format)이 결정됐는데, 거래를 하는 두 기업 중에 입김이 더 센 기업이 결정권을 행사했다. 다시 말해 소규모 업체가 EDI시스템을 갖춘 대기업과 사업을 하려면, 그 대기업의 VAN을 같이 이용하든지 아니면 사업을 포기해야 했다.

운송산업 다음으로 EDI를 도입한 부문은 식품산업이었다. 식품산업에서는 UCS(uniform communication standard)라는 유사한 시스템을 도입했다. 이 시스템을 통해 식품 생산에서부터 소비자에게 전달되기까지 공급 체인을 이루고 있는 기업들, 다시 말해 제조업체와 공급업체, 도매업체, 소매업체들이 서로 연결되어 필요한 정보를 주고받을 수 있게 됐다. EDI의 실효성이 입증되면서 군수·항공·보험 등 다른 산업에도 이와 비슷한 시스템이 앞다퉈 도입됐다. 그러나 자체적으로 VAN을 구축하고 유지하는 데는 많은 비용이 들기 때문에 주로 대규모 업체들만이 VAN을 갖고 있었고 이들이 비즈니스의 주도권을 잡게 됐다.

1990년대에 이르러 인터넷(공공 네트워크), 인트라넷(기업 내부 네트워크), 엑스트라넷(기업 간 네트워크) 등 세 개의 네트워크가 융합되면서 그야말로 공간과 시간을 초월한 정보교환이 가능해지고 거래비용도 큰 폭으로 줄어들게 됐다. 전자상거래가 활성화될 수 있는 기반이 마련된 것이다.

전자상거래는 기업뿐만 아니라 소비자에게도 큰 영향을 미친다. 가장 큰 변화 중 하나는 통신판매의 발달이다. 소비자들은 이제 물건이 진열돼 있는 상점에 가지 않고 안방에 앉아서도 물건을 구입할 수 있게 됐다. 인터넷이나 통신으로 물건을 판매하면 임대료와 판매

electronic wonder.

The transportation industry was the first to use EDI technology back in the 1970's. Back then, data was typically formatted to meet the needs of either the sending or receiving party, with the larger of the two controlling the relationship. So, if a small supplier wanted to do business with a big company that used EDI, they had to join the large company's EDI value-added network or risk losing that company's business.

The next industry to adopt EDI was the grocery industry in the US. Firms in that industry experimented with the concept of UCS(Uniform communication standard) which allowed electronic data interchange among all grocery chain players—manufacturers, suppliers, wholesalers, and retailers. Other - industries — including the defense, aerospace and insurance industries — adopted the same concept. But because of the high cost of building and maintaining a VAN, the builders were usually the large players and as a result, they controlled the relationship.

But in the 1990's, a revolution occurred. The three key networks — the internet (public network), intranet (internal company network), and extranet (cross-enterprise network) — provide the

인력에 대한 인건비 등 여러 가지 비용을 크게 줄일 수 있기 때문에 저렴한 가격에 좋은 물건을 제공할 수 있게 된다.

이런 변화에도 불구하고 아직까지도 많은 기업인들은 세계 곳곳을 직접 방문하며 비즈니스를 벌이고 있는 것 또한 지금의 현실이다. 화상전화 등의 멀티미디어 정보통신을 이용하면 사무실에 앉아서도 업무를 처리할 수 있음에도 불구하고 여전히 비즈니스 여행객 수는 줄어들지 않고 있다. 아마도 옛날 방식에 너무 익숙해져서 하루 아침에 고치기가 어렵기 때문인 것으로 보인다.

기술은 하루가 다르게 변하고 있지만 그것을 받아들이는 사람들의 태도나 인식의 변화는 상당히 느리게 진행된다. 컴퓨터가 필수품으로 자리잡았다고는 하지만, 우리 주위에는 컴퓨터를 제대로 다루지 못하는 사람들이 여전히 적지 않다. 홈 뱅킹이나 폰 뱅킹이란 편리한 제도가 있는데도 불구하고 직접 은행에 가서 일을 봐야 직성이 풀리는 사람도 흔히 있다. 전자상거래가 우리 생활 깊이 파고들려면 많은 시간이 흘러야 한다. 그러나 그런 날이 오더라도 직접 만나서 물건을 사고 돈을 지불하는 지금의 거래 형태가 사라지지는 않을 것이라는 데는 전문가들 사이에 별다른 이견이 없는 것 같다.

most cost effective way to send and receive information and together they form a network that is much easier to access than any previous network.

The revolutionary impact of EC is radically changing consumer as well as business patterns. One of the biggest changes is happening in the mail-order business. No longer do you need to visit a store if you know what you want to buy. Well-known products (i.e. brand-name products like Sony walkmans, Nike sneakers, IBM computers, etc.) can usually be purchased over the Internet. The cost of these products is sometimes much lower than it is at stores since there is minimal infrastructure cost (i.e. no rent, sales people, etc.) In addition, you can put your mail handling operations anywhere around the world, - wherever the cost of labor is cheapest as long as there is telephone infrastructure. EC has revolutionized the mail order industry and is taking business away from department stores.

The big question is, of course, to what extent are we going to use EC to conduct business? The fact of the matter is that many of us still need to see our business partners to conduct business. Even with the widespread use of faxes and telephones, businessmen are flying more than ever to other parts of the world to conduct business, even though much of this business could be taken care of by telephone. Changing our business customs will not be easy. It certainly won't take 30 years, but experts agree that even with EC, our fundamental business customs will probably remain unchanged.

16. 인터넷 마케팅

인터넷 마케팅이란 인터넷 또는 신기술을 이용한 유사 채널을 통해 다양한 상품 및 서비스를 판매하는 능력을 의미한다. 다양한 매체를 통해 인터넷에 대한 주제가 자주 거론되고 있는데, 인터넷이 현실적인 또는 상업적인 측면에서 어느 정도 보편화되어 있고 또 얼마만큼 효과가 있는 것일까? 여러 마케팅 조사기관에서 인터넷 매출 추세 및 향후 성장률 예측을 위한 분석을 실시했으나, 결과는 업체마다 상당히 달랐다.

그 중에서도 대표적인 경우가 포레스터 리서치와 인터내셔널 데이터 코퍼레이션(IDC)의 예측이다. 포레스터는 2000년까지 인터넷을 통한 소매 매출이 69억 달러로 성장할 것으로 내다봤다. 이 수치는 미국 이외 지역의 은행업무와 투자 등 금융관련 상품판매 및 정보사업을 제외한 50대 기업의 공급 측면을 고려한 분석결과로써 얻어진 것이다.

한편 IDC의 경우에는 1,500억 달러까지 인터넷 상거래가 늘어날 것이란 예측을 내놓았다. 금융부문을 제외했다는 점에서는 같지만 공급이 아닌 수요 측면에서 파악했다는 점이 포레스터와의 차이점이다. IDC는 16개 국의 기업 및 개인 4만 명을 대상으로 설문조사 및 자료조사를 통해 분석을 실시했다.

16. Internet Marketing

This term simply refers to one's ability to market one's product and service portfolio through an Internet channel or a similar technology vehicle. We hear so much about the Internet and the use of Internet these days, but how powerful and popular is it in realistic terms? Market research firms sometimes play fast and loose with their Internet sales-growth predictions. As a result, estimates vary wildly.

Two world-class market research companies with very different views on the growth of business over the Internet are Forrester Research and International Data Corporation (IDC). By the year 2000, according to Forrester, on-line retail revenues will hit $6.9 billion. However, Forrester only looked at the supply side of the top 50 commerce websites and not information, banking, investing or financial products in markets outside the United States. Working from another database entirely, IDC foresees online revenues of $150 billion in the same year. But IDC looked at the situation from the demand side and also excluded financial services. IDC conducted the study from the bottom up using 40,000 subjects—consumers and businesses—in 16 countries.

How could there be such a disparity in the predictions of two world-class market research firms? One of the main reasons for

세계적인 마케팅 조사기관인 두 업체의 예측결과에서 큰 차이가 나는 이유는 어디에 있을까? 가장 큰 이유 중 하나는 전화와 케이블 TV 등과 같은 기존의 판매 채널과 달리 인터넷을 기반으로 한 판매는 기존의 마케팅 수단이나 모델로 예측하거나 설명하기가 어렵다는 데 있다. 먼저 인터넷은 여러 가지 의미에서 완전히 새로운 기술임과 동시에 다양한 강점을 보유한 강력한 도구다. 또한 인터넷은 여느 판매 채널과 달리 기업이나 개인 소비자들에게 훨씬 쉽게 접근할 수 있다는 점에서 기존의 판매 채널과 크게 다르다.

인터넷이 마치 전염병처럼 급속히 확산되고 있다는 점에서 볼 때 인터넷 매출의 향후 추이 및 규모를 예측하기 위해서는 분석적 방법보다는 발견적 접근방법에 바탕을 둔 새로운 모델이 있어야 한다. 하지만 문제는 이와 같은 접근방법이 쉽지 않다는 것이다. 앞서 두 기관의 인터넷 매출 추산액이 크게 다른 두번째 이유는 개인 간 또는 소기업과 개인 사이에 이뤄지는 거래를 실시간으로 일일이 알아낼 수 없기 때문이다. 설령 관련된 정보를 얻었다 하더라도 그 수치가 맞는지 비교해서 확인할 방법이 거의 없다.

그렇다면 인터넷을 통한 상거래가 급속도로 성장해온 이유는 무엇일까? 첫째, 인터넷은 이미 10~15년이란 시간 동안 보편화의 길을 걸어온 PC 인프라를 이용한다는 점에 있다. 때문에 처음 발명됐을 때 이전에 비슷한 상품이 전혀 없어 무에서 시작해야 했던 TV나 전화 등 다른 기술보다 전파 속도 면에서 훨씬 유리한 위치에 있다.

둘째, 디지털 매체와 함께 자란 첫 세대가 지금은 20대가 됐다. 이들에게 인터넷 등 첨단 기술이란 뭔가 거창하거나 새로운 것이 아니라 매일 먹는 밥과 같이 익숙한 것 또는 재미있고 가지고 놀기 좋은 장난감이다. 인터넷은 이처럼 초기 목표 고객층과 사용자에 대한 진입장벽이 다른 기술에 비해 훨씬 낮다.

the disparity is that unlike with other channels or technological vehicles (i.e., Cable TV, telephones, etc), it is extremely difficult to predict the progression or growth rate of the Internet using conventional business marketing tools and models. Not only the technology is new and powerful, but the manner in which it is penetrating both the consumer and commerce markets is nothing like we have seen with other technology channels.

In what I would call an "epidemic-like" syndrome, the prediction model requires a fairly unconventional methodology —much more heuristic than analytical—to get an accurate and meaningful sense of the direction and magnitude of Internet sales, and most of us are not comfortable and experienced doing this type of prediction. The second reason for the disparity is that similar to defining and measuring the underground monetary supply in a given economy, many of the transactions, whether person-to-person or small business to consumer, are almost impossible to capture on a real time basis. Even when one manages to capture this data, it is extremely difficult verify the numbers through another data source with any degree of confidence. The bottom line is that internet marketing is big and the jury is still out as to exactly how big this market is.

But, why have Internet sales grown so quickly, and why do they continue to grow at an exponential rate? There are a number of reasons for this. First, with the growth in acceptance of personal-computing technology in 1980's, the rise of the Web occurred as almost a catch-up phenomenon. In other words, Internet technology is catching up to the PC infrastructure that's been out in the marketplace for nearly 10-15 years, whereas other technology innovations (TV, telephones, etc.) have started from scratch to penetrate virgin markets. So, in a sense, the Web is analogous to a new program

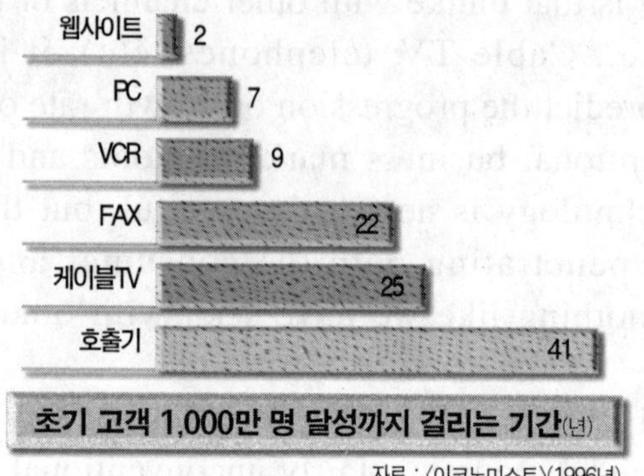

　셋째, 디지털 경제의 물리적·기술적 기반이 통합되는 대부분의 전자 미디어에서 기술의 융합 현상이 일어나고 있다. 이제는 전화·음성·데이터·이미지 등을 하나의 플랫폼을 통해 전송할 수 있다. 이러한 인터넷은 향후 몇 년 간 우리가 목격하게 될 여러 가지 혁명적 변화를 알리는 신호탄이다.

　네번째, 웹은 웹 TV와 케이블 TV 등 PC가 아닌 다른 매체를 통해서도 접근이 가능하다. 가트너 그룹이 조사한 바에 따르면 2002년까지 전세계에서 판매될 TV 중 인터넷 기능을 내장한 TV의 비중이 25%에 이를 것이라고 한다.

　한 마디로 인터넷을 통한 상거래는 규모나 내용 면에서 대단한 잠재력을 지니고 있으며, 개인의 삶과 기업활동 등에 근본적이고도 지대한 영향을 미칠 것으로 본다.

introduced by a network. The difference, of course, is that the program is so popular that people are buying TVs to just watch this program called the Internet.

The second reason is that the first generation of children to grow up with digital media are now in their 20s. These consumers see technology not as something foreign that will affect the future, but as a familiar feature of the consumer landscape like food. They view digital technology not as a bunch of strange new gadgets, but as user-friendly tools and toys. As a result, the entry barrier to the Internet for its initial target consumers and users is much lower than it was for other technology vehicles.

Third, what we call technology convergence is about to take place in most electronic media. This is where the telephone, voice and data transmission vehicles, and image carriers come together under one platform and the Internet is only the first of many revolutions that will take place in the next few years.

Fourth, in addition to technology convergence, the Web is also reaching people through non-PC devices such as Web-TV's and cable TV's. The Gartner Group predicts that by year 2002, over 25% of all TVs sold worldwide will have build-in-Internet capabilities.

In summary, the market potential, both in terms of size and content, for the Internet is unlike anything we have seen before and its influence, on both the private and commercial sector, will fundamentally change the way we interact and conduct business.

17. 가치가격과 시장가격

가격결정은 마케팅 및 세일즈 입문 과정에서 가르치는 첫째 항목일 것이다. 때문에 이 주제가 낯설지는 않을 것이다. 그러나 이에 대해 알고 싶다면 가격은 원가+이윤이라는 생각을 재검토해야 한다.

대부분의 사람들이 알고 있듯 가격책정은 매출액 수준을 결정짓는 기초적인 근간이 된다. 이런 식으로 가격은 기업이 시장에서 차지하는 위상과 브랜드의 자산, 또 때로는 경쟁전략에까지 직접적으로 연결된다. 이 때문에 많은 경제학자들이 거시경제학적인 수준에서 가격지수를 이해하기 위해 오랜 기간 연구해오고 있으며, 기업 차원에서 가격 문제를 다루는 필자와 같은 사람들은 가격전략 자체를 이해하고 분석하기 위해 노력하고 있다.

가격결정체계에서 기본적인 전제는 실질적으로 원가구조의 문제에서 출발한다. 이 전제는 상당히 간단하게 들리지만 산업이 갖는 경쟁 역학을 고려해볼 때 그렇게 단순한 문제는 아니다. A라는 상품을 만드는 데 1,000원이 든다고 가정해보자. 만약 이 A라는 상품을 많이 만든다면 원가가 생산되는 모든 상품에 배분되기 때문에 이론상으로 개당 가격이 떨어지게 된다.

그러나 기업의 이윤까지 고려할 경우 가격책정 문제는 더욱 복잡해진다. 경쟁 정도와 시장 역학 구도 역시 가격책정과 이윤에 영향

17. Value Pricing and Market Pricing

Pricing is probably the first subject that one learns in a marketing and sales 101 course. So the topic itself should not be foreign to many readers, but if you are really curious about the art of pricing, you have to delve much more deeply into the cost plus margin mentality.

As many of you already know, pricing is the fundamental building block of your revenue stream. As such, pricing determines your market position, brand equity, and, at times, competitive strategy. Because of the implications of pricing, many economists spend years trying to understand pricing on a macro-economic level, while people like myself, who deal more on a company level, try to understand and analyze the pricing strategies of individual companies.

The basic premise of a pricing mechanism really starts with one's cost structure. This sounds so basic, but it is not so basic if you think about the competitive dynamics of an industry. Let's assume that it takes 1,000 won to make widget A. If you mass-produce widget A, in theory, the price per widget should drop because you are spreading your costs over many widgets.

The issue becomes more complex if you start dealing with margins. The competitive pressure and market dynamics determine pricing and margin. For example, the theory is that if

을 미친다. 예를 들어, 이론상으로는 상품의 가격이 너무 비쌀 경우 소비자들은 그 상품을 사지 않게 된다. 반면, 가격을 낮게 책정하면 상품은 많이 팔리겠지만, 판매로 인한 이윤이 적정 수준보다 낮아지게 된다. 여기에서 중요한 점은 이윤과 총판매량 사이에 균형점을 찾는 것이다.

이처럼 판매 규모와 가격결정 사이에 상쇄 관계가 존재한다는 논리는 '가치가격' 책정론을 가정하고 있다. 가치가격에 따르면 소비자는 상품이 갖는 가치를 인식하고 그 가치로부터 혜택을 얻기 위해 상품을 구입한다.

만약 3,000원짜리 맥도널드 햄버거를 산다면, 논란의 여지는 있겠지만, 이 햄버거로부터 3,000원의 가치를 얻는 것이다. 물론 이런 가치라는 것은 소비자에 따라 다를 수 있다. 그러나 오늘날과 같은 자유 자본주의 사회에서는 시장이 효율적으로 움직이기만 한다면 시장의 힘이 합리적인 균형가격을 실현하게 된다.

그러나 한편으로는 시장가격이라는 것이 있다. 예를 들어, 어떤 향수가 다른 향수보다 100배 정도 더 비싸다면 이 비싼 향수는 실질적으로 그만한 가치를 지니고 있는 것일까? 필자의 아내는 카르티에 핸드백이나 아르마니 정장에는 분명한 경제적인 가치가 있다고 믿고 있다. 그러나 아마도 대부분의 사람들은 순수한 경제적 관점에서 볼 때 거기에는 그만한 가치가 없으며, 그 가치는 단지 심리적인 감정과 관련 있을 뿐이라고 얘기할 것이다. 시장가격은 상품에만 한정되는 것은 아니다. 시장가격은 박세리와 같은 운동선수나 한석규와 같은 영화배우의 몸값과도 관계가 있다.

여기에서 중요한 것은 가격전략을 수립하는 과정에서 제품의 원가는 별 상관이 없다는 것이다. 가격을 결정하는 것은 시장이다. 그러나 만약 시장이 없다면 어떻게 될까? 예를 들어, 시장이 존재하지

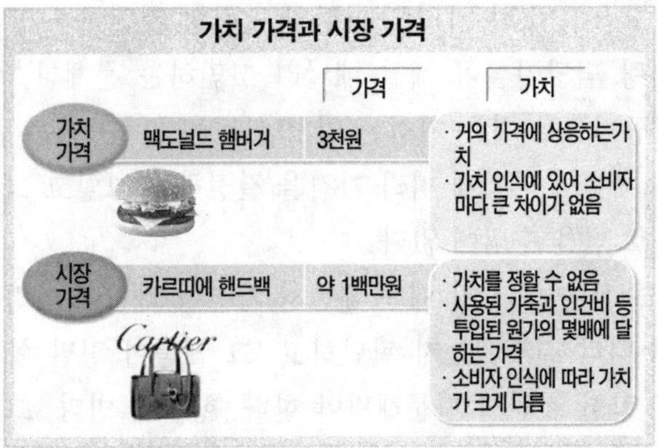

you are priced too high, people will not buy. If you are priced too low, people will flock to buy your product, but your margin may not be as high as it needs to be. What is important here is to maintain a balance between margin and total volume.

This classic volume versus pricing trade-off usually assumes a "value pricing" methodology. According to the concept of value pricing, a customer buys a product because he recognizes and benefits from the value of that product. If you buy a 3,000 won McDonald's hamburger, you do so because you feel that you are getting value worth at least of 3,000 won from this product. Perceptions of value obviously differ from customer to customer, but in a modern capitalist society, if the market is efficient, market forces should bring about a reasonable equilibrium pricing.

On the other hand, market pricing assumes something different. For example, an expensive perfume could cost 100 times as much as a cheap perfume, but do you actually get that much value? On a personal note, my wife is thoroughly convinced that there is clear economic value to a Prada bag or an Armani suit. Most people would probably say that the value of such products is not so much economic as it is psychological.

않는다면 고급 향수의 가격은 어떻게 결정할 것인가? 이 질문은 수많은 마케팅 담당자들이 매일 매달려 고민하는 문제다. 이 질문의 대답을 성공적으로 찾은 기업은 엄청난 돈을 벌 수 있는 반면, 실패한 기업은 제품의 가치에 따라 가격을 결정하는 그렇고 그런 제조업체의 하나로 남을 수밖에 없다.

따라서 물건을 사러 갈 때는 제품의 가격이 가치에 따라 결정됐는지 시장에 따라 결정됐는지 판단하고, 그 제품이 정말 합당한 이유로 구입할 만한 것인지 자문해봐야 한다. 행운을 빈다. 그러나 필자는 이 문제에 대해 내 아내조차 설득시키지 못했다.

Market pricing is not only limited to products, it applies to the salaries of athletes like Se Ri Park and actors like Seok Gyu Han.

The point is that, when you build this pricing strategy, it has nothing to do with your cost of goods. The market determines the pricing. But what if there is no market to start with? For example, for an expensive luxury perfume, how should one determine the price if the market does not exist? This is a million-dollar question that many marketers wrestle with every day. Those who succeed can become extremely rich and those who fail must price their products using a value pricing methodology.

So, when you go out shopping, try to distinguish value-priced products from market priced products and think about whether you are truly shopping for the right reasons. I wish you a good luck. I, obviously, have not succeeded in convincing my wife to follow my advice.

18. 라이프 이벤트 마케팅

기업이 물건이나 서비스 등을 판매할 때 주로 사용하는 마케팅 전략은 상품을 전면에 내세우는 '상품 푸시 마케팅(product-push marketing)'이다. 예를 들어, 상품을 시장에 내놓은 뒤 주요 소비자층을 파악해 그 상품을 집중적으로 마케팅하는 것이다. 이런 식의 마케팅 활동을 펼치려면 대규모의 고객층에 다가가기 위한 매스마케팅과 함께 비용과 시간적인 측면에서 가장 효과적인 전략이 필요하다.

소비자들의 구매행동을 살펴보면 일반적인 생각과는 달리, 충동구매가 차지하는 비중이 극히 적은 반면, 각 개인의 일생에서 발생하는 여러 가지 사건과 관련된 구매가 많다는 사실을 알 수 있다.

'라이프 이벤트(life-event) 마케팅'이란 개인의 일생에서 일어나는 여러 행사를 판촉에 이용하는 전략이다. 예를 들어, 각 학교의 졸업식과 입학식이 몰려 있는 2, 3월에는 꽃이 많이 팔린다는 사실을 파악하고 이를 마케팅에 활용하는 식이다.

한국은 다른 나라에 비해 라이프 이벤트 마케팅을 구사하기가 쉽다. 그 이유는, 서구의 경우 개인에 따라 살아가는 방식이나 구매 패턴이 크게 다른 반면, 우리나라 사람들은 사는 방식이 서로 비슷 비슷하기 때문이다. 이는 우리나라 사람들에게 남과 다르게 행동하는

18. Life Event Marketing

When a company markets a product or service, it tends to be product-push based marketing. For example, when a product comes out, you tend to market the product to certain segments of the target population. This item can be a major purchase like a car or a minor everyday purchase like shampoo or soap. And the firms spend an enormous amount of time and money developing new products and services to satisfy the ever-changing tastes of consumers. To deliver and execute this type of marketing, one needs a mass-channel approach that allows one to reach a huge customer base in the most cost and time effective manner.

One issue with this type of marketing is that many major purchases are not necessarily impulse — driven by the mass media. In fact, certain purchases tend to coincide with specific life events. For example, in February you tend to see a huge spike in sales of flowers because of graduation ceremonies, and many companies market related products during this time.

This marketing approach is somewhat easier in Korea since the society is much more homogeneous in terms of lifestyle. (i.e. graduation in February, weddings in May-June, vacations in August, etc.) But in the West we are seeing more and more people behaving as individual units, which makes it difficult to

것을 그다지 달갑게 생각하지 않는 경향이 있기 때문으로 보인다. 예를 들어, 결혼식은 4~5월에 몰리고 여름 휴가는 7월 말에서 8월 초에 집중된다. 물론 서구에서도 이같이 특징적인 경향은 나타나지만 7월 말과 8월 초 사이에 전국민의 절반 이상이 휴가를 떠나는 나라는 아마도 한국이 세계에서 유일할 것이다.

그러나 우리나라에도 서구 문화가 물밀듯이 들어오고 개인 중심의 사고방식이 확산되면서 이런 일률적인 이벤트 현상은 줄어들고 있다. 마케팅 담당자의 입장에서 보면 소비자들의 구매행동이 점점 더 다양해지고 있어 이를 미리 예측해 계획을 세우는 일이 더 어려워지고 있다고 할 수 있다.

라이프 이벤트 마케팅은 한 개인의 전 생애를 매출의 원천으로 보는 개념에서 출발한다. 예를 들면 미국의 자동차회사들은 곧 대학에 진학하는 자녀가 있는 가정을 주 목표고객으로 공략하고 있는데, 대부분의 미국 부모들은 자녀가 대학에 진학할 나이가 되면 차를 사주기 때문이다.

라이프 이벤트 마케팅을 대대적으로 도입한 최초의 기업은 GM이라고 할 수 있다. GM은 나이에 따라 서로 다른 자동차 모델을 선호한다고 판단, 연령층에 따라 차별화된 마케팅 전략을 구사하기로 결정했다. GM의 마케팅 계획에 따르면 한 사람은 평생 3.5대의 자동차를 구매하는데, 처음에는 소형차를 선호하고 나이가 들어 구매력이 증가하면 점차 큰 차를 선호하게 된다는 가정을 세웠다. 안타깝게도 GM의 이런 계획은 완벽하게 실행되지는 못했다.

최근에 라이프 이벤트 마케팅을 가장 활발하게 활용하고 있는 분야는 은행이나 투자신탁회사 등의 금융기관들이다. 글로벌 경제시대가 도래하면서 금융기관 사이의 경쟁이 치열해지고 화폐가 하나의 상품(commodity)의 성격을 띠게 됨에 따라 은행을 찾는 고객들

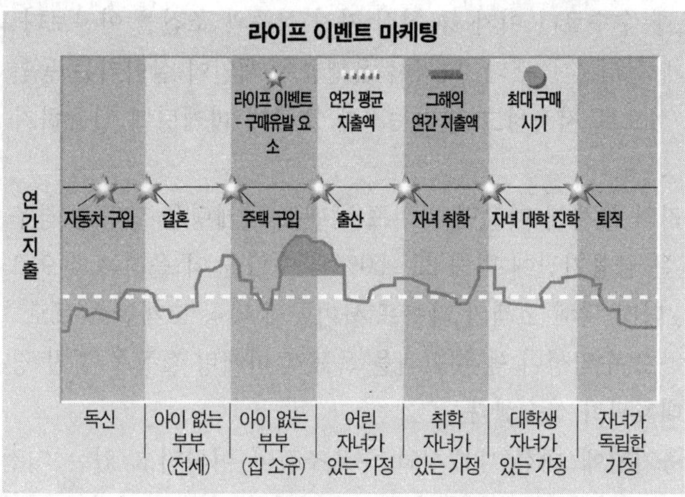

predict when they will actually make their purchases.

Life-event marketing refers to an approach where one views the lifetime of an individual as a total revenue source. For example, it is much easier to market a car to a family with a son or daughter about to graduate from college than to a family with children still attending college. And if you want to focus your marketing efforts, you would be better off focusing on the first family than the second.

The concept was first applied on a large scale by GM when they introduced different cars for different stages of an individual's life. They calculated that, on average, a person owns 3.5 cars during his lifetime. He usually starts out with a small, compact car and buys progressively larger cars as he grows older and has more buying power. Of course, the theory was fine, but GM never got to implement the concept as they had planned.

The most recent use of life-time marketing has come from the financial sector. One effect of increasing globalization is that

은 은행 수수료나 이자 등 여러 가지 상품과 조건을 이전보다 더 까다롭게 살펴보게 됐다. 따라서 은행들은 개인이 살아가는 동안 돈을 어떤 식으로 저축하고 빌리는지를 조사해 마케팅에 활용하기 시작했다.

우리의 조사에 따르면 라이프 이벤트 마케팅을 도입한 경우 그렇지 않은 금융기관에 비해 25~50%의 수익을 더 올리는 것으로 나타났다. 다시 말해 고객의 라이프 사이클에 맞춰 고객만족 프로그램을 개발하고 수익성이 높은 고객을 목표로 마케팅 활동을 펼칠 경우 수익증대효과가 상승했다.

금융기관에 대한 대대적인 구조조정이 이뤄지고 있는 시점에서 국내 금융기관들 역시 수익증대 측면에서 라이프 이벤트 마케팅의 도입을 적극적으로 고려해볼 필요가 있을 것이다.

한마디 더!

컨설턴트로서 필자가 가장 좋아하는 분야가 바로 마케팅이다. 마케팅은 다른 어떤 분야보다 창의적이고 흥미진진하기 때문이다. 또한 마케팅은 매출 증대라는 기업의 중요한 목표 중 하나와 직결된다.

고객들을 끌어들이고 이제까지 발견되지 않았던 새로운 시장을 찾아내는 모든 일이 역동적으로 움직인다. 시장이란 어느 정도 한계가 있기 때문에 경쟁은 치열할 수밖에 없다. 때로는 경쟁자들 간에 손을 잡기도 한다.

영업이나 마케팅을 담당하는 직원들은 판매량 또는 매출액에 따라 인센티브를 받을 수 있기 때문에 다른 부서보다 적극적이고 공격적인 경향이 있다. 어린 시절에 하고 놀았던 땅따먹기를 하는 심정으로 푹 빠져 일하지만, 게임에서 이기려면 역시 전략이 있어야 하고 명석한 판단이 필요하다.

more and more banking institutions are competing for the same customers. Furthermore, as money becomes more of a commodity, an increasing number of customers are seeking to minimize their banking fees. To solve this, many banking institutions have introduced life-time marketing, which is based on the concept that people tend to need large sums of cash for certain common events in their life times.

Our study found that banks could increase their profit per customer by 25-50% if they implemented this kind of marketing successfully. In other words, if one has very good account management and consumer satisfaction programs, one can generate over 50% more profit from the same set of customers. This kind of tool should be especially useful in Korea, where the IMF crisis will undoubtedly force some banks to close, and others to look for ways to generate additional profits from a given set of customers.

19. 자기잠식

영어 cannibal은 '식인종'이란 의미가 있어 cannibalization이란 말을 들으면 좀 섬뜩한 기분이 들 것이다. 경영학 영역에서는 같은 회사 제품이나 서비스가 기존 제품이나 서비스의 시장점유율을 잠식하는 것을 의미하는 말로서, 우리말로는 '자기잠식'으로 표현된다.

예를 들어, 어떤 회사에서 500m*l* 카톤팩 우유 제품을 팔고 있다고 하자. 그런데 시장 조사결과를 보니 소비자들이 좀더 용량이 큰 제품을 원하는 것으로 나타났다. 이 같은 소비자의 요구를 충족시키기 위해 이 회사가 1*l* 짜리 제품을 내놓았다고 하자. 이론상으로 보면 1*l* 제품을 원하는 소비자들을 더 끌어들인 셈이므로 기존 매출액보다 그만큼 매출이 늘어나야 맞다. 하지만 현실은 그렇지 않다. 이제까지 500m*l* 제품을 사먹다가 500m*l* 대신 1*l* 짜리를 구입하는 소비자들이 나타난다. 따라서 500m*l* 제품의 매출액은 줄어든다는 말이다.

새로운 브랜드나 제품을 도입할 때 마케팅에서 반드시 고려해야 할 것이 바로 이 전환비용이다. 예를 들어, 어떤 회사가 A라는 제품을 팔고 있다고 하자. 경쟁업체에서 A제품의 경쟁이 되는 B라는 제품을 시장에 내놓았다. 이에 맞서려면 제품 A에 대한 마케팅 비용을 늘려 A제품의 매출을 늘려야 할 것이다. 하지만 실제로 제품 A는 B

19. Cannibalization

The term cannibal brings to mind an unpleasant image for most people. In the realm of management, the term simply refers to an occasion or situation where a product or service takes market share away from an existing product line or service.

For example, assume you sell milk in 0.5 liter packages. You realize after reading market research data that consumers prefer goods in larger packages and to meet this demand, let's say you start selling milk in 1.0 liter packages. On paper, there may be incremental sales on top of existing sales since you may attract customers who only want larger packaged goods. Most likely, though, you will see many customers switching from the 0.5 liter package to the 1.0 liter package. Therefore, there will be some net loss as well.

In marketing, this switching cost is extremely important when you are introducing new brands or products. For example, let's say you are selling a product A, and a competitor introduces a product B to compete with your product A. The obvious response would be to spend more money on marketing product A. But product A may not have the attributes necessary to compete with product B. In such a situation, the same company may introduce product C, a sort of improved version of product

에 비해 여러 가지 면에서 뒤떨어지는 경우가 많다. 이런 경우에 이 회사는 A의 약점을 개선시켜 C라는 제품을 만들게 된다. 이렇게 되면 문제가 다 풀린 것 같지만 사실은 그렇지 않다. 제품 C와 제품 A 간에 자기잠식이라는 새로운 문제가 발생한다. 예를 들어, 현재 A제품을 사용하는 사람 중 이 회사 브랜드를 기본적으로 선호하고 C제품이 A보다 나은 제품이라는 걸 알게 된 소비자들은 A제품에서 C제품으로 이동한다. 그렇게 되면 C의 매출액은 크게 늘어날지 몰라도 A의 매출액은 줄어든다. 결국 C제품을 출시함으로써 얻어지는 전체적인 매출증가효과는 자기잠식으로 인해 기대만큼 크지 않게 된다.

바로 이것이 R&D 부서가 독자적으로 신제품 개발을 주관할 수 없는 이유다. 어떤 제품을 도입하는 것이 회사 전체 차원에서 이익이 되는지 마케팅 부서가 제품 포트폴리오를 정확히 이해하고 있지 않으면 신제품이 실제로 어떤 효과를 가져올지 예측할 수가 없게 된다.

자동차 시장은 전형적인 자기잠식 현상이 나타나는 곳이다. 오늘날 대부분의 자동차업체들은 3년도 안 돼 신차(옵션을 제외한 기본

출처: 《마케팅 원론》, 안광호, 하영원, 박홍수 지음

A, to compete with B. The strategy looks fine, but the net result may be serious cannibalization. For example, consumers who had been using product A, and were loyal to the company that produces it, now realize that product C is superior to A and, as a result, a migration process is likely to take place. Product C's revenue may go up, but, at the same time, product A's revenue will probably go down. The net benefit, even with the successful introduction of product C into the marketplace, could turn out to be less than initially expected.

This is why one's R&D team cannot be allowed to manage new product development by itself. Unless one's marketing team clearly understands the entire product portfolio of the firm, it will be unable to truly comprehend the overall effectiveness of a new product or service in a business environment.

The automobile market is a classic example of cannibalization. Most companies today can develop a no-frill, basic option model in less than 3 years. In other words, you could expect a new line of cars from a given manufacturer every 3-4 years. On top of that, minor changes in styling can be introduced in 12-18 months. There are many reasons for this phenomenon. One of the critical drivers is improving technology, but the other important factor is ever-changing customer tastes. Frequent introduction of new car lines and an increase in the number of styles and options is great news for consumers, but it can be a nightmare for marketing departments.

For example, let's assume that you are about to buy the Sonata II, but learn that the Sonata III will come out in less than three months. Knowing this, you will probably not purchase the Sonata II, unless you have no other choice. Using this logic, one can easily see why sales of existing vehicle lines drop significantly during a certain period prior to the introduction of a new vehicle line. In other words, the cannibalization process

모델) 모델을 개발해낸다. 이는 소비자들이 자동차 메이커별로 3~4년마다 새로운 차를 내놓을 것으로 기대할 수 있다는 말이다. 스타일링만 바꾸는 경우라면 12~18개월이면 충분하다. 신차개발 주기가 단축될 수 있게 된 것은 일단 기술발전의 결과다. 또 하나의 중요한 동인은 고객의 취향이 자주 바뀐다는 점이다. 소비자들로서는 새로운 차가 많이 나오면 선택의 폭이 다양해지기 때문에 좋은 일이다. 하지만 마케팅 부서는 미칠 노릇이다.

예를 들어, 소나타 II를 사려고 했는데 석 달만 기다리면 소나타 III를 탈 수 있다는 것을 알게 된다면 굳이 소나타 II를 사려는 사람이 몇이나 될까? 꼭 필요한 경우를 제외하고는 거의 없을 것이다. 따라서 신차가 시장에 나오기 전까지 얼마 동안은 같은 라인의 기존 차량 매출이 크게 떨어지는 자기잠식 현상이 일어날 것이다.

현대 경영에서 자기잠식은 점점 더 심각해지고 있다. 소비자들의 수요가 급변하면서 새로운 제품이나 서비스가 시장에 나오는 시간은 점점 더 빨라지고 훨씬 더 빈번해지고 있다. 성공적으로 마케팅을 하려면 자기잠식 프로세스를 제대로 이해하는 것이 필수적이다.

takes place.

Cannibalization is a serious problem in many industries. Consumer tastes are always changing, and as a result, new products and services are being introduced into the marketplace much faster and more frequently than ever before. The firms that are successful at marketing are those that truly understand the cannibalization process.

Part V

조직과 인적자원 관리
(Organization & Resources Management)

1. 밸런스 스코어 카드

밸런스 스코어 카드(Balanced Score Card)란 기업의 성과를 평가하는 혁신적인 방법으로 1980년대 로버트 캐플런 박사가 〈하버드 비즈니스 리뷰(Harvard Business Review)〉를 통해 처음 소개한 개념이다. 그 후 이 개념은 기업의 성과 측정과 관련해 오랫동안 논란의 대상이 되어왔다. 밸런스 스코어 카드란 재무지표뿐만 아니라 구성원들의 만족도와 고객만족도 등 다양한 측면에서 기업의 성과를 측정, 통합한 것을 의미한다.

대부분의 기업들은 내부적으로 성과를 측정할 때 여러 가지 재무지표를 활용한다. 기업 외부인 역시 기업이 발표하는 재무제표에 의거해 그 기업의 재무상태와 성과 등을 측정한다. 단순화시킨다면 대차대조표를 통해 기업의 건전성을 파악하고 손익계산서를 통해 기업의 수익성을 진단한다고 할 수 있다. 최고경영자들이 매출액이나 당기순이익 등의 수치에 경영의 초점을 맞추는 것도, 결국은 증권시장이나 금융기관들이 이와 같은 재무지표에 따라 기업의 가치를 결정하는 경향이 두드러지기 때문이다.

그러나 캐플런 박사는 각각 다른 발전 단계에 있는, 예를 들어 성장기와 성숙기에 있는 두 기업을 똑같은 지표를 갖고 평가할 수는 없다고 지적했다. 성숙기에 접어든 기업의 경우에는 매출 및 이익

1. Balanced Score Card (BSC)

One of the most innovative ways to measure a company in today's economy is called BSC. BSC originally appeared in a Harvard Business Review article by Professor Robert Kaplan in the late 1980's and it has become the most controversial way to measure a company's performance. The issue is as follows.

For most companies, financial reporting is the main, if not only, way to measure a company's success. These reports deal mainly with a company's profitability in the profit statement and a company's health in the balance sheet. Because Wall Street and other financial institutions value such measurements CEO's tend to focus only on financial tools.

What Kaplan argued is that as companies go through different stages of maturity (i.e., the investment phase versus the maturity phase) expectations of a company's profit must change. In addition, one's methodology will vary depending on the industry the company is in and the type of activities you want to measure. He also argued that since most financial measurements are taken annually, one can not detect problems it until it's too late.

For example, if you have a customer service problem, current measurements will not reflect the level of customer dissatisfaction until they stop buying your products. Once they

증가율이 둔화되는 현상을 보이기 때문에 이 같은 재무지표만으로 그 기업의 성장성과 안정성, 수익성 등을 정확하게 판단할 수는 없다는 의미다. 또한 재무지표는 대개 1년 단위로 측정되기 때문에 재무제표를 통해 어떤 문제를 파악했을 때는 이미 늦은 경우가 많다는 것이다.

예를 들어, 고객 서비스에 문제가 있을 경우 평소에 재무상에 나타나는 지표만으로는 고객의 불만족 수준이 어느 정도인지 알 길이 없다. 결국 고객들의 불만족 정도가 더 이상 물건을 사지 않을 정도로 극도에 달할 경우에만 그 기업은 문제를 피부로 느낄 수 있게 된다. 소비자들이 물건을 사지 않게 되면 매출이 줄어들고, 따라서 이익도 떨어지게 된다. 이익이 줄어드는 것을 보고 손을 써보려고 해도 이미 소비자들은 그 기업을 떠나 경쟁사 제품을 구입하고 있어 너무 늦게 된다.

서로 다른 상품과 서비스를 판매하는 50개의 해외 지사를 둔 기업이 있다고 하자. 어떻게 하면 이들 기업의 성과를 정확히 측정할 수 있을까? 시장 상황 및 제반 여건이 판이하게 다른 경우에는 똑같은 잣대를 적용할 수 없을 것이다. 예를 들어, 중국 지사와 미국 지사를 똑같은 기준으로 판단할 수는 없을 것이다.

캐플런의 주장은 재무지표가 경제를 이끌어가는 중요한 원동력임에는 틀림없으나, 내부적으로 기업의 성과를 측정하기 위해서는 재무지표를 보완할 수 있는 다른 지표가 필요하다는 것이다. 다른 지표를 활용함으로써 기업의 성과를 균형잡힌 시각에서 올바르게 측정할 수 있다는 것이다.

GE와 모토롤라, 히타치(日立), ABB, 코카콜라 등과 같은 세계 유수의 기업들은 이미 밸런스 스코어 카드를 적극적으로 도입해 시행하고 있다. 기업 전체의 성과뿐만 아니라 부서장의 성과를 측정할

stop buying your product, obviously, revenues will drop and profits will fall. But by the time the company realizes that profits have fallen, it is too late fix the problem since the dissatisfied customers have already left you for another company.

Let's apply the aforementioned case on a global level. If you are operating in, say, over 50 countries, with different product lines and services, how would you measure the performance of your products in the different countries? You certainly cannot use the same standards in every country since profit levels in, say, China and the U.S., will be radically different depending on customer expectations.

What Kaplan said is that since financial measurements are still the primary method of evaluating corporate performance it is still critical to maintain them; however, internally, one must find other ways to measure performance and that those other ways should also be given equal weight in evaluating the performance of executives within your company.

Today, the BSC is an important tool at companies like GE, Motorola, Hitachi, ABB, and Coke. These companies tend to evaluate division managers with sets of tools that are not necessarily tied to financial goals. These tools might focus on an operational goal such as improving the customer service level, or raising uptime utilization of a plant — if you are dealing with a manufacturing intensive company, etc.

In Korea, many companies have initiated a BSC system, but very few have successfully implemented it.

One of the main reasons for this failure is that BSC has to be linked to an incentive system. Without incentives, an executive will not take risks and try something new to improve the performance of his division. Tying your incentive structure to your company's financial health is the most conservative and

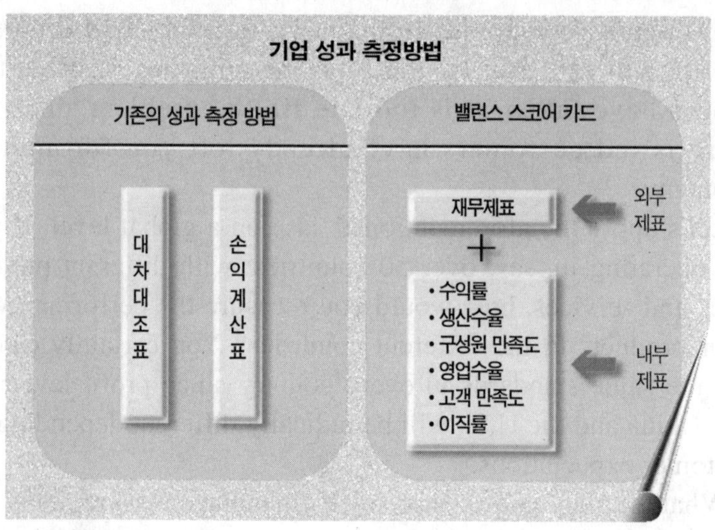

때도 플랜트(생산설비)의 활용도와 고객 서비스 수준 등 다양한 측면이 포함된 밸런스 스코어 카드가 이용되고 있다. 국내에서도 많은 기업들이 밸런스 스코어 카드를 도입했으나 성공을 거두지는 못한 것으로 보인다.

실패한 가장 큰 이유는 밸런스 스코어 카드를 보상체계와 적절하게 연계시키지 못했기 때문으로 판단된다. 기업의 고위 간부들은 새로운 개념이나 시스템을 도입하는 것을 꺼려한다. 일이 잘못됐을 경우 모든 책임을 떠맡아야 하기 때문이다. 시장개방이 더욱 가속화되는 IMF 상황에서 적절한 성과측정 방법을 도입하지 않으면 기업의 구조조정 노력은 실효를 거두지 못할 것이다.

이런 점에서 밸런스 스코어 카드의 개념과 그 의의를 곱씹어볼 필요가 있다.

the safest incentive system for Korean companies. When things go wrong, it is the top executives, not junior executives, who usually get blamed. With the business environment becoming ever more competitive due to fallout from the IMF crisis, Korean businesses cannot afford to delay their restructuring efforts by failing to utilize the proper measurement tools.

지구상의 수많은 사람들이 날마다 무엇을 하며 시간을 보내는지 곰곰이 생각해 본 적이 있는가?

종이를 준비해서 지금부터 만나게 되는 사람 20명의 이름과 그 사람이 하룻동안 무슨 일을 할 것인지 적은 다음 몇가지 평가기준을 만들어 이들에 대한 평가를 해보자. 20번째는 자기자신을 포함시킨다. 평가가 끝난 다음에는 다른 사람들과 같이 그 평가결과에 대해 토의를 해보는 것이 좋다. 만약 20명의 사람들이 모여 각자에 대한 평가를 했다면 400건의 다른 결과가 나올 것이다.

좀 이상하게 들릴지도 모르지만 이것이 바로 밸런스 스코어 카드의 핵심이다. 한 조직의 구성원들에 대해 평가를 하는데 있어 객관적인 기준이 될 수 있는 지표들을 미리 정해놓고 이를 기준으로 각 행동과 결과를 평가하는 것이다. 이때의 지표는 기업 운영의 여러 가지 측면을 반영할 수 있도록 다양성과 동시에 균형성을 갖추어야 한다.

2. 전사 지원본부 문화

　　기업 지원본부란 용어는 일반적으로 기업의 중앙에서 수행하는 기능과 관련되어 사용된다. 본사가 수행하는 기능은 인사부문, 전략기획, 재무부문, 경리, 현금관리, 구매, 정보기술 등을 포함하지만 본사 기능이 단지 이런 부서의 업무에만 국한된 것은 아니다. 예를 들어, 한국 기업의 경우에는 총무부라든가 정책 대응 부서 등과 같은 독특한 부서가 존재한다.

　　과거에는 어떤 조직에서든 성공하거나 승진하기를 원한다면 '권력의 핵심' 조직 또는 흔히 조직의 본부라고 알려진 부서에서 반드시 일정 정도의 경력을 쌓아야 한다는 것이 일반적인 생각이었다. 이런 이유로 인해 대학을 졸업한 사회 초년생들은 조직의 본부로 발령난 동료들을 부러워하곤 했다.

　　그러나 현대 경영학 이론에서는 이러한 조직의 본부 역할이 과거와는 매우 다른 양상을 보이고 있다. 기업의 본부는 더 이상 권력의 핵심으로 여겨지지 않고, 오히려 많은 경우에 비용 발생 부서로 인식된다. 또한 정보의 원천이 아니라 정보를 감시하는 교통경찰로 여겨진다. 본부는 이제 더 이상 감사기관으로 지적될 것이 아니라 가치창출의 근원으로 활동해야 할 것이다. 거대한 규모의 본부는 더 이상 환영받지 못하고 작고 효율적인 본부 형태가 선호되고 있다.

2. Corporate Center Culture

Corporate center is a term that usually refers to headquarter functions. These include, but are not limited to, human resources, strategic planning, finance, treasury, cash management, purchasing, and information technology. In Korean companies you will also find departments for functions such as general affairs, government relations, etc.

The general feeling in the past was that if you wanted to rise in any organization, you had to spend time at the "center" of the power structure, more commonly known as the corporate center. And therefore, young college graduates usually envied their peers who were selected to work at the corporate center.

However, its role in current management theory is radically different from what it was in the past. It is no longer viewed as the power center, but in many cases, as a cost center. It no longer acts as an information source, but rather as an information traffic cop. The corporate center is no longer viewed as the auditing agent, but as a value creation center. A large corporate center is less likely to be viewed as favorably as it was in the past; in fact, a smaller and more efficient center is usually preferred.

The paradigm shift regarding the role of the corporate center that has occurred in the last 20 years or so has been truly

지난 20년 간 지원본부의 패러다임 변화는 놀라울 정도였다. 이제는 방대한 지원본부 기능을 주장하는 경영 전문가들을 찾아보기 어렵게 됐다. 도대체 어떤 일이 일어났는가? 변화를 일으킨 요인은 크게 세 가지다.

첫째는 분산경영 움직임이다. 많은 사업부서들이 이전에 지원본부가 수행하던 기능을 자체적으로 수행할 수 있게 됐으며, 방대한 본부 기능을 유지하기 위해 지불해야 하는 돈은 '세금'과 같이 필수 불가결한 비용이라는 이론도 인기를 끌지 못하고 있다.

거대한 중앙집중식 지원본부 개념은 통제이론이라는 가정을 기반으로 하고 있다. 통제방식을 지지하는 이론가들은 기업이 갖고 있는 경영자원을 비용 효율적으로 잘 활용하기 위해서는 경영자원에 대한 엄격한 통제가 필요하며, 이를 위해서는 '감독기관', 즉 거대한 본부만큼 좋은 형태가 없다고 주장한다. 그러나 현대 경영 이론에서는 비용 대비 효과를 극대화하려면 경영자원에 대한 소유권을 직원들에게 이양, 경찰이 없는(다시 말해 범죄가 없는) 환경을 만들어야 한다고 주장한다. 이런 주장은 자동적으로 본사 기능 축소를 지지하게 된다.

둘째 요인은 아웃소싱이다. 경제가 성숙기에 접어들면 특정 업무를 기업 내부에서 수행하는 것보다 더 싸고 빠르게 처리해 주는 전문화된 기업이나 자원이 등장한다. 이런 아웃소싱에는 인사관리, 현금 및 위험관리, 정보기술 등을 비롯해 여러 가지 관련 기능들이 포함된다. 이런 아웃소싱의 궁극적인 결과는 더 작은 본부로 귀결될 수밖에 없다.

셋째 요인은 기술이다. 기업의 본사 직원들이 하는 일을 자세히 살펴보면 전문가들이 말하는 거래관련 활동이 대부분이라는 것을 알 수 있다. 여기에는 각종 요금 납부와 영수증 수집, 문서관리, 경

amazing. You will not find many experts today who argue for large HQ functions. What happened? There are three main factors that have driven the change in paradigm:

The first is the influence of the decentralized management movement. More and more business units became self-sufficient, and the "tax" theory of paying for a "heavy" head-quarters function fell out of favor. The concept of a heavy, concentrated corporate center is based on control theory.

Control theorists argue that in order to manage one's existing resources better and more cost effectively one must have tight control over one's resources, and therefore one needs a "policing agent"—a heavy corporate center. But in modern management theory, if you really want to have cost efficient operations, you must transfer ownership to your workers and create a "police-free" (and, hopefully, crime-free) environment. This, of course, automatically argues for a smaller headquarters function.

The second driver was the increase in outsourcing activity. As the Western economies matured, the number of specialized firms and resources that could perform specific functions cheaply and quickly grew dramatically. Functions that are commonly outsourced include HR, cash or risk management, IT, as well as a number of other, related functions. This development, also, argued for a smaller corporate center.

The third factor was advances in technology. If you examine the work that corporate center people do, you will find that, more often than not, they perform what the experts would call "transaction activities." These include paying bills, collecting receipts, documentation, and upgrading and reporting financial information for management and public use. Today, most of these functions can be automated.

In the wake of the IMF crisis, we have seen a number of attempts by large Korean corporations to reduce their

영진이나 일반 대중이 이용할 수 있도록 하는 재무정보 개정 및 보고 등이 포함된다. 오늘날 이런 업무의 대부분은 자동화가 가능하다.

IMF 이후 우리는 국내의 많은 대기업들이 핵심 부서를 분사함으로써 본사 기능을 축소하기 위한 수많은 조치를 단행하는 것을 목격했다. 그러나 본사 기능을 축소하는 데 있어서 국내 기업들의 문제점은 본사 조직의 인원을 단순히 다른 조직으로 이동시키는 경우가 적지 않았다는 데 있다.

다시 말해 본사의 위치가 다른 조직으로 이관됐을 뿐 수행하는 기능이나 활동에는 전혀 변화가 없었다. 결국 총체적인 관점에서 고려해봤을 때 조직 본부에 대한 실질적인 변화가 국내 기업들 사이에서 일어났다고는 할 수 없는 것이다.

headquarters by spinning off key functions. The problem with Korean firms trying to restructure their headquarters functions is that often people are merely shifted from one organization to another.

In other words, the location of the headquarters is moved to or its functions are transferred to a different organization, but the functions and activities themselves are the same as before. So, from a holistic standpoint, meaningful changes really have not taken place at the corporate centers of these Korean companies.

3. 지주회사

한국에서 가족이 소유한 대규모 기업집단을 가리키는 '재벌'이란 용어는 새삼 새로울 것도 없다. 그리고 사실상 미국이나 유럽의 경쟁력 있는 기업들도 대부분은 처음에 재벌과 비슷한 가족 소유의 기업으로 출발했음을 알 수 있다. 당시의 자본시장 상황을 감안한다면 가족 소유 형태가 새로운 사업을 시작할 수 있는 유일한 방법이었을 것이다. 오늘날에는 벤처기업이나 주식 공모, 합작투자 등을 포함해 이용가능한 선택안이 여럿 존재한다.

문제는, 재벌들이 이제까지의 경쟁력과 리더십을 앞으로도 계속 유지할 수 있을 것인가 하는 점이다. 재벌이나 재벌의 사업관행을 결코 감싸주려는 것은 아니지만 IMF 위기의 원인과 그 영향, 그리고 한국 기업들의 경쟁력을 자세히 살펴보면, 재벌은 이런 문제에 대해 단지 부분적으로만 책임이 있다는 사실을 알 수 있다. 책임의 나머지 부분은 정부의 정책과 국내의 금융산업 부문에 있다.

재벌을 비판하기는 쉽다. 그러나 대부분의 사람들이 재벌에 대해 비판하는 내용은 그들의 사업관행이나 기업들이 악용하기 쉬운 법의 허점 등에 관한 것이지 재벌 구조 그 자체는 아니다. 재벌에 대한 논의를 대할 때 사람들은 감정적으로 흐르는 경향이 있다. 그리고 재벌구조를 없애기만 하면 자동적으로 모든 경제 문제가 해결될 것

3. Holding Company

The term chaebol, or a Korean style of large, family-owned business, is nothing new. And in fact, if you look at the histories of the most powerful companies in the US and Europe, you'll see that most of them have started out in a similar way. And given the immaturity of the capital markets at the time, forming a chaebol-type venture was probably the only way a person could start a business. Today, there are a number of options available, including venture capital, public offerings, joint ventures etc.

The question, of course, is whether the chaebols can maintain their competitiveness and leadership in the future. I am not condoning chaebols and their current business practices, but if you really delve into the causes of the IMF crisis and the reasons for the Korea Inc.'s lack of overall competitiveness, you will realize that the Chaebols are responsible for only a part of the problem. The rest of the blame lies in faulty government policies and in the local financial sector.

It is easy to criticize chaebols, but what most people criticize about chaebols is their business practices and the fact that they often take advantage of loopholes in business laws, not the chaebol structure itself. We tend to be highly emotional about this issue, and many claim that breaking up chaebols will

처럼 주장한다. 그러나 이 주장은 '그릇된 사업관행을 바꾸면 재벌이든 아니든 관계없이 경영상의 비일관성이나 부패를 줄일 수 있다'라고 바뀌어야만 한다.

실질적인 문제는, 재벌이 현재 누리고 있는 금융이나 사업상의 특혜를 없애더라도 재벌이라는 사업 형태가 세계시장에서 여전히 구조적 강점을 지닐 것인가 하는 것이다. 이 질문에 대한 답은 확실하지 않다. 이 질문이야말로 정부가 오늘날 직면하고 있는 중요한 문제다.

정부는 지난 몇 년 간 여러 가지 이유를 들어 재벌에 지주회사의 위치를 부여하는 것에 대해 거부해왔다. 현재는 제한된 형태의 지주회사 구조를 갖추는 것이 가능하게 됐다.

지주회사란 서로 다른 기업들을 소유하고 있는 회사를 의미한다. 서로 관련이 없는 기업이라 할지라도 지주회사는 이들 기업을 각각에 적합한 대로 소유하거나 매각할 수 있다. 가장 좋은 예가 GE다. GE는 거의 모든 사업에 진출해 있고 이런 사업들을 가장 잘 관리하고 있는 기업이다. 이런 성장 뒤에는 다른 기업을 인수할 때 자금줄 역할을 하는 GE 내부의 은행인 GE 캐피털이 있다.

지주회사는 대개 기업을 경영하는 것보다는 자산을 투자하고 운용하는 데 더 많은 관심을 갖고 있는 금융기관들에 의해 운영된다. 대부분의 투자기관과 은행들은 어떤 형태로든 지주회사 구조로 운영되고 있다. 글로벌 시장에서 이런 지주회사들은 자본의 원천이라는 측면에서 독립적인 각국의 현지 기업들보다는 장점을 갖고 있는 셈이다. 그러나 경쟁이라는 관점에서 보면 GE와 같은 예외적인 경우를 제외하고는 지주회사의 구조 아래에서 명확한 경쟁우위를 확보한 기업들을 찾아보기는 쉽지 않다.

한국에서 지주회사의 미래는 확실하지 않다. 이는 아직까지 M&A

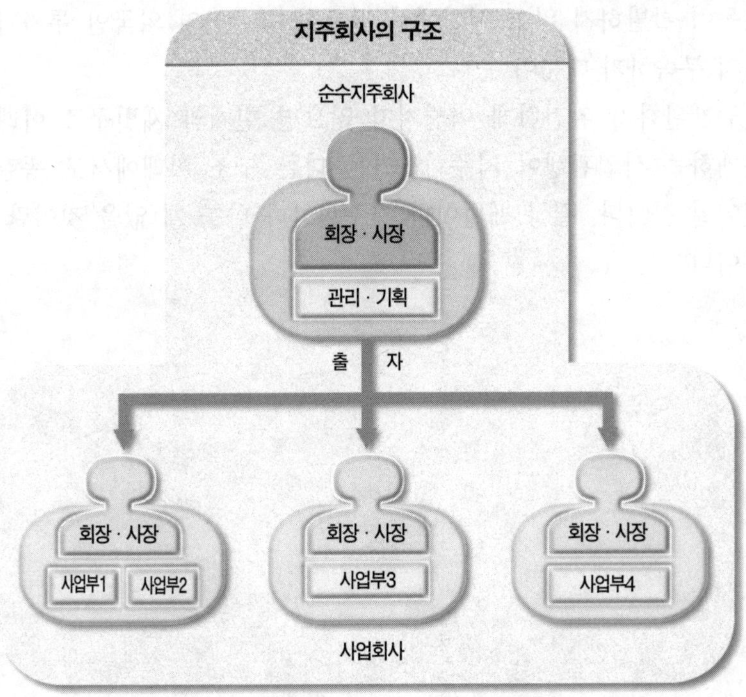

automatically eliminate many local business problems. This argument should be rephrased as "Eliminating bad business practices will reduce the level of inconsistency and corruption, regardless of whether one is talking about a chaebol or not."

The real question is: even if we change the current financial and the business environment so that it no longer favors chaebols, is there a structural advantage to having a chaebol type of business in the global market? The answer is not clear. This is a critical issue facing the government today. For years the Korean government has refused to grant holding company status to chaebols for a number of reasons. Today, it's possible to have a limited version of the holding company structure in Korea. Holding companies are those that own independent

활동이 활발하지 않고 시장에서 필요한 최소한의 외국인 투자자본
마저 부족하기 때문이다.

규제완화가 완전하게 이뤄지지 않으면 현재의 재벌구조 아래에
존재하는 사업관행이 지주회사라는 다른 구조 아래에서도 똑같이
일어날 것이다. 결국 재벌이나 지주회사나 다를 게 없을 것이란 결
론이다.

한국 정부가 지주 회사에 대한 입장을 조금씩 선회하고 있다. 지주회사 설립이
허가되면 M&A가 활발해질 것이다. 지금과 같이 소수의 지배주주가 기업 경영을
좌지우지하는 재벌의 세력은 위축되면서 독립적인 이사회나 경영 위원회에 의한
경영이 확산될 것이다.

조흥, 한빛 등 은행권에서 생각하고 있는 지주회사 설립 방안은 몇 개의 은행이
연합하는 형식인데, 필자가 보기에 문제는 규모가 아니라 지주회사의 운영방식이
라고 본다. 부실여신을 처리하고자 한다면 지주회사를 설립하기보다는 지금과 같
이 독자적인 기업이었을 때 실행하는 것이 훨씬 효과적일 수 있다. 지주회사 설립
은 그 이후가 되어야 한다. 정부 주도로 실시했던 워크아웃(기업구조개선)처럼 또
하나의 실패로 돌아가지 않기 위해서 말이다.

companies. These independent companies could be unrelated businesses, and holding companies can own (or sell) them as they see fit. The best model is GE. It is involved in a wide variety of businesses and is probably the best at managing such a diverse portfolio of businesses. And the engine behind GE's growth is GE Capital, an internal bank which funds its acquisitions.

A holding company is usually run by financial institutions that are more interested in managing and investing their assets than operating the companies. Most investment and banking firms have some form of holding company structure. In the global market, holding companies do have certain advantages over independent local players in terms of raising capital, but from a competitive standpoint, except for a few exceptional cases like GE, you rarely find companies that benefit from a clear advantage under the holding company structure.

In Korea, the future of holding companies is uncertain; this is mainly due to the lack of M & A activity and minimal presence of foreign investment capital in the marketplace. Unless you completely relax holding company regulations, the current business practices of chaebols can easily be duplicated in a holding company structure. The net results will be the same.

4. 통제의 폭

회사를 포함한 큰 조직에서 일하고 있거나 일해본 경험이 있는 사람이라면 누구나 한 번쯤 사람이 많아도 일하는 사람은 항상 정해져 있으며, 실제로는 이 사람들만이 부가가치 창출에 기여하고 있는 게 아닌가 하는 생각을 해본 적이 있을 것이다. 또 일일이 윗사람에게 보고해야 할 일이 너무 많아 다른 일을 할 시간이 부족하다거나 일의 효율이 떨어진다는 생각을 한 적도 있을 것이다. 이런 문제의 근본적인 이유는 관리자의 수 및 관리의 단계와 관계가 있으며, 이를 설명할 수 있는 개념을 통제의 폭이라고 한다.

어떤 조직이든 그 조직을 통제하고 관리할 사람은 필요하다. 팀에는 팀장이 있고 부서에는 부서장이 있게 마련이다. 그런데 문제는 감투를 쓴 사람은 많은데 정작 일할 사람이 부족한 경우다. 과장·과장대우·대리·계장·주임 등 관리급이 세분화되어 단계가 많은 것도 문제다. 관리자가 많으면 보고체계가 길어지고 복잡해져 보고서를 작성해 보고하고, 또 그 보고서를 검토하는 데 상당한 시간이 걸리게 된다.

그렇다면 과연 관리자와 피관리자의 적정 비율은 무엇이며 어떻게 결정할 수 있을까? 통제의 폭이 넓다는 것은 관리자보다 피관리자가 많은 상태를 의미한다. 그 반대로 통제의 폭이 좁다는 것은 관

4. Spans of Control

Have you wondered why it is that, despite the large number of employees in your department, it is always the same small number of people who always work and actually perform value-added activities? Have you ever stopped and wondered why there so many reports need to be generated on a routine basis? Span of control deals with this very core issue of the amount of organizational overhead. In the old days, it was part of a leader's function to lead.

Theoretically, every organization needs someone to control and manage. A team needs a team leader, an organization needs a manager, a division needs a division leader, etc. The problem arises, however, when there are too many leaders and not enough workers. Problems can also occur when there are too many layers between a leader and the people he is supposed to lead. For example, suppose you have an assistant team leader under the team leader, etc. The biggest problem you face when you have too many leaders is that there tends to a great deal of unnecessary and duplicate reporting because employees spend a lot of time doing nothing but reporting either orally or in written form.

So what is the ideal leader to worker ratio? A higher span of control means you have more workers per leaders and a lower

리를 받는 사람보다 관리하는 사람의 수가 많은 상태다. 통제의 폭은 그 기업의 임금체계와 직접적인 연관이 있기 때문에 인센티브 시스템을 근본적으로 변화시키지 않고서는 통제의 폭을 조정하는 것이 거의 불가능하다.

조사에 따르면 일본 기업과 한국 기업은 통제의 폭이 6~7 대 1 정도인 것으로 나타났다(다시 말해 관리자 한 명이 6~7명의 부하 직원을 관리한다는 것이다). 일본과 한국뿐만 아니라 대부분의 아시아 기업들은 대체로 관리자가 많고 실제로 일하는 사람은 부족한 게 현실이다. 이는 아시아 기업의 낮은 생산성으로 연결된다.

반면 선진 기업의 경우 피관리자와 관리자의 비율이 12~13 대 1 정도로 아시아 기업에 비해 통제의 폭이 훨씬 크다. 사실 관리자 한 사람이 아랫 사람 12~13명을 한꺼번에 관리한다는 것이 쉬운 일은 아니다. 그런데도 서구 기업의 경우 효과적인 통제가 이뤄지고 있다. 이는 불필요한 보고체계를 과감하게 단순화시키고 권한과 책임을 일선 직원들에게 이양한 기업들의 경우에만 가능한 일이다.

한 조사에 따르면 군대조직의 경우 효율을 극대화할 수 있는 적정 통제의 폭이 7~8 대 1 정도라고 한다. 실제 전투에 임할 때의 스트레스가 심하고 상황이 급박하게 전개되며 명령에 따라 일사불란하게 움직여야 하기 때문이다. 이와 반대로 콜센터(고객상담센터)의 상담원이나 교환원 등 작업이 개별적으로 이뤄지거나 비교적 느슨한 업무인 경우에는 35~40 대 1이 적정한 통제의 폭이다. 이와 같이 조직이 갖는 여러 가지 특성에 따라 적정 비율은 얼마든지 달라질 수 있다.

문제는 여러 요소들을 고려해볼 때 일본이나 한국 기업들은 통제의 폭이 너무 좁다는 것이다. 가장 큰 이유는 여러 단계에 걸친 보고체계와 결재체계가 아직도 그대로 존재하고 있기 때문이다.

span of control means the opposite. The problem facing seniority-based organizations such as those in Japan or Korea is that as employees get older, the span of control tends to decline as well. This is a mathematically driven concept and it is extremely difficult to fix unless you change the incentive system.

Our study revealed that the worker-to- manager ratio in Japan and Korea is about 6-7 to 1 (This means a leader manages 6~7 subordinates). This simply tells us that Asian firms tend to be top heavy, which results in low productivity of many Asian companies.

On the other hand, as for the best-practice companies, the span of control is about 12-13 to 1. It is not easy for a leader to supervise 12-13 people effectively. Nevertheless, many Western companies boast of effective control and management. The secret lies in one's ability to truncate unnecessary reporting procedures and delegate responsibility.

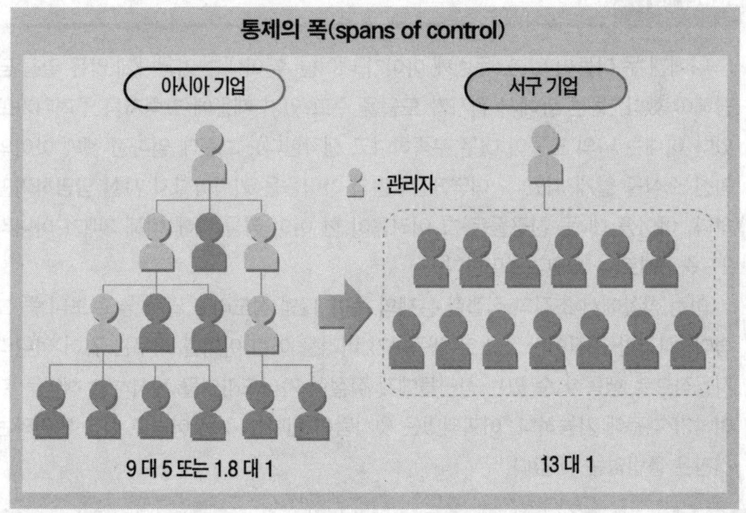

최근에는 팀 개념을 도입해 체계를 단순화함으로써 보고나 결재 단계가 많이 개선되기는 했지만, 아직도 많은 한국 기업들은 구태의연한 보고방식을 그대로 고수하고 있는 것이 오늘의 현실이다.

나에겐 두 아들이 있다. 두번째 아이가 태어난 후 아내는 엄청나게 많은 일을 담당해야 했다. 물론 옆에서 필자가 도움을 주고 있기 때문에 그럭저럭 꾸려나가고 있다(아내는 나의 도움이 너무 부족하다고 생각한다). 그런데 얼마전 셋째 아이의 임신 소식을 알게 되었다. 어떻게 세 명의 아이들을 키워야할지 사실 암담하기만 하다. 아이를 셋 둔 친구들은 그 어려움이 한 아이 키울 때에 비해 3배가 아니라 2^3, 즉 8배로 늘어난다고 말한다.

이런 상황에서 조직의 적절한 통제의 폭이 12명 정도라도 말해 놓고 보니 좀 그렇다. 하지만 조직이란 스스로 행동하기 어려운 어린 아이를 키우는 것이 아니라 자율적으로 행동할 수 있는 성인들에게 적절한 가이드라인을 제시하고 책임을 부여하기 때문에 가능하다. 어찌되었든 윗사람이 된다는 것은 어렵고 힘든 일이라는 것만은 틀림없는 것 같다.

A scientific study shows that for military organizations in highly stressful situations and with intensive real-time requirements, such as war, the optimum ratio, without increasing the overhead inefficiency, is around 7-8 to 1. In a more relaxed environment where tasks are basically independent, such as in an operator-intensive business like a call center, switch operator center or directory assistance center, the numberis closer to 35-40 to 1. This means span of control can vary depending on the nature and characteristics of an organization.

At any rate, the span of control in Japan and Korea is believed to be, in general, low. This is mainly due to archaic internal management procedures such as "bogo" and "guel jae." With the introduction of team concepts, many procedures have improved, but the majority of Korean organizations still rely on traditional reporting processes.

5. 임원급여

임원들의 급여 수준은 경영계에서 많은 논란이 되고 있는 문제 중 하나다. 물론 우리나라와 같이 소유주가 경영을 맡고 있는 경우에는 급여 결정이 그다지 큰 논쟁점이 되지 않는다. 소유주 스스로가 적절하고 또 필요하다고 생각하는 만큼 월급을 정하겠다는 데 대해 이의를 제기할 사람은 별로 없을 것이다. 그러나 주주가 고위급 임원은 물론 전문 경영인까지 임명하는 경우에는 이들에 대한 적정 수준의 급여 지급은 상당히 중요한 문제가 된다.

경영인의 급여를 결정하는 문제는 생각보다 단순하지 않다. 임원의 실적을 평가하고 이에 대한 보상책으로 급여를 산정해야 하기 때문이다. 임원들에 대한 선진기업의 보상체계를 보면 현금으로 지급되는 부분은 극히 적은 비중을 차지한다. 나머지는 거의 스톡 옵션(stock option), 즉 주식매입선택권으로 채워진다.

임원보상 문제가 중요한 이유는, 임원들이 기업을 혁신하려고 노력하느냐 여부가 보상 문제와 직결되기 때문이다. 다시 말해 확실한 인센티브가 주어지지 않는다면 임원들이 위험을 감수하면서까지 혁신이나 변화를 추진할 이유가 없다고도 할 수 있다. 한국 기업에서 혁신이 제대로 이뤄지지 않고 있는 이유도 여기에서 찾을 수 있다. 변화에 따른 위험부담이 너무 큰 데 비해 보상은 거의 없기 때문에

5. Executive Compensation

One of the most controversial business topics today is the issue of executive compensation. There is a philosophical difference between how those in the East and West feel about this issue. Of course, if you are the company. owner, as is the case for most Korean CEO's, this issue of the executive compensation is not an issue. After all, if you are the owner, who would argue with you if you pay yourself whatever you feel is right and necessary? The issue, of course, becomes a problem when a professional manager who is elected by shareholders rises to an executive post.

The issue of executive compensation is a lot more complicated than most people think. First of all, the cash portion of most compensation packages is extremely limited. So from a company's standpoint, the actual cash obligation is a small amount. The rest of the compensation is likely to be in the form of stock options.

Why is the issue of executive pay so important? It is important because many changes and management innovations are directly tied to the performance of executives and their compensation. Without a clear incentive to change, there is really no reason executives should take big risks. This is one of the problems with the compensation system for Korean

임원들은 섣불리 어떤 원칙을 행동에 옮길 수가 없는 것이다.

인사 전문 컨설팅 회사인 타워스 페린의 조사(표 참조)에 따르면 한국의 경우 일반 근로자와 최고경영자 사이의 급여 차이가 여섯 배에 불과한 반면 미국은 스물네 배나 된다. 기업의 운명을 좌우할 수도 있는 어려운 결정을 내리는 경영자들이 받는 급여가 일반 근로자의 여섯 배에 불과하니 어떤 전문 경영자가 위험을 무릅쓰면서까지 어려운 결단을 내리려 하겠는가.

사람이 꼭 돈 때문에 일하는 거냐고 반박할 사람이 있을지도 모르겠다. 그러나 급여는 임직원들의 동기를 유발하는 근본적인 요소로서 그 중요성이 크게 대두되고 있는 것이 현대 자본주의 사회의 현실이다. 일에 대한 동기를 부여하는 가장 큰 인센티브를 한 가지만 꼽으라고 한다면 대부분의 사람들은 기업문화나 성취감, 일 자체에 대한 보람 등이 아니라 아마도 급여수준을 꼽을 것이다. 물론 돈 이외의 다른 요소를 강조하는 기업도 많다. 그럼에도 대부분의 선진기

executives. Korean executives simply do not get paid enough to take on additional risks. The result is that, unless one is internally motivated, he will not take big risks because there is no reward for doing so.

According to Towers Perrin, a consulting firm, the ratio of average executive salary to average worker salary is only 6:1 in Korea compared to 24:1 in the US.

Some argue that people do not only work to make money but for other reasons as well. And there is the popular saying, "money is not everything," but the joke these days is that "money is everything." In fact, if you had to select the single most important work incentive, it would probably be monetary reward, not culture or any other factor. This does not mean that companies do not emphasize factors other than money, but despite propaganda that says otherwise, the most powerful incentive that most companies can offer to keep good employees is attractive monetary compensation. This is a highly controversial subject, but at the same time, it is a well-known fact that most of us are indeed motivated by monetary reward more than any other factor.

There are basically three steps to establishing an executive compensation program. The first one is setting the MBOs (Management by Objectives). MBOs for executives of Western companies are clearly defined and easy to measure. Instead of vague statements like "develop a strong company or learning organization, etc.," specific goals are set such as "increase profitability in this market segment by X% by the end of this year" "hire Y number of employees and increase revenue per employee by Z percent without sacrificing quality, etc." Second, once these terms are set, you need to determine the impact these items will have on overall shareholder value. This can be calculated using the change in stock price or profits.

업들은 좋은 인재를 붙들어놓기 위해 금전적인 보상방법을 택하고 있는 것 또한 현실이다. 논란의 여지가 있긴 하지만, 금전적인 보상이 클 때 더 열심히 일한다는 것은 잘 알려진 사실이다.

임원의 보상 수준을 결정하기 위해서는 먼저 경영목표(management by objectives : MBO)를 정해야 한다. 서구 기업의 경우 임원들의 MBO가 명확히 정의돼 있기 때문에 후에 측정이 가능하다. '경쟁력 제고', '학습조직 구축' 등과 같은 모호한 목표가 아니라 '특정 고객집단의 수익성을 연말까지 X% 높이고 직원 수를 Y명으로 늘리며 품질 수준을 유지하면서 직원당 매출 생산성은 Z% 향상시킨다'는 식으로 구체적이면서 결과도 계량화할 수 있는 목표를 세운다. 정해진 기간이 지나면 성과를 평가하게 되는데, 주가 변화나 이익증감 수치 등을 이용, 경영자가 주주가치 창출에 어느 정도나 기여했는지 계산하게 된다. 이 결과에 따라 임원에게 주어질 보상 수준이 결정된다.

마지막으로 결정해야 할 문제는 보상의 형태다. 대부분의 기업은 임원들에게 줘야 할 모든 보상을 현금으로 지급할 만한 여력이 없다. 특히 상품의 이윤이 낮은 산업의 경우에는 더욱 그렇다. 따라서 대부분의 보상은 스톡 옵션과 같은 형태로 주어진다. 스톡 옵션은 주가가 올라갈 때 임원들의 부도 함께 상승하므로 실적 보상 수단으로 광범위하게 환영받고 있다.

스톡 옵션과 관련된 유일한 문제는 스톡 옵션이 보상 수단으로 환영받기 위해서는 미국과 같이 주식시장이 효율적으로 움직여야 한다는 사실이다. 한국의 경우 경영 이외의 여러 가지 주변 요인에 따라 주가가 크게 영향을 받기 때문에 주가가 그 기업의 가치를 제대로 반영하지 못하고 있다. 따라서 스톡 옵션이 큰 효력을 발휘하기가 어려운 형편이다.

Once this is estimated, you can then calculate the appropriate compensation for that executive.

The third step is defining and developing the vehicle for compensation. If you only look at the profit generation level, you would conclude that there is no way that companies can afford to pay the compensation that the executives typically earn. This is even more true when you are talking about a margin-tight business like manufacturing. Therefore, most incentives that companies offer are based on some form of market-based mechanism such as stock options. Granting stock options is different from granting stocks since a company only pays an executive the difference between the stock price and the exercise price. Therefore, there is no "actual" payout to an executive unless the stock appreciates.

The only problem with stock options is that the capital market has to operate somewhat efficiently like it does in the United States. One of the major problems with Korean stock options is that, stocks are sometimes valued improperly and are often the victim of market forces that are beyond the control of a company's executives. This is a serious problem that has, so far, prevented stock options from working as they should in Korea.

6. 변화관리

기업에서는 일상적인 업무도 진행되지만 정해진 시간 내에 달성해야만 하는 특별 프로젝트도 전담팀의 지휘 아래 상당수 진행된다. 그 중에서도 전사적인 차원에서 기업의 비전을 재정립하고 기업활동을 전면 재조정하는 특별업무를 기업혁신 프로젝트라고 한다. 기업혁신 프로젝트의 목표는 위기 상황에서 기업의 생존 능력을 강화하는 것이다.

국내의 많은 기업들이 IMF 전에도 이런 식의 혁신 프로젝트를 적지 않게 수행해왔다. 그러나 이런 혁신 프로젝트에도 불구하고 많은 기업들이 IMF 위기에 제대로 대처하지 못하고 쓰러지거나 극심한 어려움을 겪고 있는 것이 사실이다. 국내 기업들의 이런 모습은 과거에 시도했던 혁신 프로젝트가 실패했음을 입증하는 것이다.

비전과 전략, 프로세스, 구조, 성과, 평가방법 등 기업을 구성하는 전체 요소를 뜯어고친다는 것은 쉬운 일이 아니다. 그러나 선진기업의 경우 기업을 완전히 변화시키는 혁신 프로젝트를 성공적으로 실시해 실효를 거둔 사례가 많다.

그러나 국내 기업들 사이에서는 성공 사례를 찾기가 어렵다. 왜일까? 답은 변화에 대한 관리가 제대로 이뤄지지 않았기 때문이다. 엄청난 규모의 혁신 프로젝트를 추진하려면 과거처럼 강압적인 방법

6. Change Management

Many innovation projects you hear about these days are really the product of a company's survival strategy. Whether the project involves foreign direct investment or restructuring, you are still basically dealing with one's ability to survive through crisis management. The ultimate question one should ask is this: if these companies were so successful in executing their innovation projects, why are they in such trouble today? The answer is that contrary to what is popularly believed and to the slogans created for media consumption by many Korean firms, very few Korean firms have actually undergone a major change management process.

What is it that makes Korean firms so resistant to change? Why is it difficult for Korean firms to embrace new ideas? The concept of change management deals with these core issues in a much more analytical manner as opposed to the traditional brute force method of "do this or else...."

According to the concepts of change management, there are basically four dimensions to change. The first dimension is recognizing the need for change. This is a lot harder to do if you are in an isolated and protected environment like most Korean businesses today. If you visit the industrial complexes outside of Seoul, you will see that many plant operations still

이 아니라 분석적인 방법과 수단에 입각한 변화관리가 이뤄져야 한다. 조직 구성원들에게 변화의 필요성을 이해시키고 동의를 구함으로써 자연스럽게 변화를 일궈내는 노력이 필요하다.

효과적인 변화관리를 위해서는 다음의 네 가지 요건이 충족돼야 한다. 첫째, 변화에 대한 필요성 인식이다. 지금까지 많은 한국 기업들은 정부의 보호 아래 독점적 지위를 누려왔거나 선진 외국 기업과 별다른 경쟁 없이 비교적 안정된 사업을 보장받아왔다. 이 때문에 변화의 필요성을 깨닫지 못했던 것이 사실이다. 석유 및 철강사업의 경우에는 더욱 그렇다. 그러나 급변하는 경쟁상황에 대처하기 위해서는 변화하지 않으면 안 된다. 살아남으려면 변화를 추구해야 한다. 이 같은 변화의 당위성을 구성원들이 인식하지 못하면 경영진이 혁신 프로젝트를 추진하더라도 구성원의 관심 부족으로 실패로 끝나게 된다.

둘째는 변화에 대한 명확한 비전이다. 변화를 통해 추구하고자 하는 목표가 무엇인지 분명해야 한다. 즉 변화의 방향성이 확실히 정립되지 않으면 조직 전체에 걸쳐 혼란이 초래될 수 있다. 단순히 변화를 위한 변화를 추구한다면, 다시 말해 뚜렷한 비전 없이 무조건 변하자고만 한다면 기업의 혁신 노력은 성공할 수가 없다. 막연하거나 실현 불가능한 비전은 도움이 안 된다. 노력을 통해 달성할 수 있고 논리적으로도 타당한 비전을 마련해야 한다. 몇 년 전에 국내 기업들이 2005년까지의 장기 목표를 앞다퉈 발표했던 적이 있다. 그러나 논리적인 타당성과 실현가능성이 결여된 그러한 목표가 달성될 것으로 믿은 사람은 거의 없었다. 그런 목표는 단지 꿈에 불과했고 그것은 IMF를 겪으며 더욱 분명해졌다.

셋째는 변화에 대한 신념이다. 최고경영진을 비롯한 조직 구성원 전체가 변화의 가능성을 믿지 않는다면 기업혁신은 그만큼 실패할

exist as isolated kingdoms, ignoring the best practices of foreign companies. This is especially true for traditional oil and steel companies. The result of this lack of vision is lack of interest on the part of the workers of these companies.

The second dimension is vision. Without a clear direction, the company will suffer from confusion at all levels. Mere change for change's sake will not create vision. This has to be communicated in a logical sequence. A few years ago, every firm was busy announcing their year 2005 goal, and yet no one believed those numbers because the plans to realize them were unrealistic. For many firms, it was just wishful thinking.

The third dimension deals with conviction. If you do not have conviction and commitment, your chances for failure are even greater than if you do not have a vision. This is especially true in Korea where one must deal with a conservative work force and powerful unions. There will always be many excuses and reasons why you were unable to implement the changes you intended. And your reason may be a perfectly good one, but the truth is that if effecting change were easy, your firm would have done so long ago. Once leadership is swayed by opponents of change, disappointment will be felt at all levels. At this type of organization, restarting a change management program will be extremely difficult because employees will be cynical and skeptical about management's commitment.

The fourth dimension is action. The failure to act properly will result in frustration. Many change management programs stops short of or lack this dimension. One of the major complaints that foreign investors have about Korea and the Korean government is that firms and the government make a lot of announcements but that few of these announcements are actually implemented. This applies to all levels of Korean government and business. The recent delay in government

공산이 크다. 특히 노조의 힘이 막강한 기업의 경우 변화에 대한 신념이 핵심적인 성공요소로 작용한다. 변화에는 여러 가지 어려움이 따르고 장애물이 많다. 조직 내부에 있는 변화 반대 세력의 입김도 무시할 수 없다. 그러나 이러한 반발 세력에 따라 경영진의 신념이 흔들리면 구성원들도 변화에 회의적인 태도를 보이게 된다. 그렇게 되면 변화 관리는 더욱 실행하기가 어렵게 된다.

넷째는 실천이다. 계획을 세웠으면 이를 실천에 옮겨야 한다. 국내 기업의 혁신 프로젝트가 실패로 돌아간 이유 중 상당 부분은 이 실천 단계에서 찾을 수 있다. '부뚜막 위의 소금도 넣어야 짜다'는 속담처럼 그럴 듯한 계획이라도 실행되지 않으면 무용지물이다. 국내 기업에 대한 국제 신인도가 떨어지는 이유 중 하나도 실천을 소홀히 하는 국내 기업의 태도에서 찾을 수 있다. 이런 점에서는 한국 정부도 예외가 아니다. 정부가 경쟁력 강화를 위해 공무원 수를 줄이겠다고 발표하고 나서 오랜 시일이 지났으나 가시화된 것이 없다고 많은 외국인들은 지적한다.

효과적인 변화 관리를 통한 성공적인 기업혁신은 위의 네 가지 요소를 이해하고 충족시킬 때 얻어진다. 이것이 곧 IMF 위기 극복의 열쇠이기도 하다.

layoffs aroused the cynicism of foreigners, because it represented a lack of will on the part of the government to carry out its promise.

Change management is at the core of today's enterprise management and understanding its key dimensions is critical to surviving the IMF crisis.

컨설팅을 하면서 가장 어려운 분야가 바로 조직 및 보상체계와 관련된 분야다. 필자는 무조건 외국 것을 받아들여야 한다는 사대주의자도 아니고 그렇다고 무조건 우리 것만 고집하는 국수주의자도 아니다. 이 둘을 잘 절충하는 것이 가장 바람직하다고 생각하지만, "조직을 어떻게 운영할 것인가"와 "조직 구성원에 대한 보상은 어느 수준에서 결정되어야 하는가"에 대한 답은 소비자들이 원하는 것이 무엇이냐에 따라 달라진다.

컨설팅을 하다 보면 "한국의 상황은 미국이나 다른 나라와는 다르다" 또는 "한국적 가치를 고수해야 한다"라는 말은 종종 듣게 된다. 문제는 그렇게 해서 소비자들이 원하는 질 좋은 물건을 싸게 팔 수 있느냐는 것이다.

안타깝게도 한국적 가치나 경영방식을 고집해서 세계적으로 성공한 기업의 예가 없다. 이제 기업들은 전략, 운영, 마케팅뿐만 아니라 조직 및 보상체계, 성과 평가 등 기업의 각 분야에서 글로벌 경쟁 시대에 맞는 글로벌 스탠더드 도입을 서두르고 있다.

7. 골드 칼라

오늘날 경제 현상 가운데 가장 두드러진 것 중 한 가지는 벤처기업이 급부상하고 또 번창하고 있다는 점이다. 사실 벤처기업이란 새로 시작한 기업이라는 특성 외에는 정확한 정의를 내리기가 힘들다. 몇몇 사람들은 벤처기업이라고 하면 자동으로 첨단기술 분야를 떠올리지만 사실은 그렇지도 않다. 상당수의 벤처기업이 첨단사업부문을 갖지 않고도 다른 사업 분야에서 성공을 거두고 있다.

그러나 모든 벤처기업들에는 한 가지 공통점이 있다. 벤처기업을 창업한 사람이나 직원들의 구성이 여느 기업과 달리 독특하다는 것이다. 이들 집단에 대해 한 마디로 정의하기는 쉽지 않다. 종종 이들을 가리켜 '모험기업가' 라는 용어를 쓰기도 하지만, 이 말은 벤처기업에서 일하는 사람들의 특성을 정확히 담아내지는 못하는 것 같다.

그게 뭐 그리 중요하냐고 의구심을 갖는 독자들도 있겠지만, 이들의 등장은 사회적 측면에서 커다란 의미를 지닌다. 과거에는 기업에서 일하는 사람들을 화이트 칼라 또는 블루 칼라, 이 두 부류로 나눌 수 있었고 그 구분 기준도 명확했다. 그 중 한 가지는 대학을 졸업했는지 여부다. 교육수준과 훈련 정도에 따라 기업에서 어떤 직책을 맡게 되고 어느 선까지 승진할 수 있는지가 미리 결정되곤 했다. 독일과 같은 유럽 국가에서는 블루 칼라 노동력을 강화하기 위해 직업

7. Gold Collar

One of the major changes in today's economy is the emergence and dominance of venture firms. There is no clear definition of what distinguishes venture firm from other types of companies other than their start-up characteristics. Some people automatically equate venture firms with high-tech, computer-related firms, but this is a misconception. There are many venture firms that are not engaged in high-tech activities that have been able to launch their businesses successfully.

However, one common characteristic of all venture firms is the unique make-up of their employees and founders. It's hard to define this group of people. We often use the term "entrepreneurs," but this loosely defined term is not specific enough to give a clear picture of the types of people who start up and work at venture firms.

You may think that this topic is a non-issue, but it has a number of societal implications. First of all, in the old days, the characteristics of white-collar and blue-collar workers were clearly defined. The key criterion was usually whether or not one had a college degree. Furthermore, one's career track was predetermined based on his educational level and training. In some European countries, especially in Germany, vocational schools were introduced to strengthen the blue-collar workforce.

학교가 설립되기도 했다.

　벤처기업의 등장과 함께 나타난 새로운 형태의 노동력을 가리켜 '골드 칼라'라는 범주로 구분하게 됐다. 이 용어가 정확히 어디에서 유래되었는지 알 수는 없다. 아마도 노다지를 찾아 금광으로 떠나던 사람들을 연상시킨다는 점에서 '골드'와 관계가 있지 않을까 생각한다.

　골드 칼라 집단의 다양한 성격으로 인해, 이들에 대해 교육수준이나 다른 집단과 구분되는 특성들을 꼬집어내기는 어렵다. 박사학위를 가진 사람들이 실리콘 밸리에 모여드는가 하면 대학을 중퇴한 사람들이 벤처기업을 설립해 세계에서 가장 성공적인 벤처 왕국을 건설하기도 한다. 최근 하버드 MBA 졸업생들을 대상으로 실시한 설문조사에 따르면 졸업생 중 30% 이상이 월스트리트 등 이미 궤도에 오른 기업보다는 월급을 적게 받으면서까지 벤처기업을 선택하고 있다.

　골드 칼라는 학력 중심의 가치관에 정면으로 도전하고 있다. 이들의 성공은 대학 입학을 최고의 목표로 하는 교육체계의 질서를 위협하고 있다. '고교졸업 후 대학교를 마치고 취업'하는 기존의 취업관행에서 벗어나 나름대로의 길을 개척할 재능이 있는 사람들을 위해서는 이들의 재능을 포용하고 강화시켜줄 수 있는 교육제도가 필요하다.

　가끔씩 성공한 벤처기업에 대한 성공담이 신문 등 대중매체에 떠들썩하게 보도되고 있긴 하지만, 필자는 한국 사회에서 벤처기업들이 일반 대중에게 제대로 인정받고 있다고는 보지 않는다. 성공한 벤처기업가에게는 찬사를 보내지만, 가까운 사람이 하버드 대학을 중퇴하고 투자자도 확보하지 못한 채 벤처기업을 차리겠다고 나서면 손을 들어줄 사람이 몇 명이나 있겠는가? 아마도 대부분의 사람

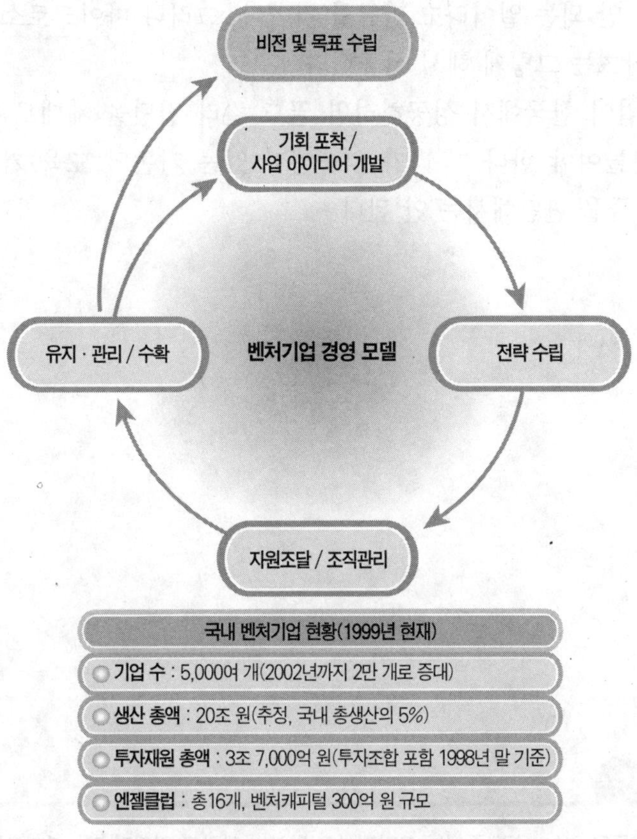

The growth of venture firms has been accompanied by the emergence of a new workforce made up of so-called "gold collar" workers. It's not certain exactly where the term originated from other than that "gold" probably refers to the wealth-driven mentality of these people.

The diverse nature of the gold collar workforce makes it hard to pinpoint in terms of educational level and other characteristics. We have seen both Ph.D's as well as college dropouts come to Silicon Valley and start up successful venture firms. In a recent poll of Harvard MBA graduates, over 30% of

들이 말도 안 되는 일이라고 만류할 것이다. 그러나 마이크로소프트의 빌 게이츠는 그렇게 해서 성공했다.

벤처기업이 한국에서 성공하려면 골드 칼라 집단을 제대로 이해하고 받아들여야 한다. 우리가 익숙해져 있는 기존의 교육 가치관 잣대로 이들을 판단해서는 안 된다.

경제활동을 하는 사람 중에는 프리랜서로 일하는 사람도 있지만 대부분의 사람이 조직에 속해 있다. 대부분의 시간을 조직 내에서 보내기 때문에 급여와 같은 금전적 보상뿐 아니라 교육의 기회 또한 중요한 동기부여 요소로 작용한다.

그런데 조직의 규모가 커지고 방대해지면서 학습의 기회가 줄어든다. 여기에서의 학습이란 따로 시간을 내서 받는 교육보다 일을 하면서 자연스럽게 익힐 수 있는 지식이나 업무 기술 등을 의미한다.

외국 기업의 임원과 국내 기업의 임원을 비교해보면 국내 기업 임원은 관리적인 측면은 강하지만 지식 측면에서 크게 뒤떨어진다. 조직의 성장과 발전이 조직 구성원들의 역량에 크게 좌우된다고 볼 때 최근 대두되고 있는 지식경영의 중요성을 다시 한번 곱씹어볼 필요가 있다.

the respondents said that they had rejected a more lucrative offer from a Wall Street firm to work at a venture firm.

The gold collar workforce is also changing attitudes about the value and relevance of higher education. This is putting pressure on universities to provide more educational value in order to remain attractive to young people. And the entire educational system must adopt much more of a value-enhancement model to embrace and keep young people who are talented enough to risk stepping out of the traditional "high school-college-work" route.

In Korea, I do not believe that those who start up and work at venture firms are respected by the general public, with the exception of the infrequent occasions when the media highlights the story of some wildly successful venture firm. We admire those who become successful venture owners, but traditional Korean thinking still values status and education over simple wealth. For example, how many of us would have supported a relative who wanted to quit Harvard to start a venture business with no investors? Probably not many, and, of course, the person I am referring to is Bill Gates, founder of Microsoft.

I believe that in order for venture firms to explode in Korea, we need to recognize and accept the Gold Collar workforce and refrain from judging them with a traditional value system that places the greatest value on education.

8. 그레이 칼라 근로자

과거에도 화이트 칼라 근로자나 블루 칼라 근로자 등과 같은 용어
는 자주 들어봤을 것이다. 그러면 도대체 그레이 칼라란 어떤 근로
자를 지칭하는 것일까?

이 용어에 대해 살펴보기 전에 근로자를 구분했던 전통적인 방법
을 한번 검토해보자. 10년 전까지만 하더라도 피고용자들은 관리자
와 육체 노동자라는 두 그룹으로 분명하게 분리됐고, 화이트 칼라와
블루 칼라란 바로 이들 각 그룹을 지칭했다. 이 들용어가 보편적으
로 사용되면서 점차 화이트 칼라는 사무실에 앉아서 일하는 사람이
나 전문직 근로자, 대졸 근로자 등을 가리키는 말로, 블루 칼라는 공
장에서 일하는 노동자나 대학을 졸업하지 못한 근로자, 3D(더럽고,
어렵고, 위험한) 직종에 종사하는 근로자 등을 가리키는 말로 정착
했다.

그러나 대략 10년 전부터 권한이 하부로 이양되고 인기있는 현대
경영이론이 많이 소개되면서 관리자와 육체 노동자에 대한 경계가
희미해지기 시작했다. 다시 말해 '나는 관리하는 사람', '너는 일하
는 사람'이라는 식의 직책 구분은 더 이상 가능하지 않게 됐다. 시
간이 갈수록 더욱 분명해지고 있는 사실은, 우수한 관리자가 되기
위해서는 현장에서 직접 일해본 경험이 있어 일선에서 일하는 사람

8. Gray collar work force

We have all heard terms such as white-collar workforce and blue-collar workforce, but what is the gray collar work force? Before we take a closer look at this category, let's review the traditional workforce segments. Even as recently as 10 years ago, management and workers were grouped into two distinctive categories of workers, and often the terms white-collar and blue-collar were used to describe these two types of workers. As the terms evolved, we began to associate white collar with office workers, professionals, college graduates and desk jobs whereas blue collar brought to mind images of factory-based workers, non-college graduates, 3-D jobs etc.

However, about 10 years ago the distinction between management and workers started to blur as a result of empowerment and other popular modern management theories. It became clear that the workforce could no longer be divided into separate "I manage" and "you work" categories. What became even more evident was that in order to become a better manager one needed to have direct line and field experience so that one truly understood the worker's perspective. On the other hand, it also became clear that if one really wanted to increase productivity, the blue-collar workforce would have to do more than just follow orders. They would have to understand the

들이 어떤 생각을 하고 있는지 이해할 수 있어야 한다는 것이다. 한편 블루 칼라에 속하는 사람들의 경우 노동 생산성을 증대시키기를 원한다면 과거와 같이 '기계'처럼 일하는 것이 아니라, 자기가 하는 일을 제대로 이해하고 무조건 열심히 일하기보다는 현명하게 일할 수 있도록 노력을 집중해야 한다.

경쟁이 글로벌화되고 기술이 급진전되면서 나타난 여러 가지 추세도 근로자를 구분하는 방법에 영향을 미치고 있다.

- 화이트 칼라가 간접비를 늘리는 짐으로 여겨지기 시작했다. 비효율적인 간접비 상승은 경영에 부담이 된다.
- 화이트 칼라가 수행해왔던 업무와 기능의 상당 부분이 점차 사무 컴퓨터 시스템으로 대체되고 있다.
- 공장 운영이 점점 더 첨단화되면서 교육 수준이 높고 두뇌가 우수한 블루 칼라가 늘어나고 있다.
- 오늘날의 공장 환경은 더 많은 엔지니어들을 필요로 하며 상품의 질은 본부에 의해 결정된다기보다 생산 현장에서 문제를 빨리 감지하고 해결하는 능력을 가진 이들 엔지니어에 좌우되고 있다.

이러한 추세에 따라 최근 근로부문에서 나타난 새로운 경향은 경영 전문가들이 지적하듯 그레이 칼라의 탄생이다. 그레이 칼라란 공장 운영에 대해 잘 알고 있는 엔지니어나 화이트 칼라 또는 공장에서 일하지만 본부 상황을 잘 알고 있는 근로자들을 의미한다.

최근 한 연구소 조사(제조업체의 경쟁력을 결정하는 요소에 대해 실시한 조사 결과)에 따르면 그레이 칼라의 존재 여부가 경쟁우위 확보에 기여하는 두번째 요소로 나타났다. 첫번째 요소는 구매관련

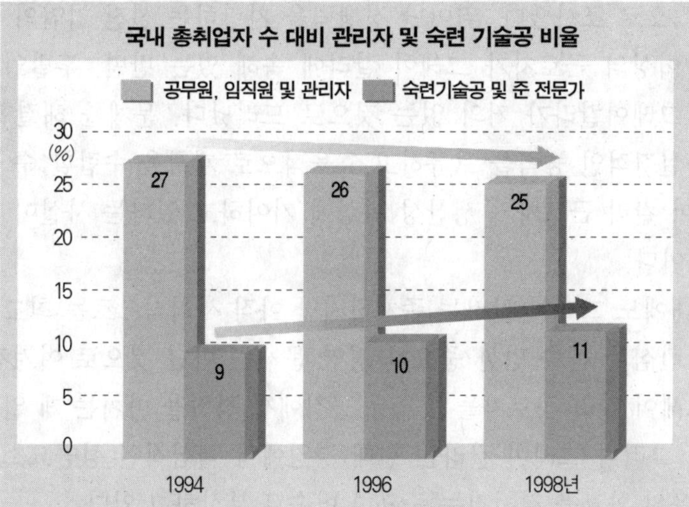

entire process and focus their efforts on working smarter, but not necessarily harder.

With the rise of global competition and advances in technology, other trends have emerged as well :

- The white-collar workforce began to be viewed as overhead. Unnecessary overhead is, of course, undesirable.
- Many of the functions and tasks performed by the white collar workforce are now performed by office computing.
- The increasing complexity of factory technologies and processes has resulted in a more knowledgeable and better-educated blue-collar workforce.
- More engineers are required in today's factory environments and, often, the quality of one's products is determined by their ability to detect and solve the problems in the field, not at headquarters.

The end result is that we now have what some management experts call a "Gray collar" workforce. These are engineers or traditional white-collar workers who have a deep understanding

경쟁력으로 조사됐다. 뛰어난 경쟁력을 자랑하는 선진 기업의 경우 50% 이상의 근로자가 그레이 칼라에 속해 있는 반면, 후발업체의 경우 그레이칼라가 거의 없는 것으로 드러났다. 문제를 해결할 수 있는 실질적인 능력을 보유하고 효율적으로 계획을 수립할 수 있는 그레이 칼라 근로자가 생산성 향상에 기여하고 있다는 사실이 증명된 것이다.

국내에도 그레이 칼라는 존재하지만 아직 사회적으로는 최고경영자가 관심을 쏟을 만한 중요한 경영 문제는 아닌 것으로 여겨진다. 또 그레이 칼라 근로자들은 보통 공장에서 경력을 마치는 게 일반적이다. 그러나 그레이 칼라는 현대 경영에서 핵심적인 성공요소이며 경쟁우위 확보를 결정짓는 중요한 변수로 부상하고 있다.

of factory operations. According to a recent worldwide benchmarking study on factors that are critical to the competitiveness of manufacturing companies, the number two factor was having a strong gray-collar workforce. (Number one being outsourcing competency). Over 50% of the workforce of best-practice firms can be classified as gray-collar whereas at the worst firms, this percentage is near zero. Our study revealed that a talented gray collar workforce increases productivity because gray collar workers have the practical ability to solve problems in the field and plan efficiently.

In Korea, gray-collar workers do exist, but they are not viewed as the top management material and often end up spending their entire careers at the plant level. We are still in the infant stage of building a gray collar workforce. We need to recognize the importance of a strong gray-collar workforce and benchmark the best practice firms. In the future, having a robust gray-collar workforce will be even more of a competitive edge than it is now.

9. 인적자원의 반감기

직장인들이 나이가 들어가는 것에 대해 우울하게 느끼는 이유 중 하나는 급여 수준이 높아짐에 따라 오랫동안 쌓아온 경험과 노하우가 회사측에 비용 부담으로 인식된다는 것이다. 다시 말해 많은 기업들은 나이 많은 직원보다는 인건비가 더 저렴한 젊은 직원을 선호하는 경향이 있다. 감원이 있을 때 특정 연령층의 직원이 주요 목표가 되는 현실은 별로 놀라운 일도 아니다.

조직 전문가들은 조직 구성원의 라이프 사이클 비용을 이해하기 위해 오랜 시간 노력해왔지만, 이제까지 어떤 산업이나 어떤 문화에도 모두 적용되는 완벽한 '모델'을 찾아내지는 못했다. 모델을 발견하지 못한 이유 중 하나는 오늘날의 산업, 특히 기술부문의 경우는 더더욱 변화 속도가 빨라 어떤 라이프 사이클 모델이 효과가 있는지 평가하고 결정하기가 어렵기 때문으로 추정된다.

인적자원의 반감기란 기본적으로 순수한 조직 학습의 관점에서 바라본 직원들의 효용성을 의미한다. 다시 말해 인적자원의 반감기란 전문 인력이 지닌 원래의 기술적인 역량이 절반 수준으로 줄어드는 데 몇 년 또는 몇 개월이 걸리는지 결정하는 지수다.

인적자원의 반감기란 개념은 원래 특정 기술 분야의 발전 정도를 추적하고 측정했던 기술적인 영역에서 유래했다. 예를 들어, 석사나

9. Professional Half-life

One of the most depressing things about getting old in a workplace is that the value of the experience and know-how you have built up over the years tends to be outweighed by the cost of your salary. In other words, companies tend to prefer younger, less expensive employees to older ones; so, it is not surprising to find out that when companies downsize, they tend to target older sectors of the employee population.

Organizational experts have spent years trying to understand the life cycle costs of an employee, and to date, we have not seen a perfect "model" that fits all industries and all cultures. One of the challenges, I assume, is that the pace of change of today's industries is so fast, especially in the technology sectors, that it is extremely difficult to benchmark and determine which life cycle model works and which does not.

Professional half-life basically deals with the usefulness of an employee from a pure organizational learning standpoint. It is an index, which determines the number of years, or months, that it takes for a technical person to reach or lose 50% of his original technical capability.

The idea first stemmed from technical fields where they used it to track and monitor advances in certain technology sectors. For example, say a scientist comes out of a university with an

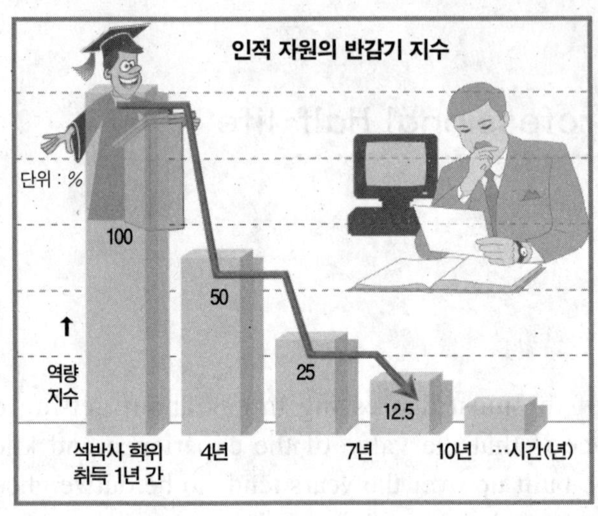

박사학위를 획득했거나 특정 직업의 전문 지식을 갖고 있는 과학자가 연구를 계속하지 않을 경우, 그 과학자의 지식 효용성이 50% 수준으로 떨어지는 데는 어느 정도의 기간이 걸릴까? 50%의 지식 효용성이 다시 50% 더 감소하는 데는 얼마나 걸릴까(50%의 50%, 즉 처음 수준의 25%)? 이 질문에 대한 답이 바로 반감기를 나타내는 지수다.

컴퓨터 부문을 살펴보면 반감기의 완전한 사례를 발견할 수 있다. 예를 들어, 컴퓨터 관련 박사나 석사학위를 가진 사람의 경우 반감기는 2.8년이다. 계속 새로운 지식을 받아들이지 않는다면 3년 내에 기존 지식의 효용성이 절반으로 줄어든다는 의미다.

그 다음 3년 후에는 25%, 다시 3년 후에는 12.5%로 떨어지게 된다. 결국 약 10년이 지나면 그 사람이 처음에 가졌던 컴퓨터관련 역량 지수는 아마도 10% 수준으로 떨어질 것이다. 이 내용이 너무 이론적으로만 들릴지도 모르겠지만 과학기술 분야의 기술변화 추이와 R&D 속도를 살펴보면 이 반감기는 놀랄 정도로 정확하다.

advanced degree and a certain level of expertise. If that scientist stands idle, how long does it take for advances in technology to make the scientist's knowledge only 50% as useful as it was when he graduated? And how long does it take it for the next 50% decline to occur (or 50% of 50%, which is 25%) and so on. The answers to these questions lie within the half-life cycle indices.

The computer science field provides a perfect example of this phenomenon. Those who have Ph. D's and advanced degrees have a half life of less than 2.8 years, which means that in about 3 years, your knowledge, unless it's been improving, will be 50% as valuable as it once was. And three years after that, this figure will drop to 25%.

And after another three years it will fall to 12.5%. So in approximately 10 years, this person is at retention of 10% of the original capacity index. This may seem too theoretical to some readers, but it is surprisingly accurate when one starts to evaluate the technology curve and R&D advances in many technical fields.

Recently, the same methods have been applied to less technical fields and it has been shown that these areas follow a similar pattern. The general consensus is that professional half-life does occur and unless a company continues to nurture its employees through professional education and other forms of higher learning, it will fall behind and eventually become uncompetitive, even in general functional areas like finance, marketing, etc.

Of course, this theory basically assumes that a person and an organization's knowledge base stand still during this timeframe, which is hardly the case in a normal business environment. The main point that many organizational experts make is that this "institutional learning," or what I would call "learning after

　최근에는 이런 반감기라는 개념이 기술과 관련이 적은 분야에도 적용되고 있으며 이런 분야에서도 역시 거의 비슷한 유형을 보이는 것으로 밝혀졌다. 현재 일반적으로 받아들여지고 있는 사실은 인적 자원의 반감기란 실제로 존재하며, 기업이 전문적인 교육이나 다른 높은 수준의 학습을 통해 직원을 훈련시키지 않는다면, 그 기업은 재무나 마케팅 등과 같은 일반적인 지원업무에서조차 뒤떨어지게 되며 궁극적으로는 경쟁력을 상실하게 된다는 것이다.

　물론 이 이론은 기본적으로 직원들의 학습 역량과 조직의 교육이 특정 기간 동안 정지되어 있다는 가정, 즉 현실적인 사업환경에서는 거의 일어날 수 없는 가정을 전제로 하고 있다. 그러나 많은 조직 전문가들이 제기하고 있는 주요한 문제는 이런 '조직적인 학습' 또는 '대학 이후의 교육'이라는 것이 대부분의 경영진이 생각하는 것보다 훨씬 더 중요하다는 점이다.

university," is far more important than most managers are led to believe.

한국 사람들은 어느 학교 출신인가를 너무 중요시한다. 본격적인 공부를 한다고 할 수 있는 대학원도 아닌, 대학을 중요시한다.

한번은 한 재벌 기업의 투자설명회에 참석한 적이 있는데 대부분의 경영진이 서울대학교 법대를 졸업한 수재들이라고 자랑하는 것이다. 기업을 운영하는 데 있어 그들이 적절한 능력과 자질을 가졌는지보다는 특정학교 졸업장을 내세우는 것이 우습다고 생각했다.

한 독자는 높은 자리에 오를 수 있는 유망한 사람을 가려내는 가장 쉬운 방법이 무엇이냐고 물었다. 나는 농담 섞인 진담에서 대학 졸업 후 몇 권의 책을 읽었는지 물어보라고 대답했다. 1,000권 정도의 책을 읽었으면 그 사람은 분명 실력을 갖춘 사람이라고 생각한다.

진정한 전문가는 항상 배우려는 자세를 잃지 않는다. 배움을 통해 새로운 환경을 극복해나가려고하기 때문이다. 특히 오늘날과 같이 경쟁이 심하고 급변하는 사회에서는 배우지 않고는 뒤처질 수밖에 없다.

10. 한국의 인적자원 반감기

몇 개월 전에 국내의 한 기술업체와 일할 기회가 있었다. 당시 최고경영자와 그 기업의 정보기술 전략에 대해 토의를 가졌는데, 우리의 논의는 큰 진전을 보지 못했다. 그 최고경영자와 필자가 많은 부분에서 서로 견해를 달리했기 때문이다. 마침내 그 경영자는 자신이 관련 기술 분야에서 박사학위를 갖고 있다며 어느 누구보다도 나은 의사결정을 내릴 수 있다고 말했다. 이에 대한 나의 주장은 그런 발언이 그에게는 더 불리할 뿐이라는 것이었다. 박사학위 소지자란 말은 그의 지식이 10년 전의 것이며, 오늘날에는 별로 유용하지 못하다는 사실만을 의미하기 때문이다.

앞에서는 인적자원 반감기의 개념과 그것이 조직에 어떤 의미를 갖는지 알아봤다. 국내 기업들의 경우 인적자원 반감기는 대부분의 사람들이 생각하는 것보다 훨씬 더 심각하다. 우선 '근면과 희생정신'이라는 한국 근로자들의 오래 된 표어가 아직도 존재하고 있으며, 이 정신으로 인해 한국 근로자들이 세계에서 가장 경쟁력 있는 근로자가 될 수 있었다는 것은 의심할 여지가 없을 것이다. 그러나 많은 사회학자들이나 필자와 같은 경영 컨설턴트들은 시대가 변했고 직원들의 사기 진작과 교육훈련에도 새로운 패러다임이 필요하다고 믿고 있다.

10. Korean Professional Half- Life Cycle

A few months ago I had the chance to work with a Korean technology company. I was discussing the company's information technology strategy with the CEO, and the discussion was going nowhere because the client and I did not see eye-to-eye on many issues. Finally, the CEO proclaimed that because he had a Ph. D in a relevant technical field he was more qualified to make decisions about his company's information technology strategy than anyone else. My argument was that his statement only showed his lack of qualifications because it meant that his knowledge was over 10 years old and not nearly as useful in today's world as it was when he received his Ph.D.

In the last article, I talked about half-life and what it means for an organization. For Korean companies, the implications of this concept are a lot more serious than most people believe. First of all, no one doubts that Korean workers still follow the old Korean motto of "hard work and sacrifice" and that this work ethic will probably make the Korean workforce one of the most powerful in the world. But many social scientists and consultants like myself believe that times have changed and that a new paradigm structure is needed to develop and manage employee morale and education.

　한국 기업에서 인적자원의 라이프 사이클이 품고 있는 내용은 다음과 같다.

•대부분의 조직 전문가와 사회학자들은 성인이 경제생활을 할 수 있는 총 라이프 사이클은 대략 30년이라고 보고 있다. 중요한 것은 대다수의 전문적인 과제나 이런 과제를 수행하기 위한 전문지식이 일반적으로 생각하는 것처럼 대학이 아니라 직장에서 이뤄지고 얻어진다는 점이다. 통상적으로 말해 특정한 산업을 제외하고는 대학교육이 직원들의 역량에 의미 있는 커다란 가치를 더하지는 못하고 있다. 대학을 졸업하고 10년 정도가 지나면 대학교육과 직업적인 지식 사이에는 아무런 연관성도 없어지게 된다. 이것이 내포하고 있는 의미는 간단하다. 만약 어떤 임원이 자신의 대학교육에 대해 자랑한다면 기본적으로 그는 조직의 입장에서 봤을 때 전혀 유용하지도 않고, 더 이상 효용가치도 없는 사실에 의존하고 있을 뿐이라는 것이다.

•대부분 국내 기업들의 직무훈련은 비공식적이며 아예 직무훈련이라는 것이 없는 경우도 있다. 물론 '어깨 너머로 배우는' 교육방식이 부하 직원에 밀려 자리를 빼앗기지 않도록 상급 직원을 보호하고 있는 것은 사실이다. 그러나 이런 훈련방식은 전체 업무 과정을 비효율적이고 비능률적으로 만든다. 서구 경영인과 한국 경영인 사이의 전문지식 격차는 대부분의 한국 경영인들이 인정하는 것보다 훨씬 크다. 이런 격차는 한국 경영자들이 서구 경영자들보다 질이 떨어지는 대학교육을 받았기 때문이 아니라, 경영 일선에서 일어나고 있는 변화를 따라가지 못하기 때문에 발생하는 것이다.

•또 다른 사실은 직장 환경을 아무리 비슷하게 흉내내려 해도 대학이라는 상황에서 전문적인 업무의 특성을 배우기는 거의 불가능

There are several implications of the professional life cycle for Korean companies:

• Most organizational experts and social scientists use a 30 year baseline for the total adult job life cycle. The important point is that the professional education needed to perform special tasks usually occurs at the workplace and not at a university, like most people are led to believe. Generally speaking, with the exception of workers in a few special industries, a university education does not add much significant value to an employee's capabilities. After about 10 years, there is absolutely no correlation between one's university education and one's professional knowledge. The implication is simple. If an executive boasts about his college education do not be too impressed because it means that he is basically relying on facts that are no longer useful and no longer valid from an organizational standpoint.

• On-the-job training at most Korean companies is informal and largely nonexistent. Although the "looking over the

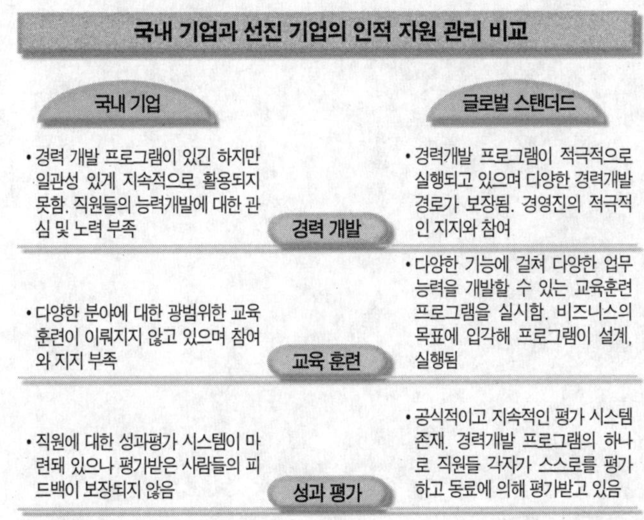

하다는 것이다. 예를 들어, 회계업무만 살펴보더라도 시간과 노력을 들이며 월말결산을 직접 해보지 않고서는 이 업무를 수행하는 데 무엇이 필요한지 감을 잡을 수가 없다. 모든 기술적인 수단을 배우고 정책을 공부할 수는 있겠지만 실제 상황에서 직접 그 일을 해보지 않고서는 숙련도나 습득도가 늘어가는 학습곡선을 예측하기란 극히 어렵다. 강조하고 싶은 것은 한국에서는 직장 내 교육 수준이 고등교육기관의 학습 수준에 비해 훨씬 뒤떨어져 있으며, 이 자체가 또 다른 문제가 되고 있다는 점이다.

어쨌든 제대로 된 직장내 직무교육이 자리잡기까지는 어렵고도 오랜 과정이 필요하다. 단기적 처방책이 이 문제에 대한 해답이 될 수 없음은 물론이다.

shoulder" method of learning helps senior workers protect their jobs it also hinders the entire learning process. The gap between the level of expertise of a Western manager and that of a Korean manager is much wider than most Korean managers are willing to admit. This is not because the university education they received was inferior to that of their counterparts in the West, but simply because they have failed to keep up with changes in the management field.

• Another fact is that, no matter how hard one tries to mimic a working environment, it is nearly impossible to learn the skills needed for professional work in a university setting. For example, even in the accounting field, unless one acquires experience in closing monthly books, one cannot get a flavor for what it takes to do this task. All the technical tools could be made available and all the relevant policies could be studied, but unless one actually performs this task in a live situation, it is extremely tough to approximate the learning curve. Unfortunately, much of the working-level education in Korea is inferior to the education that can be gained from a university, which is another issue in and of itself.

At any rate, the road to professional learning is long and bumpy and we should not look to short-term solutions to deal with this "problem."

11. 지식경영

오늘날 가장 활발하게 논의되는 경영관련 주제 중 하나는 지식경영이다. 지식경영이란 개념이 전혀 새로운 것은 아니다. 학생들이 학교나 다른 교육기관에서 지식을 배우는 것처럼 조직에 속해 있는 구성원들 역시 각각의 업무 분야에서 새로운 개념이나 아이디어를 배우게 된다. 그렇다면 여기에서 도대체 무엇이 문제가 되는가? 문제는 학생의 경우 새로운 지식을 배우거나 시험을 볼 때 개인으로서 평가를 받는 반면, 조직에서는 팀 단위로 평가가 이뤄진다는 점이다. 이 차이점이 학문적으로는 미세한 것일 수도 있지만, 이것이야말로 지식경영의 핵심적인 본질이라고 할 수 있다.

교육체계상에서 우리나라보다 훨씬 더 협동을 강조하고 있는 서구 국가조차 조직을 통해 구성원들이 아이디어와 생각을 공유한다는 팀 경영의 개념에 대해 정의하기 위해 노력하고 있다. 지식을 창출하는 것은 단지 지식경영 프로세스의 일부분일 뿐이다. 지식경영의 핵심은 창출된 지식을 보유하는 과정에 있다. 이 지식 보유 프로세스는 대부분의 사람들이 생각하는 것보다 훨씬 더 어렵다.

예를 들어, 한 직장에서 20년 간 일한 사람이 있다면 그 사람은 분명히 자신의 분야에서 일정 수준의 전문적인 기술과 지식을 쌓았을 것이다. 그런데 어느 날 갑자기 그 지식을 부하 직원들과 공유하

11. Knowledge Management

One of today's hottest management topics is knowledge management. Knowledge management is not a new concept. just as students gain knowledge in schools and other learning institutions, employees of an organization, too, learn new concepts and ideas in their respective businesses. So, what's the big deal? The big deal is that when a student learns an idea or gets tested and evaluated, he or she is being evaluated as an individual whereas in an organization a team is being evaluated. Academically, this is a subtle point, but it is the core of knowledge management.

Even in the Western world where cooperation is more heavily emphasized than in our educational system, they, too, struggle with the team management concept in which people share ideas and concepts throughout the organization. Knowledge creation is only part of the knowledge management process. The key to knowledge management is the knowledge retention process. This is much harder than most people think.

Let's look at an example. If a person spends 20 years in a job, he obviously builds up a certain level of expertise and knowledge in his field. Then, one day, suddenly, he is being told to share that knowledge with junior employees. The obvious reaction would be a negative one since this obviously

라는 지시를 받는다면 어떨까? 이 사람은 틀림없이 부정적인 반응을 보일 것이다. 그의 미래가치가 제한될 것이 분명하고, 부하 직원들이 그의 지식을 익히게 됨에 따라 자리에서 물러나야 할 수도 있기 때문이다. 이 사례는 과도하게 단순화한 것이긴 하지만 기본적으로 조직의 거의 모든 학습 과정에 적용될 수 있다. 영업직의 경우에는 보유하고 있는 지식이 우량 고객 기록이나 거래 목록일 것이다. 구매직의 경우에는 우수 공급업체의 명단이 될 것이다. 기술직의 경우에는 몇 년에 걸쳐 익힌, 특정 기계를 다루는 노하우가 이런 종류의 지식이 될 것이다.

지식을 보유하고 있는 주체에 대해 논의할 때 사람들은 회사나 조직 자체를 지적하는 경향이 많다. 그래서 "이 회사는 X를 개발하는 방법을 안다", "저 회사는 Y를 만드는 방법을 안다"는 식의 말을 자주 듣게 된다. 그러나 조직을 자세히 들여다보면, 그처럼 중요한 아이디어나 특징은 몇몇 사람들에 의해 보유되고 있으며, 이 사람들이 없다면 그 조직은 다른 조직들과 별반 다른 점이 없게 된다.

컴퓨터의 발전에도 불구하고 지식경영 시스템은 아직 걸음마 단계에 있다. 지식경영을 수행하기 위해 서구 기업이 선택하고 있는 방법은 인센티브를 주고 우수한 인재를 확보하는 것이다. 한국에서는 인력을 스카우트하기가 쉽지 않다. 일하던 회사에 대한 도덕적인 책임감이 있고 개인적인 필요 때문에 다니던 회사를 등진다는 것은 부당하게도 경멸스러운 일로 받아들여진다. 이처럼 사회 내에서 인력의 수평 이동이 제한됨으로써 일반적으로 지식이 최적의 상태로 확산되지 못하는 경향이 있다. 물론 스카우트만이 유일한 해결책은 아니다. 그러나 오늘날 대부분의 한국 기업들은 스카우트를 할 수 있을 만큼 적절한 동기부여 수단이나 인센티브가 없다.

이것이야말로 정말 심각한 문제다. 우리는 종종 어떤 회사가 지식

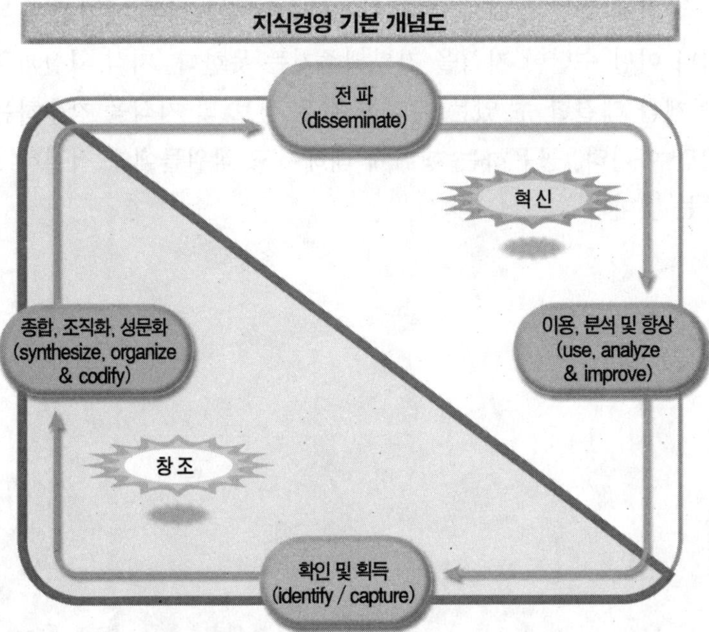

limits his future marketability and could lead to his dismissal as junior employees learn his skills and knowledge. This overly simplified example can apply to basically every learning process in an organization. For sales people, this could be a list of good customers and accounts. For purchasing people, this could be a list of excellent suppliers. For technicians, this could be years of know-how in dealing with certain machines and tools, etc.

When we talk about knowledge residence, people tend to look at a company or organization itself. Therefore, we often hear sentences like "this company knows how to develop X" or "that company knows how to make Y." But if one closely examines an organization, they will see that those critical ideas and traits tend to reside within a certain number of people, and

경영을 위해 특정 형태의 정보 시스템을 구축했다는 얘기를 듣는다. 그러나 이런 수단이 지식을 전파해주지는 못한다. 지식 확산과 관련한 문제를 해결할 수 있는 유일한 길은 정보 및 지식을 창출하는 행위뿐만 아니라, 공유하는 행위에 대해서도 직원들에게 적절히 보상해주는 것이다.

without them the organization is not that different from any other.

Despite advances in computer technology, knowledge management is still in its embryonic phase. The Western world's answer to knowledge management is basically to scout good people with the right incentives. In Korea, this is difficult to do. Koreans feel a moral obligation to their company and betraying it to serve personal needs is often looked down upon. Lack of lateral resource movement, throughout the society, creates sub-optimal dissemination of knowledge. Of course, scouting is not the only answer, especially when Korean companies are, in general, limited by the lack of proper motivational tools and incentives to accompany it.

This is a very serious problem. We often hear about companies installing some form of knowledge management IT system, but tools alone will not solve the knowledge dissemination problem. The only way to solve it is by rewarding employees for not only creating but disseminating information and knowledge across the organization.

without them the organization is not that different from any
other.

Despite advances in computing technology, knowledge
management is still in its ... achievement phase. ... The Western
world's answer to knowledge management is basically to send
good people with the right incentives, and work hard; this is difficult
to do. Korea is not a friendly environment for companies, and
behaving it to store external needs is often looked down upon
a lot. In employing management, through the force, versus
very sub-optimal dissemination of knowledge. Of course
sending is not the only answer, especially when it comes
companies see in general, limited by the lack of professional
mobility, and in turn keep it in the company.

There is a very common problem with all companies, the
fact that from CEO down, management of IT system, but
tends alone without solving the knowledge dissemination
problem. The objective to solve this, by rewarding employees
for not only creating but disseminating information and
knowledge across the organization.

우리나라 성인들은 대학시절 꼭 읽어야 하는 전공서적 외에는 거의 책을 읽지 않는다는 것은 공공연한 사실이다. 책을 읽는 사람이 그렇지 않은 사람보다 낫다고 말하려는 게 아니다.

우리가 주목해야 할 것은 성인의 경우 대학시절 이후에 학습한 내용이 그 사람의 실력을 좌우한다는 점이다. 한국의 경우 책을 읽기 보다는 OJT(on the job training)라는 미명 아래 직장 상사에게 어깨너머 일을 배우는 것이 보편화되어 있다.

필자는 이 같은 학습방법의 효과는 한계가 있다고 본다. 그런 의미에서 직장생활을 하는 사람들, 대학생들, MBA 지망생들, 경영관련 용어나 기업활동의 근본 원리 등을 가벼운 마음으로 공부하고자 하는 사람들을 위해 핵심 내용을 뽑아 한 주제에 2분 강의 형식으로 글을 썼다.

예를 들어, EVA라는 용어가 자주 쓰이고는 있지만 어떤 사전의 색인을 찾아봐도 EVA는 없다. 아니면 경영 용어가 전혀 다른 뜻으로 사용되어 혼동을 일으키는 경우도 많다. 이 책을 통해 이런 경영용어들의 정확한 개념을 이해하고 나아가 경제·경영 전반에 걸친 원칙과 기본에 대해 다시금 정리해 볼 수 있는 기회를 얻기 바란다. 필자가 하버드 MBA를 준비할 때 이런 책이 있었다면 훨씬 공부하기가 쉬웠을 것 같다는 생각을 하기도 했다.

이 책이 여러분들에게 작은 힘이나마 될 수 있었으면 한다.

●

디지털경영, 원칙으로 승부하라
― 세계 톱 경영컨설턴트의 실전전략 ―

●

지은이 / 이성용
옮긴이 / 이 진
펴낸이 / 김 경 태
펴낸곳 / 한국경제신문 한경BP
등록 / 제 2―315(1967. 5. 15)
제1판 1쇄 인쇄 / 2001년 2월 25일
제1판 1쇄 발행 / 2001년 3월 5일
주소 / 서울특별시 중구 중림동 441
기획출판팀 / 3604―553~6
영업마케팅팀 / 3604―595, 7
FAX / 360―4599

●

* 파본이나 잘못된 책은 바꿔 드립니다.
ISBN 89―475―2325―9

●

값 12,000원

강대국의 흥망

폴 케네디 지음 / 이왈수 외 옮김

역사학자이자 미국 예일대 교수인 저자는 이 책에서 지난 5세기 동안에 전개되었던 강대국들의 흥망성쇠는 그들의 경제력과 군사력의 변화 추이에 따라 좌우되어 왔다고 진단하면서 다가오는 21세기에는 미국·소련·서유럽 등의 쇠퇴와 중국·일본 등 아시아 강국들의 부상을 예언하고 있다. 〈뉴욕 타임스〉 선정 최우수 도서.

양장/13,000원

21세기 준비

폴 케네디 지음 /
변도은·이왈수 옮김

우리에게 충격을 던졌던 「강대국의 흥망」 저자 폴 케네디 교수가 다가올 21세기 문명세계의 각종 위기를 명쾌히 분석·정리한 역저. 향후 30년 사이 우리에게 닥칠 도전들과 그 대응방법 그리고 인구폭발, 환경오염, 생명공학, 로봇, 통신수단, 가공할 파워의 양태 등을 특유의 통찰력으로 분석·예견하고 있다.

양장/11,000원

메가트렌드 2000

존 나이스비트 외 지음 /
김홍기 옮김

90년대는 정치개혁과 경이적인 기술혁신 등으로 인류에게 지금까지와 전혀 다른 변화양상을 안겨줄 것이다. 이 책은 90년대의 변화로 경제호전, 예술의 번영, 시장사회주의의 출현, 복지국가의 쇠퇴 등을 예시하고 있다. 과거 어둡고 비관적인 세기말적 변화보다는 밝고 새로운 흐름을 부각시키고 있다.

양장/9,800원

메가트렌드 아시아

존 나이스비트 지음 / 홍수원 옮김

미래예측가로 세계적 명성을 떨치고 있는 나이스비트는 21세기에는 아시아가 미국주도의 상품과 소비시장에 가장 중요한 경쟁자로 떠오를 것으로 내다보고 현재 역동적으로 변화하는 아시아의 모습을 8가지 트렌드로 분석했다. 특히 아시아와 세계라는 맥락 속에서 한국에 나타나고 있는 폭넓은 변화들을 살펴보고 한국이 아시아에 기여할 수 있는 방안도 짚고 있다.

양장/9,500원

20세기를 움직인 사상가들

기 소르망 지음 / 강위석 옮김

20세기 사상계에 결정적인 영향을 끼친 사람들은 과연 누구인가? 프랑스의 저명한 경제학자이자 사회학자인 기 소르망이 29명의 생존해 있는 현대 최고의 사상가들과 직접 인터뷰를 통해 그들 자신이 선택한 분야에 전생애를 바친 사상과 사색의 놀라운 통찰을 기록·정리한 「살아있는 도서관」.

신국판/8,000원

자본주의 종말과 새 세기

기 소르망 지음 / 김정은 옮김

세계적인 석학인 저자는 자본주의 체제를 위협하는 것은 「도덕적 불만」과 「자본주의에 대한 몰이해」라고 주장하고 러시아·중국·독일·인도 등 20여개국의 자본주의의 현재 모습을 생생히 그리고 있다. 또한 현재의 자본주의의 위기를 극복하기 위한 구체적인 실천방안에 대해서도 통찰하고 있다. 방대한 분량인데도 르포형식이어서 전혀 지루하지 않다.

양장/13,000원

열린 세계와 문명창조

기 소르망 지음 / 박 선 옮김

서로 다른 문화가 충돌하는 유럽, 러시아, 중국, 일본, 아프리카, 라틴아메리카의 국경으로 우리를 이끈다. 서양인의 독백이나 나르시시즘이 아니라 바로 한반도에 대한 진단이며 치료제가 될 수 있다. 통독 이후의 문제, 북한의 실상과 우리의 미래, 미국화로 상징되는 맥몽드(McMonde)의 악몽 속에서 나름대로의 대응법을 찾을 수 있다.

양장/13,000원

편집광만이 살아남는다

앤드류 그로브 지음 / 유영수 옮김

인텔 불패(不敗) 신화의 주인공, 앤드류 그로브의 경영과 인생! 경쟁에서 이기기 위한 키워드 '편집광'을 주목하라. 지루함을 모르는 직장, 도전정신으로 머릿속이 꽉찬 편집광 직원들, 그리고 인텔에 대한 진솔한 이야기가 담겨 있다. 예리한 판단력과 관찰력을 겸비한 그로브는 첨단산업을 경영하는 데 필요한 이론으로 「전략적 변곡점」을 정립해 자세히 설명하고 있다.

양장/10,000원

미래기업

피터 드러커 지음 / 고병국 옮김

우리 시대의 가장 뛰어난 사회·경영학자이자 미래학자인 드러커의 「변혁시대 기업생존전략 연구서」! 세계경제가 빠르게 바뀌어 감에 따라 기업의 새로운 생존 경영전략 모델, 즉 기업이 살아남기 위한 5가지 변화조건을 예리하게 분석·고찰했다. 특히 사회·경제학 시각에서 세계경제 흐름을 독특하고 분석적으로 통찰했다.

양장/9,500원

자본주의 이후의 사회

피터 드러커 지음 / 이재규 옮김

사회주의권의 급격한 몰락 이후 탈냉전 분위기가 고조되고 있는 시점에서 향후 세계 변화가 주요 관심사로 떠오르고 있다. 저자는 향후 세계는 자본주의적 시장구조와 기구는 그대로 존속되겠지만 주권국가의 통제력은 약화되고 전문지식을 갖춘 지식경영자 중심의 글로벌화 사회가 될 것으로 예측하고 있다.

양장/9,000원

미래의 결단

피터 드러커 지음 / 이재규 옮김

현대 경영학의 대부, 피터 드러커는 이 책에서 「스스로를 다시 생각함으로써 회생할 수 있다」고 전제하고 기업의 5가지 치명적 실수, 가족기업을 경영하는 규칙, 대통령을 위한 6가지 규칙, 새로운 국제시장의 개발, 3가지 종류의 팀조직, 오늘날 경영자들이 필요로 하는 정보 등 바람직한 미래를 실현하기 위한 방안을 제시했다. 21세기를 위한 새롭고 시의적절한 경영지침서.

양장/9,000원

비영리단체의 경영

피터 드러커 지음 / 현영하 옮김

선진국에서는 학교, 자선단체 등 비영리단체의 경영혁신이 선풍을 일으키고 있다. 이 책은 필자가 교수생활을 하면서 비영리단체에서 봉사했던 경험을 바탕으로 조직관리, 예산 등 경영전반에 대한 문제점을 심도있게 분석하고 개선방안을 제시했다. 전문가들과의 대담을 통해 경영의 효율성을 높이기 위한 여러가지 방안이 눈길을 끈다.

신국판/8,000원

21세기 지식경영

피터 드러커 지음 / 이재규 옮김

새로운 경영 패러다임이 경영의 원칙과 관련한 기본가정을 어떻게 변화시켜 왔는지, 또 어떻게 계속 변화시킬 것인지에 대해 통찰하고 있다. 앞으로 수십년 아니 수년내에 틀림없이 일어날 여러 문제에 대처하지 못한다면 혼란의 시대, 구조변화의 시대, 전환기의 시대에 생존할 수 없다는 드러커의 마지막 경고는 반드시 귀담아 들어야 할 것이다.

양장/13,000원

미래의 조직

피터 드러커 외 지음/이재규 옮김

경영학의 두 거물인 피터 드러커가 서문을 쓰고 찰스 핸디가 결론을 내린 미래조직의 최종완성판! 당대 최고의 경영학자, 실무자, 컨설턴트가 참여한 이 책에는 미래 조직이 존속하고 번영하려면 조직과 지도자가 어디에 언제, 그리고 어떻게 변해야 하는지 각 분야별로 실질적인 조언을 하고 있다. 특히 정부, 기업, 사회단체 등 모든 인간조직의 미래모습에 대해 통찰력있는 비전을 제시하고 있다.

양장/13,000원

자본주의 이후 사회의 지식경영자

피터 드러커 지음 / 이재규 옮김

20세기가 낳은 가장 위대한 경영학자인 드러커 교수는 정보(information)가 권위를 대신하고 보고(report)가 사라진 조직에서 적응하기 위해 경영자들이 어떻게 해야 하는지 그 해답을 제시한다. 새롭게 도래하고 있는 미래 조직에서의 효과적인 의사결정방법, 경영혁신의 체계적 관리와 함께 지식경제에서 경영자가 직면할 구체적인 도전, 지식근로자의 생산성 향상을 위한 동기부여에 대해 충고하고 있다.

양장/10,000원

트러스트

프랜시스 후쿠야마 지음 / 구승회 옮김

한 나라의 경제는 규모만으로는 설명될 수 없고 문화적 요인이 중요하다. 이 문화적 요인이 사회적 자본이며 가장 중요한 덕목이 바로 신뢰다. 저자는 이 책에서 개인주의, 가족주의에 기반을 둔 저신뢰 사회의 특성을 혹독하게 비판하면서 건강한 사회가 되려면 공동체적 연대와 결속의 기술을 터득해야 하며 신뢰는 경제와 사회, 문화를 아우르는 놀라운 가치라고 강조한다.

양장/12,000원

코피티션

배리 네일버프 외 지음 / 김광전 옮김

비즈니스 게임은 끊임없이 변하므로 전략도 당연히 변해야 한다. 경쟁(competition)과 협력(cooperation)에 관한 과거의 법칙들을 넘어서서 양자의 장점을 결합한 코피티션 전략은 기존의 비즈니스 게임을 혁신할 혁명적인 신사고다. 저자들은 게임 자체를 변화시켜서 이득을 최대화하는 방법을 보여주는 5가지 요소(전략의 PARTS)의 비즈니스 전략을 체계적으로 제시했다.

양장 / 9,000원

회사인간의 흥망

앤소니 샘슨 지음 / 이재규 옮김

이 책은 17세기 동인도회사에서 현재의 마이크로소프트사에 이르기까지 기업의 변화과정과 직장인들의 문화변천사를 통해 회사인간이란 무엇인가를 규명했다. 생생한 인물묘사와 인터뷰, 사례를 곁들이면서 전혀 도전받을 일이 없을 듯이 보였던 「기업관료들」이 어떻게 레이더스, 모험기업가, 일본의 경쟁자들, 컴퓨터, 여자 회사인간들에 의해 차례차례 공격당했는가를 밝히고 있다.

양장 / 9,800원

팝 인터내셔널리즘

폴 크루그먼 지음 / 김광전 옮김

산업위축과 실업증가, 실질소득 향상의 둔화를 비롯해 소득격차의 확대, 산업시설의 유출 등 선진경제가 지닌 문제점을 상세히 분석하고 그 원인이 개발도상국과의 교역에 있는 것이 아니라 선진국의 산업구조 변화와 기술발전에 있다고 밝히고 있다. 레스터 서로에 필적하는 20세기 최고의 경제학자인 저자가 지적하는 개도국 성장 비결은 우리에게 시사하는 바가 크다.

신국판 / 7,000원

2020년

해미시 맥레이 지음 / 김광전 옮김

다양한 인종만큼이나 상이한 정치·경제체제와 독특한 문화양식을 지니고 있는 세계 각국은 저마다의 주무기를 앞세워 미래를 설계하고 있다. 경제평론가인 저자는 앞으로 국가경쟁력을 결정짓는 요인은 기술이 아니라 문화라고 강조한다. 현재 세계 각국이 처해있는 상황을 바탕으로 치밀하게 전망한 2020년경의 세계 각국의 모습에서 우리의 진로는 어떻게 모색해야 할 것인가?

양장 / 9,000원

제4물결

허먼 메이너드 2세, 수전 E.머턴스 지음 / 한영환 옮김

21세기 범세계적 기업을 위한 낙관적 비전을 제시하고 있는 이 책은 한마디로 앨빈 토플러의 《제3물결》을 넘어 장기적 미래의 비전에 집중하고 있다. 지금 우리는 공업화를 상징하는 「제2물결」에서 탈공업화적인 「제3물결」로 전이하고 있지만, 머지 않은 곳에서 새로운 차원의 「제4물결」이 밀려오고 있다고 진단하고 있다.

양장 / 4×6판 / 5,000원

소명으로서의 기업

마이클 노박 지음 / 김진현 감역

실업과 빈곤의 해결책은 무엇일까. 마이클 노박은 종교적 윤리 기반위에 선 민간기업만이 그 해결책이 될 것이라고 명쾌하게 주장한다. 민주자본주의 하에서 신학적·윤리적 기초를 갖는 기업이야말로 이윤창출기관인 동시에 민주주의와 인권을 증진시키는 기관이며 사회공동체를 만드는 기관이다. 기업의 위치, 정신의 설정과 사회관계 정립에 등불이 될 내용들이 가득하다.

신국판 / 7,000원

21세기 오디세이

마이클 더투조스 지음 / 이재규 옮김

20년 동안 기술 전도사, 기업가, 경영 컨설턴트로서 정보혁명을 이끌어온 마이클 더투조스는 농업혁명과 산업혁명을 밀어낼 제3의 정보혁명에 대해 보다 폭넓은 관점을 제시한다. 저자는 21세기 글로벌 정보시장의 생생한 모습을 보여 주는 한편, 그 기술적인 문제점들을 폭로하고 한편으로 해결책을 제시하여, 영감에 가득찬 미래의 청사진을 제공한다. 보디넷, 전자 코, 촉각 인터페이스의 미래를……

양장 / 12,000원

21세기를 여는 7가지 키워드

오마에 겐이치 지음 / 임승혁 옮김

다가오는 21세기에는 서구 선진국의 뒤만을 쫓을 수는 없다. 그들을 앞서 나가기 위해서는 지금까지와는 다른 창의적인 발상, 새로운 전략, 확실한 준비가 필요하다. 21세기를 능동적으로 맞이하려는 사람들에게 띄우는 오마에 겐이치의 독특한 키워드. 1.시간축 발상 2.신커뮤니케이션론 3.자유재량시간 4.글로벌경쟁시대 5.정보발신시스템 6.이미지전략 7.네트워크의 힘

양장 / 4×6판 / 6,500원

신창조론

이면우 지음

미증유의 경제위기를 맞은 한국, 한국인, 한국기업은 어디로 가야 하는가? IMF는 변화를 모르는 기업전통, 말만 많은 우매한 현자들의 득세, 재벌의 출혈경쟁, 모방으로 날새는 제조업, 부서 이기주의에 찌든 업무절차 등 우리의 병세를 알려 준 고마운 의사다. 난장의 활기, 국가적 비전, 중소기업 활성화, 가상연구소, 동북아 경제 네트워크(신창조론)가 강력한 치료약이 될 것이다.

신국판/8,000원

내인생 내가 살지

서상록 지음

예순둘의 나이에 대기업 그룹 부회장에서 식당 견습웨이터로 변신한 서상록씨의 자전에세이. 그는 이 책을 통해 왜 최고경영자의 위치에서 모두들 하찮게 여기는 식당 견습 웨이터를 하게 되었는지, 그의 평범하지 않은 인생을 감칠맛나게 들려주고 있다. 더불어 인생의 눈높이를 낮춰 하고 싶은 일을 하면서 누구보다 즐겁게 살라는 충고도 들려준다.

신국판/7,800원

유머인생 1~6

한국경제신문 출판부 편

많은 독자들이 1980년 12월부터 본지에 연재되고 있는 「해외유머」를 책으로 출판하면 어떨지, 그런 계획은 없는지 물어왔다. 이 책은 독자들의 그러한 성원에 보답하자는 취지로 출판되었으며 우스갯소리 가운데서 인생의 묘미도 느끼고 영어공부도 할 수 있게끔 어려운 단어나 어구에는 주석을 달아 독자들의 이해를 돕고자 노력했다.

4×6판/각권 4,500원

성공적인 점포경영 33선

류광선 지음

5,000만원 정도의 소자본으로, 심지어 무자본으로도 사업을 시작할 수 있는 아이디어를 담았다. 저자가 현장을 발로 뛰면서 바로 개업하기에 유망한 33개 업종을 선별, 입지선정부터 개업절차·경영 비법까지 최신 노하우를 총집결시켰다. 경영지침이나 사업의 성패진단법은 물론 직접 점포를 운영하는 사람들의 현장목소리를 담아 차별화를 꾀했다.

신국판/9,000원

실전 부동산 경매

전철 지음

법원경매든 성업공사 공매든 경매는 이제 누구나 쉽게 배우고 참여할 수 있게 되었다. 경매물건에 대한 마음가짐을 얼마나 유연하고 객관적인 자세로 평가할 수 있느냐가 성공의 지름길이다. 이 책은 부동산 경매에 대한 전반적인 원리를 누구나 알기쉽게 배울 수 있도록 설명했다. 실전사례중심으로 실패없는 부동산 경매 방법을 체계적으로 정리한 실전 가이드.

신국판/12,000원

사장님을 위한 5분 경제

손정식 지음

경영일선에 있는 경영자가 매일매일 직면하는 경제·경영현상에 대해 기본적인 원리를 설명한 이 책은 경제현상을 올바로 이해하여 기업경영의 이론적 토대를 튼튼히 하는 데 보탬이 되는 경제상식들만 모았다. 가격관리와 비용관리에서부터 기업전략, 경쟁과 윤리, 기업과 금융, 국제무역과 국제금융에 이르기까지 꼭 알고 있어야 할 경제원리들을 강의하듯 풀어서 설명했다.

신국판/8,500원

새노동법 해설

(개정판)

윤욱현 지음

노동법이 전면 개정되었다. 개정 노동법은 개별적 노동관계법의 대명사인 근로기준법상의 변형 근로시간제, 정리해고제 등을 도입하고 집단적 노동관계법에서 금지됐던 복수노조, 제3자개입, 정치활동 등을 허용했다. 이 책은 저자가 현장에서 직접 느끼고 체험한 노사간의 문제점들을 살펴보고 개정 노동법 전반을 알기 쉽게 해설한 책이다.

신국판/11,000원

금융시장 예측

김성우 지음

주식, 금리, 상품 등의 현물시장은 물론 선물 및 옵션 등의 파생상품시장에서도 생존할 수 있는 방법을 다양하게 제시하고 있다. 20여년간 외환시장 등 다양한 시장에서 딜러, 투자가, 분석가로 활동하며 풍부한 현장경험을 가지고 있는 저자가 시장상황에 따른 기술적 지표의 분석요령과 심리적 동요의 극복방안을 현장사례 중심으로 상세히 설명하고 있다.

양장/12,000원

걱정하지 말고 살아라

리처드 칼슨 지음 / 채선영 옮김

스트레스 컨설턴트이자, 강연가인 리처드 칼슨이 풍요롭고 즐거운 인생을 창조하는 100가지 아이디어를 알려준다. 걱정이 사라졌을 때 어떤 멋진 인생이 펼쳐질지 따뜻하면서도 설득력있는 문체로 읽는 사람을 격려하고 있는 이 책은 걱정과 불안으로 마음을 어지럽힐 것이 아니라 결심과 실천으로 이어지도록 마술과도 같은 삶의 방법들을 제공하고 있다.

신국판 / 8,000원

시간이동

스테판 레트사폰 지음 / 형선호 옮김

사람들에게 있어서 시간은 객관적인 것이 아니라 주관적인 것이다. 이 책에서 저자는 시간에 대한 사고방식을 바꿈으로써 자신의 인생에 대한 통제를 되찾을 수 있다고 강조한다. 그 과정을 통해 우리는 인생을 최대한 즐길 수 있으며 많은 시간을 자신과 가족과 함께 더 한층 고양된 삶의 의미를 느낄 수 있다. 이 책은 명상서로서 자신의 삶을 컨트롤하는 방법을 제시한다.

신국판 / 9,000원

마음을 치유하는 79가지 지혜

레이첼 나오미 레멘 지음 / 채선영 옮김

정신분석학자로서 영혼의 연금술사로 평가받는 저자는 보다 큰 평화를 가져다주는 것은 우리가 서 있는 바로 이곳, 또 이곳에서 만나는 사람들을 있는 그대로 받아들일 수 있게 해줄 치료제, 즉 영혼을 위한 약이 필요하다는데 초점을 맞추고 있다. 저자의 따뜻한 식탁의자에 영혼이 충만한 의사와 환자, 그리고 동료들이 둘러앉아 나누는 그들의 삶은 무한한 가능성의 목소리로 들린다.

신국판 / 7,500원

밀레니엄

펠리프 페르난데스 아메스토 지음 / 허종열 옮김

지난 1000년을 마감하고 다음 1000년을 준비하기 위해, 한 시대를 평가하기 보다는 새로운 시대를 창조하려는 의도로 쓴 이 책은 유럽 중심적인 위장된 세계사가 아닌 진정한 세계사 정립을 위해 역사 이면을 자리매김하려고 노력했다. 인류역사의 주도권, 즉 민족의 힘은 태평양 주변국가에서 대서양으로 다시 태평양으로 옮아가고 있다고 주장하고 있다.

전2권 / 양장 / 각권 12,000원

복잡계란 무엇인가

요시나가 요시마사 지음 / 주명갑 옮김

『무수한 구성요소로 이루어진 한 덩어리의 집단으로 각 부분의 움직임이 총화이상으로 무엇인가 독자적인 행동을 보이는 것』으로 정의되는 복잡계, 복잡계 과학은 「잃어버린 세계로의 여행」이 될 것이다. 복잡계의 과학은 그 꿈을 현실화시킬지도 모른다. 21세기를 주도하게 될 최첨단 키워드, 복잡계의 모든 것을 담았다.

양장 / 4×6판 / 7,000원

복잡계 경영

다사카 히로시 지음 / 주명갑 옮김

복잡계 이론이 예언하는 21세기적 경영의 모든 것이 여기 있다. 복잡계는 세기말의 혼돈 속에 지식의 최첨단 이론으로 등장, 구미지역에서 폭발적인 관심을 끌고 있다. 이 이론은 세계를 몇 개의 단순한 요소로 환원할 수 없는 '부분 이상의 총화', 자기조직화의 동적 프로세스로 이해한다. 또 세계관의 근본적인 변화를 통해 탈근대시대의 새로운 경영, 경영자를 위한 경영학의 혁명을 꿈꾼다.

양장 / 4×6판 / 6,500원

세계를 움직인 경제학 명저 88

네이 마사히로 지음 / 이균 옮김

한치 앞도 예측하기 어려운 경제. 환율, 주가, 금리… 어느 하나 앞을 내다보기 어렵기만 하다. 지금까지의 경제논리로는 더이상 예측하기 불가능하다. 여기 17세기의 페티에서 20세기 경제학의 거두 스티글리츠까지 경제의 흐름을 읽기 위해, 그리고 예측하기 위해 고뇌했던 수많은 경제학자들이 있다. 세상을 움직이던 일류 경제학자들이 피와 땀으로 써내려간 역작들을 통해 경제의 흐름을 짚어볼 수 있다.

신국판 / 9,500원

비즈니스 사회에서 가르쳐주지 않는 60가지

나카타니 아키히로 지음 / 이선희 옮김

회사에서는 학교처럼 음식을 입에다 떠먹여주듯이 친절하게 가르쳐주지 않는다. 회사는 방대한 교과서와 같다. 그곳에서 배우느냐, 배우지 못하느냐는 것은 모두 이 책을 읽는 당신에게 달려 있다. 이 책에는 회사인으로서 최소한 지켜야 할, 최소한 알아야 할, 그리고 최소한 갖추어야 할 비즈니스 사회에 필요한 성공발상을 저자 특유의 감각적인 문체로 펼쳐보이고 있다.

신국판 / 7,500원

리스크

피터 번스타인 지음 /
안진환 외 옮김

세계적인 경영 컨설턴트
인 저자가 리스크의 역사
와 발전과정을 담았다.
탁월한 통찰력으로 현재
의 시점에서 미래를 다루
는 방법을 밝혀낸 여러
사상가들의 이야기가 담
겨 있다. 그리스시대부터
현재까지 인류의 다양한
위기의 순간들과 이를 헤
쳐나가는 과정을 역사와
철학, 경제학 관점에서
돌아본다. 투자나 선택이
일상인 경영자들을 위한
책이다.

양장/12,000원

중산층이 살아야 나라가 산다

에드먼드 펠프스 지음/신동욱 옮김

자본주의의 야수성과 복
지제도의 단견에서 비롯
된 중산층의 붕괴는 우리
를 당황하게 한다. 이 책
은 바로 중산층이 살아야
내가 살고 지역사회가 살
고 나라가 살고 더 나아
가 민주주의와 자본주의
가 산다는 인식 위에서
쓰어졌다. 국민의 정부
제2기 복지정책의 기초
가 된 이 책은 장기적으
로 인류 모두에게 혜택을
줄 자유시장 경제체제와
기술진보를 가능케 해주
는 유일한 길을 설파하고
있다.

신국판/8,500원

지구의 변경지대

로버트 케이플런 지음/황 건 옮김

베일에 가려져 있던 서아
프리카에서 중동을 거쳐
러시아의 외곽지대인 중
앙아시아, 중국, 인도를
거쳐 캄보디아, 태국, 베
트남에 이르는 대장정을
끝내고 저자가 내린 결론
은 한마디로 암울하다는
것이다. 저자는 새로운
분쟁지역으로 떠오르고
있는 지구 곳곳을 다니면
서 문제점을 지적하고 혼
란에 빠진 이들에게도 따
뜻한 시선을 보내자고 제
안하고 있다.

양장/12,000원

대기업을 이기는 벤처비즈니스

마키노 노보루 · 강동우 지음 /
유세준 옮김

첨단 기술력과 재빠른 정
보수집력을 갖춘 모험심
강한 중소기업이 대기업
보다 훨씬 더 유연하게
시장상황에 대처하고 있
으며 성공하고 있다. 마
이크로소프트, 인텔 등이
그 예다. 이 책은 재편되
고 있는 경제구조 속에서
앞서 나가고 있는 일본
벤처기업들의 사례와 실
리콘밸리의 성공전략을
살펴보고 틈새시장을 공
략하는 요령과 아이디어,
국제적 제휴전략 등을 다
루고 있다.

신국판/5,500원

경제학은 없다

미첼 무솔리노 지음 / 김찬우 옮김

경제학자들의 수많은 예
측의 오류 중에는 몇몇은
유명해졌고 그보다 많은
수의 오류는 잊혀졌다.
프랑스에서 화제를 불러
일으켰던 이 책에서 저자
는 20세기 모든 위대한
예견과 모든 환상을 신랄
하게 공격한다. 주류 경
제학의 일반론을 분해하
고 실업과 생산성에 대한
허튼소리와 거짓말, 그리
고 시장법칙에 이르기까
지 현대 초자본주의의 속
성들을 발가벗기고 있다.

신국판/8,000원

기업경영에 창의력을 길러주는 50가지 키워드

톰 램버트 지음 / 정규석 옮김

이 책은 기업에 관여하는
사람이 기회나 문제에 직
면했을 때 잘못된 것을
바로잡고 창의력을 고양
시킬 수 있게 해주는 문
제해결기법으로 가득하
다. 경영자들이 최저의
노력과 최저의 비용으로
최단시간내에 필수적인
과제들을 해결하는데 필
요한 도구와 점검목록,
직무 지시사항이 담겨 있
다. 내일 성공하려면 벤
치마킹하지 말고 오늘 도
약하라는 것이 이 책의
결론이다.

신국판/10,000원

골프란 무엇인가

김홍구 지음

세계에서 가장 쉽고 재미
있는 골프책을 목표로 연
애소설을 쓰듯이 재미있
게 쓴 책이다. 80대 초반
굳히기, 70대 진입하기
등 현 수준에서의 구체적
도약 방법이 설명된다.
완결편은 통계나 속성 차
원에서 접근한 상당한 수
준의 골프 분석이다. 입
문자라면 처음부터, 구력
이 5년 이상됐고 성질이
급한 골퍼는 13번홀부
터, 프로만큼의 플레이를
하려면 16번홀로, 머리
가 아프면 4번홀로 가서
마음껏 웃으면 된다.

양장/11,000원

타이거 우즈 스윙의 비밀

존 안드리사니 지음 / 김홍구 옮김

타이거 우즈의 스윙 테크
닉은 너무도 쉽기 때문에
어떤 아마추어 골퍼라도
응용할 수 있다. 우즈는 아
놀드 파머와 같은 카리스
마와 벤 호건의 집중력, 샘
스니드의 운동 능력, 잭 니
클로스의 멘탈 지배력, 닉
팔도의 탁월한 매니지먼
트 능력을 그대로 간직하
고 있다. 우즈 스윙의 모든
비밀이 담겨 있는 이 책을
통해 우즈 스윙을 카피하
게 된다면 당신의 볼은 두
말할 것 없이 까마득히 날
아갈 것이다.

양장/4×6판/9,000원

주식시장 흐름 읽는 법

우라가미 구니오 지음 / 박승원 옮김

언뜻 보기에 무질서하고 예측이 불가능해 보이는 주식시장도 장기적으로 보면 특정한 네 개의 국면을 반복하고 있다는 것을 알 수 있다. 이 책은 이 네 개의 국면이 어떤 요인에 의해 순환되고 각각의 국면에서 어떤 종목이 활약하는가를 숙지할 수 있는 안목을 제시해주고 주식투자시 리스크를 피하는 방법에 대해서도 설명하고 있다.

신국판 / 5, 500원

증시테마 알아야 주식투자 성공한다

안창희 지음

이 책은 주식투자자들이 어떤 상황에서 어떤 종목을 사고 팔아야 수익을 올릴 수 있는지 그 구체적인 방법을 제시한다. 더불어 투자이론이 실제 상황에서는 어떻게 적용되고, 앞으로 전개될 상황에서는 어떻게 대응해야 할지를 분석, 정리했다. 특히 실제 일어났던 증시상황에 대한 분석은 물론, 전망까지 곁들여 주식초보자라도 쉽게 이해할 수 있도록 했다.

신국판 / 9, 800원

주식@ 살 때와 팔 때

한국경제신문 증권부 지음

증권투자는 사는 기술이 아니라 파는 예술이다. 기관투자가를 두려워할 필요는 없다. 수익률이 오르지 않아 밤잠을 못이루는 것은 오히려 그들이다. 단기필마야말로 혼돈의 전쟁터에서 자신을 지키는 방법이며 주식투자로 성공할 확률은 개인투자가들이 높다. 한국경제신문 증권부가 개인투자가들을 지원하기 위해 펴낸 이 책을 통해 확실한 재테크의 길을 찾아보자.

신국판 / 9, 000원

선물시장 흐름 읽는 법

현대선물 지음

이제 선물을 모르고는 주식, 채권 등 투자를 제대로 할 수 없는 세상이 되었다. 선물시장은 특정상품의 가격 수준에 대해 생각을 달리하는 사람들이 생사를 건 전쟁터다. 그동안 어렵게만 느껴졌던 선물거래를 일반인들이 이해하기 쉽도록 만화로 꾸몄다. 읽다보면 선물거래의 기본개념에서부터 선물거래의 실전투자 및 매매 타이밍까지 단번에 이해할 수 있도록 재미있는 스토리를 곁들여 설명했다.

신국판 / 7, 000원

금융혁명 ABS

자산유동화 실무위원회 지음

자산유동화(ABS)제도에 대해 자산유동화 거래실무에 종사하는 국내외금융기관의 담당자, 전문변호사, 정책입안을 담당하는 재경부와 금융감독원의 관계자들이 함께 참여하여 알기 쉽게 종합적으로 풀어썼다. ABS에 관련된 각 분야를 사례중심으로 현장감 있게 분석 정리했고 법률 축조해설까지 곁들여 누구나 쉽게 실전에 활용할 수 있도록 했다.

양장 / 20, 000원

월가 천재소년의 100가지 투자법칙

맷 세토 지음 / 형선호 옮김

10대 천재소년 맷 세토가 세운 뮤추얼 펀드의 연간 수익률은 단연 압도적이다. 이 소년은 〈월 스트리트 저널〉의 표지인물로 등장한 바 있으며, 전 세계 투자자들이 조언을 듣기 위해 애쓴다. 17세에 억대 부자가 된 맷 세토가 100가지의 성공적인 주식투자 비법을 소개한다. 신선하고 반짝이는 그의 투자전략은 폭락과 반전을 거듭하는 우리 주식시장에서 성공을 보장할 것이다.

신국판 / 8, 500원

뮤추얼펀드 투자가이드

한국펀드평가 지음

뮤추얼펀드는 주식형수익증권, 외국인과 함께 주식시장의 큰손이다. 그들이 어떤 종목에 관심을 갖고 매수하며 어느 정도 보유한 뒤 매도하는가? 한국펀드평가(주)가 국내 최초로 뮤추얼펀드 69개를 집중 분석한 이 책은 펀드매니저는 물론이고 증권사 종사자, 뮤추얼펀드에 새로 가입하려는 투자자에게 매우 유익한 지침서가 될 것이다. 국내최초의 펴낸 뮤추얼펀드 종합 분석 전략 가이드.

신국판 / 15, 000원

맥킨지 금융보고서

맥킨지 금융팀 지음

20년간 아시아 금융시스템을 분석, 컨설팅해온 맥킨지 금융팀은 21세기 한국을 비롯한 아시아의 은행 및 금융시스템이 어떤 도전을 받을 것이며 어떤 새로운 기회가 도래할 것인지 2010년까지의 금융 패러다임을 예측하고 있다. 금융시장의 어제와 오늘 그리고 미래를 열어가는데 없어서는 안될 미래지향적 금융산업 구축에 과연 무엇이 필요한지 그 비결을 담고 있다.

신국판 / 18, 000원